Lauer

Psychoanalyse und Moraltheologie

Band 1: Angst und Schuld

Eugen Drewermann

Psychoanalyse und Moraltheologie

Band 1: Angst und Schuld

Matthias-Grünewald-Verlag · Mainz

CIP-Kurztitelaufnahme der Deutschen Bibliothek

Drewermann, Eugen:
Psychoanalyse und Moraltheologie / Eugen Drewermann. –
Mainz: Matthias-Grünewald-Verlag

Bd. 1. Angst und Schuld. – 1982.
ISBN 3-7867-0989-0

Umschlaggestaltung: Kroehl Design Gruppe
Gesamtherstellung: Georg Aug. Walter's Druckerei GmbH, 6228 Eltville am Rhein

87 88 89 9 8 7 6

Inhalt

Vorwort

»Ich wurde zum zweiten Male geboren,
als meine Seele und mein Körper
einander liebten und sich vermählten.«

(Kahlil Gibran: Sand und Schaum, 8)

Allem Anschein nach sind es drei verkehrte Weichenstellungen, durch welche die Entwicklung des Christentums im Abendland je länger, desto unentrinnbarer in eine gefährliche Sackgasse gedrängt wird und in Konsequenz ihres eigenen Ansatzes die Grundlagen der Religiösität ebenso wie der Humanität zu untergraben droht. Diese drei Fehleinstellungen, die schon in den Anfängen des Christentums grundgelegt wurden, ergeben sich

1. aus der Fremdheit der christlichen Theologie gegenüber dem Unbewußten der menschlichen Psyche;
2. aus der Verstandeseinseitigkeit der abendländischen Religiösität und
3. aus der Verselbständigung der christlichen Morallehre gegenüber der Glaubenslehre.

Alle drei Punkte kristallisieren sich in der gegenwärtigen wissenschaftlichen Diskussion methodisch in dem *Konflikt zwischen Tiefenpsychologie und Theologie.* An der Überwindung dieses Konfliktes muß daher vorrangig gearbeitet werden, indem man Wege sucht und erstellt, auf denen sich die unheilvolle Zerrissenheit im Sprechen von Gott und im Sprechen vom Menschen, die Kluft zwischen Verstand und Gefühl und der Dualismus von Wollen und Sollen in Theorie und Praxis nach und nach überbrücken läßt.

Die nachstehenden Untersuchungen, so verschieden ihre Fragestellungen auch sind und so unterschiedlich ihr Entstehungsanlaß im einzelnen sein mag, sind ausschließlich dieser Aufgabe gewidmet. Allesamt bilden sie nur verschiedene Formen eines einheitlichen Plädoyers für ein Daseinsverständnis, in dem Theologie und (Tiefen-)Psychologie in der Begründung und in der Erfahrung eines gemeinsamen Vertrauens gegenüber der Angst des menschlichen Daseins sich miteinander verbinden und zur Überwindung der seelischen Zerrissenheit des Menschen in der praktischen Ausübung ihrer selbst, in Seelsorge wie

Psychotherapie, zusammenkommen können. Die Auswahl der gestellten Themen folgt dabei den drei Facetten des genannten Problemfeldes selbst.

1. Die Fremdheit der Theologie gegenüber dem Unbewußten.

Die verhängnisvolle Polemik der Kirche gegen die unbewußten Kräfte der menschlichen Psyche beginnt bereits mit der frühchristlichen Abwehr des heidnischen Mythos. Um sich mit seinen eigenen Lehren von der sterbenden und wiederauferstehenden Gottheit so weit wie möglich von den antiken Religionen abzusetzen, verleugneten die frühchristlichen Apologeten schon des 2. Jahrhunderts bewußt den gemeinsamen Ursprung aller religiösen Symbole in den Tiefenschichten der menschlichen Psyche; ohne es zu wollen, unterdrückten, ja verteufelten sie damit die Welt der Mythen, der Märchen und der Träume als etwas Unchristliches und Gottwidriges, ohne schon ahnen zu können, daß sie damit die Wurzeln der Religiösität selber zu vergiften begannen. Von Anfang an brachten sie auf diese Weise das Christentum auf einen Kurs der wachsenden *Entfremdung* des Religiösen von der Psyche des Menschen, und sie errichteten den Glauben an die Versöhnung des Menschen in Christus auf dem Fundament eines ständig wachsenden Kampfes gegen sich selbst, gegen alles »Heidnische« in der menschlichen Psyche und gegen die Visionen, Eingebungen und Intuitionen des Unbewußten. Unvermeidlich droht in Beibehaltung dieser Grundeinstellung aus einer Religion der Erlösung und der Freiheit eine Religion des Zwangs, der Unfreiheit und der seelischen Erkrankung zu werden, und man darf sich nach dem bisherigen Gang der Dinge wohl nicht wundern, daß gerade die Wiederentdeckung des Gefühls und der Triebe bei *Feuerbach, Schopenhauer* und *Nietzsche* schon im vergangenen Jahrhundert sich in ein Argument gegen die (christliche) Religion verwandelte. Der *»Atheismus«* insbesondere *der Psychoanalyse,* ihr Vorwurf, die gesamte Religion komme einer einzigen zwangsneurotischen Massenveranstaltung gleich, *der marxistische Vorwurf* zudem, die Religion reflektiere insgesamt nur den Status einer an institutionalisierter Ungerechtigkeit und Gewalt erkrankten Gesellschaft, sind das moderne Menetekel über eine Religionsform, deren Glaubensbegriff in seiner seelenlosen Äußerlichkeit seit zwei Jahrhunderten den Atheismus zur bestimmenden Geisteshaltung Europas und zu einer geistigen Ansteckungsgefahr ersten Ranges für die gesamte gegenwärtige Weltbevölkerung gemacht hat. Wer in der Psychotherapie selbst 50 Jahre nach *S. Freud* immer wieder sehen und erleben muß, wie gerade bei den frömmsten Vertretern der Kirche, wenn sie durch eigene Not in die Enge getrieben werden, das Sprechen von Gott nur die Zwänge und Einschüchterungen der Kindheit wiederholt und die daraus resultierenden Verdrängungen

rationalisiert, kann nur erschüttert sein über das ungeheuere Ausmaß an Angst, das von der kirchlichen Lehre und Praxis de facto nicht geheilt, sondern provoziert wird, und umgekehrt kann man das Mißtrauen nur zu gut begreifen, mit dem vor allem die katholische Kirche nach wie vor der Psychoanalyse als einer angeblichen Allesverderberin gegenübersteht.
In Wahrheit sind und waren es gerade die Quellen des Religiösen, die nach Wegräumung des neurotischen Schutts auch von der Tiefenpsychologie als heilende Kräfte der menschlichen Psyche wiederentdeckt werden konnten und wurden, und man muß nur die religionshistorische Ursprungs- und Wirkungseinheit von Priester und Arzt in der Gestalt des Schamanen z. B. in den sog. »Primitivkulturen« vor Augen haben, um zu wissen, wie recht die Psychoanalyse mit ihrer grundlegenden Erkentnis hatte: Die Menschen brauchten nur die Kunst des unverstellten Träumens wiederzuerlernen, um seelisch zu sich selbst zurückzufinden. Was denn wäre die Religion im tiefsten wohl auch anderes als eine Weise des unverstellten Träumens in den ewigen Bildern der Erlösung? Die Offenbarung Gottes geschieht nicht durch die Mitteilung bestimmter Lehren, Inhalte oder rein äußerlicher Fakten; sie ereignet sich allein durch die Erfahrung einer vorbehaltlosen, bedingungslosen und umfassenden Akzeptation, durch das, was in der Theologensprache »Gnade« heißt. Wo sie gelebt, ermöglicht und erfahren wird, gleichgültig ob im Sprechzimmer des Psychotherapeuten oder im Beichtstuhl eines Priesters, verändern sich im Unbewußten die Bildsequenzen des Konflikthaften, Neurotischen, immer mehr zu Bildern der Heilung. Das Traummaterial, das zunächst den Erinnerungen der individuellen Biographie entstammt, weitet sich dabei augenscheinlich zu dem Material der Großen Träume, das den Symbolen und Riten auch der großen Menschheitsreligionen zugrundeliegt. In einem Klima des Vertrauens ereignet sich immer wieder die Offenbarung der archetypischen religiösen Wahrheiten der menschlichen Psyche, nur daß der Schamane, der Priester, von den Bildern seines Heiltraumes, seines Glaubens *ausgeht*, um den Kranken, den »Ungläubigen« durch die Macht der Bilder, der Sakramente, in die Welt des Heils einzubeziehen, während der göttliche Arzt, der Psychotherapeut, um sich herum eine Sphäre der Akzeptation zu schaffen sucht, in der wie von selbst die Bilder der ewigen Träume der Menschheit von innen heraus aktiviert werden. In zwei Aufsätzen am Ende dieses Buches werden wir deshalb besonders auf das »*Verhältnis von Psychotherapie und Seelsorge*« zu sprechen kommen müssen, um die faktische Divergenz, ja die absurde Konkurrenz von theologischem und psychologischem Bemühen um die Seele des Menschen durch eine Erinnerung bzw. eine Meditation über die gleichermaßen religiöse wie psychologische Ursprungseinheit beider abzubauen.

2. Die Verstandeseinseitigkeit der Theologie.

Parallel zu der Mythenfeindlichkeit der christlichen Theologie läßt sich bereits in den ersten Jahrhunderten beobachten, wie die griechische Philosophie mit ihrer ausgesprochenen Rationalität zur Begründung des christlichen Glaubens herangezogen wurde. Der antimythische Grundzug des Alten Testamentes und die rationale Aufklärung des Griechentums, die beide einem ausgeprägt *patriarchalischen* Kulturkreis entstammen, gingen dabei im Christentum eine merkwürdige Partnerschaft ein, die sich nach anfänglich großen Erfolgen zusehends gegen die eigentlichen Lehren des Christentums selbst richten mußte. Denn wohl konnte das Christentum den »monotheistischen« Ansatz der Bibel mit philosophischen Argumenten rational verständlich machen; aber seine eigentlichen Glaubenslehren, die aufgrund ihrer Verwandtschaft vor allem zu den mediterranen Religionen dem Christentum ein im Grunde *matriarchales* Gepräge gaben, standen dem Unternehmen einer rationalen Interpretation von Anfang an geradezu verzweifelt im Wege. Indem die christliche Theologie den Bilderreichtum der menschlichen Psyche verleugnete, die Mystik verwarf und die Gefühle kasteite, entartete sie selber gerade bei dem rationalen Verständnisversuch ihrer Dogmen und trotz ihrer verbalen Wertschätzung von Personalität und Freiheit zu einer einzigartigen Schädelstätte des Geistes, zu einer beispiellosen Nebel- und Knebelkammer jeder freien Meinung: Ihr Wille zur Rationalität unterdrückte den menschlichen Verstand bald ebenso wie ihre verständige »Religiösität« das menschliche Gefühl erniedrigte. Was Wunder wiederum, daß spätestens vom Beginn der Neuzeit an auch der menschliche Verstand gegen diese Einkerkerung des Geistes protestierte und die Lehre von der geistigen Autonomie des Menschen in der Aufklärungsphilosophie augenblicklich gegen den Kirchenglauben mobil machte? Die Zeiten, in denen die Inquisition unabhängige Geister wie Siger von Brabant oder Giordano Bruno aus der Schar der Lebenden verstoßen konnte, sind vorbei; dafür ist es umgekehrt die geistige Belanglosigkeit und kulturelle Ohnmacht des Christentums selbst, die heute der christlichen Theologie die schlimmste aller Todesarten zuspricht: das schweigende Vergessenwerden eines Überalterten schon zu seinen Lebenszeiten.

Dieser Tatbestand ist um so bedauerlicher, als gerade die Lehren des Christentums dazu bestimmt sein könnten, in ihrer visionären Tiefe und geheimnisvollen Klarheit das menschliche Dasein von innen her zu ordnen und zu deuten. Man weiß, daß ein einzelner Traum oft eine klarere Diagnosestellung über den Seelenzustand eines Patienten erlaubt als eine Vielzahl bewußt gegebener Aussagen und Informationen. Gleichermaßen kann man von den Bildern, den Dogmen der religiösen Lehre sagen, daß sie eine Art unbewußter, visionärer

Diagnose über Heil und Unheil des menschlichen Lebens darstellen. Um sie zu verstehen, bedürfte es freilich einer Deutungsmethode, die den Interpretationsverfahren der Psychoanalyse verwandt wäre: Für wichtiger als die Worte müßten auch in der Religion die Bilder genommen werden, und wiederum müßten die Gefühle für wichtiger gelten als die Bilder, und hinter den Gefühlen wiederum müßte man die verborgenen Quellen der menschlichen Antriebe zu erforschen suchen.

Den Zentralpunkt der christlichen Diagnose des menschlichen Unheils stellt diesbezüglich *die Lehre von der Erbsünde* dar, und ihr zugrunde liegt das großartige Bild der Sündenfallerzählung des Jahwisten (Gen 3, 1–7). Ginge man dieser Lehre sorgfältig nach, so würde man in vollkommener Übereinstimmung mit der Lehrmeinung der Psychoanalyse besonders in dem Gefühl der *Angst* des Menschen die Ursache aller Verfehlungen des menschlichen Herzens erblicken, und man bekäme ein gutes Modell in die Hand, um die psychoanalytische Neurosenlehre der Angst mit der theologischen Lehre von der »Erbsünde« in Verbindung zu setzen; – eben deswegen wollen wir drei Aufsätze dieses Bandes der Untersuchung des Verhältnisses von *»Sünde und Neurose«* sowie dem Begriff und der Erlebnisweise von *Schuld* widmen. Es ist aber deutlich, daß die rationalistische Selbstinterpretation der christlichen Theologie gerade aus diesen wichtigen Hauptstücken ihrer eigenen Lehre nichts anderes machen kann und konnte als Instrumente der Aufspaltung und der Seelenverkrampfung: Statt in dem Dogma von der Erbsünde ein Bild zu sehen, das den Menschen in der Ohnmacht und Ausgeliefertheit seiner Angst besser *verstehen* lehrt, ist in der christlichen Dogmatik gerade aus dieser Lehre ein Dogma menschlicher Selbstunterdrückung und seelischer Zerrissenheit geworden, und es konnte nicht ausbleiben, daß die seelische Zerspaltenheit sich schließlich gerade mit Berufung auf dieses Dogma in den Widerstreit der großen abendländischen Konfessionen der christlichen Religion hinein fortsetzte und organisierte. Deutlicher kann sich nicht zeigen, daß das Christentum mit sich selber erst in Übereinstimmung kommen wird, wenn es die Verstandeseinseitigkeit seiner Theologie aufgibt und sich zum Verständnis der Gefühlsbedeutung seiner eigenen Lehren nach Jahrhunderten geistigen Hochmuts recht bescheiden bei der Tiefenpsychologie in die Schule begibt.

Auf der anderen Seite bedarf die Tiefenpsychologie einer erweiterten Anthropologie, um zu verstehen, daß *die Angst* des Menschen nicht nur bestimmten äußeren Gefahrensituationen entstammt, ehe sie psychisch verinnert wird, sondern daß sie dem Menschen selber aufgrund seiner Freiheit *wesentlich* ist. Ohne eine theologische Erhellung der menschlichen Existenz würde die Psychoanalyse ihrerseits in die Gefahr geraten, den Menschen zu verkürzen und zur Beruhigung seiner Angst Vorschläge zur Therapie zu machen, die in ihrer Äußerlichkeit, würden sie absolut gesetzt, den größten Schaden stiften müßten: Nur um den Preis der Freiheit kann man dem Menschen jenseits des Glaubens an einen absoluten Ursprung seiner Existenz die Angst nehmen, die es kostet, ein Mensch zu sein, und es ist nicht zu sehen, wie die Psychoanalyse ohne eine engere Verbindung zu einer psychoanalytisch vertieften Theologie der Sogkraft der Obsessionen von Iwan Karamasoffs Großinquisitor entgehen könnte, die menschliche Freiheit selbst sei das Kernproblem der Menschheit und man müsse sie beseitigen um des Glücks der vielen willen.

3. Die Verselbständigung der christlichen Morallehre gegenüber der Glaubenslehre.

Mit dem rationalen, mythenfeindlichen Mißverständnis ihrer selbst hängt die Oberflächlichkeit zusammen, mit welcher die christliche Theologie ihre eigenen Dogmen auslegt und geradezu zwangsläufig wider besseres Wissen preisgibt. Der deutlichste Gradmesser dieser Entwicklung besteht in der faktischen, ja sogar kategorisch geforderten Reduktion der christlichen Glaubenslehre auf eine bloße Morallehre. Es war vor zwei Jahrhunderten *I. Kant*, der zum ersten Mal aussprach, was in der französischen Revolution bereits gelebte Überzeugung wurde: daß man die gesamte christliche Dogmatik ohne jeden Schaden wie ein Kartenhaus umstürzen könnte und einzig die Sittlichkeit, die Tugendlehre des Christlichen als die eigentliche Substanz des Religiösen zu betrachten habe. Natürlich war es unter diesen Voraussetzungen unvermeidlich, daß man alsbald auf die Abhängigkeit des Sittlichen von den gesellschaftlichen historischen Bedingungen aufmerksam wurde, und schon wenige Jahrzehnte nach der Kantischen Reduktion des Religiösen auf das Sittliche ging man konsequenterweise heran, die Religion in die Vernünftigkeit des Gesellschaftskörpers, in den Staat, in die Politik »aufzuheben«. Trotzdem scheint es, als ob die Theologie sich von der Fixierung auf Fragen des ethischen Sollens und Handelns nach wie vor nicht lösen könnte und durchaus nicht merken wollte, wie sehr sie sich damit selbst widerspricht.

Gerade das Christentum hätte im Grunde mit seiner Lehre von der »Erbsünde« Gelegenheit gehabt zu zeigen, wie wenig Grund dazu besteht, auf den »Fortschritt« eines moralisch motivierten Aktionismus irgendeine innergeschichtliche Hoffnung zu setzen: Es hätte bloß seine eigene Lehre ernstzunehmen brauchen, daß der Mensch nur gut sein kann vermöge einer vorgängigen Erfahrung absoluter Begnadigung und Rechtfertigung seines Daseins, um im Verein mit der Tiefenpsychologie der Angst gerade die *tragischen* Verwicklungen des menschlichen Wollens und Handelns, die dialektische Gegenfinalität von Ziel und Ergebnis, die psychischen Aufspaltungen von bewußter Handlung und unbewußter Haltung, die Durchkreuzung der guten Absicht durch die Macht der Umstände, kurz, die Unmöglichkeit des Guten im Feld der Angst aufzeigen und entwickeln zu können, – in der ersten Abhandlung dieses Buches über *»Das Tragische und das Christliche«* werden wir diesen Zusammenhängen nachgehen. Aber statt das Geheimnis der menschlichen Unfreiheit im Felde der Gottesferne von der unbewußten Psychodynamik der Angst her zu durchdringen, verwandelte die rationale Einseitigkeit der christlichen Theologie diesen Zentralsatz ihrer eigenen Lehre in ein rein positivistisch zu glaubendes Dogma, das den Menschen aus nicht weiter zu verstehenden Gründen göttlicher »Gerechtigkeit« schuldig sprach und, je nachdem, einen düsteren Fatalismus ebenso nahelegte wie einen asketischen Tugendrigorismus. Indem die christliche Theologie darauf verzichtete, den Menschen von den Tiefenschichten seiner Psyche her in seiner Angst und in seiner Ausgeliefertheit zu verstehen und durch die Macht des Verstehens zu heilen, behielt es ein Menschenbild übrig, in dem einzig Verstand und Wille von praktischer Relevanz waren. Wie von selbst wurde die christliche Glaubenslehre von Sünde und Erlösung damit im Grunde praktisch bedeutungslos, und ihre in Jahrhunderten wachsende Verfeierlichung war nur der pietätvolle Trost, der allen ins Abseits gestellten Herrschern einer ungeliebten Dynastie zuteil wird: Man huldigt ihnen bei bestimmten erhabenen Angelegenheiten, um sie des übrigen endgültig los zu werden. Von praktischem Belang waren in der christlichen Theologie nicht sowohl die grüblerischen Spekulationen eines Paulus oder Augustinus als vielmehr die absurden, aber dem »gesunden« Menschenverstand so überaus einleuchtenden und didaktisch so handlichen Lehren, daß die Menschen sündigen, weil sie zu *stolz* oder, noch einfacher, weil sie schlicht *ungehorsam* sind – die komplizierte Psychologie der Angst wandelte sich damit wie von selbst in eine handfeste Ideologie der Macht und der Kirchendisziplin zur besseren Erzwingung von Demut und Gehorsam, will sagen: von Servilismus und schleichendem Selbstverrat. Natürlich wurde auf diese Weise nicht die Angst des Daseins ohne Gott durch ein tieferes Vertrauen geheilt, sondern im Gegenteil nur die Menschenfurcht vergrößert – gerade die Psychoanalyse hat viel dazu beigetragen, den Zusammenhang von autoritären Herrschaftsgebilden mit moralischer Triebunterdrückung nachzuweisen.

Daher wird man sich auch bei einem Buch wie dem hier vorliegenden keine Illusionen machen können. Es läßt sich wohl auf ein paar Seiten über *»Angst und Schuld und ihre Überwindung«* zeigen, daß die Bestimmung des Bösen gerade in dogmatischem Sinne tiefer ansetzen muß als die Oberflächenbestimmungen der Ethik und daß die moralische Frage: »was muß ich tun?« absolut zurückzutreten hat hinter der einzig vorrangigen Frage der Religion: »wer darf ich sein?« und: »was darf ich hoffen?«. Man wird auch wohl unschwer begreifen können, daß es einer Eskamotierung des Religiösen insgesamt gleichkommen muß, wenn selbst die Religion sich außerstande zeigen sollte, die einfache Humanität der Psychoanalyse *S. Freuds* als wahr anzuerkennen, man brauche den anderen, um ihn zu sich selbst zurückzuführen, »nur« ohne Zensur und fremden Dirigismus ein unverstelltes Träumen und ehrlicheres Aussprechen seiner selbst zu lehren; man könnte zugleich sehr wohl wissen, daß alle Religiösität vollkommen nichtig ist ohne ein solches absolutes Vertrauen in die Richtigkeit des eigenen Daseins, wie es z. B. die Psychotherapie praktisch zu vermitteln sucht. Was man an der Kritik gegenüber der ethischen Einseitigkeit der Theologie gleichwohl von vornherein zu bemängeln finden wird, sind nicht die Antworten, die sich aus einer tiefenpsychologischen Vertiefung der theologischen Fragestellung ergeben, sondern das Ansinnen einer solchen Vertiefung überhaupt. Würde man zugeben, daß die Not der Menschen tiefer liegt als bis wohin die Macht des sittlich guten Willens reicht, so müßte die Kirche selber sich wandeln – aus einer in Jahrhunderten perfektionierten Maschinerie reibungsloser Administration müßte der Versuch einer praktizierten Menschlichkeit des offenen Geständnisses und der vorurteilslosen Vergebung werden, einer Begegnung ohne Falsch und eines vertrauensvollen Zusammenschlusses aller gegen die Unwahrhaftigkeit der Angst: *Dagegen* allerdings richtet sich eigentlich die kirchliche Abwehr der Psychoanalyse. Freilich, je länger diese Abwehr währt, desto unglaubwürdiger macht sich die Kirche selbst, und es kann nicht angehen, auf die Dauer im Namen Jesu anders zu handeln, als Jesus selbst es tat: Während alle anderen nur mit Fesseln und Ketten zu dem Besessenen von Gadara kamen, war er der erste, der ihn im Namen Gottes fragte: »Was ist dein Name?« – m. a. W.: »Was geht in dir vor sich«, und: »Wer bist du selber?« (Mk 5, 1–20). Erst jenseits der Fesseln des Gesetzes beginnt die therapeutische Funktion des Religiösen, und in Wahrheit ist die *»Unmoral der Psychotherapie«*, wie ein Aufsatz dieses Buches lautet, nicht größer als die des Religiösen selbst: Alle wahre »Gnade« lebt *»von der Notwendigkeit einer Suspension des Ethischen im Religiösen«*. Wir werden in dem vorliegenden Band Gedanken solcher Art zunächst in einer relativ allgemeinen Form darlegen, ehe wir *in einem nachfolgenden zweiten Band* die praktischen Folgerungen dieses Ansatzes für bestimmte Hauptfragen der Moraltheologie, insbesondere der Vorstellungen über Ehe und Familie sowie des praktischen seelsorglichen bzw. therapeutischen Vorgehens aufführen wollen. *Zwei* Fragen allerdings werden in dieser Sammlung einzelner Aufsätze nicht behandelt werden, da sie ihres Eigengewichtes wegen in zwei Monographien vom Verfasser aufgegriffen wurden: die Frage nach der Umwelt in der Schrift *»Der tödliche Fortschritt. Von der Zerstörung der Erde* *und des Menschen im Erbe des Christentums«* (Regensburg 1981) und die Frage nach der Möglichkeit des Friedens in dem Buch *»Der Krieg und das Christentum«* (Regensburg 1982). Gleichwohl wird bereits aus den vorliegenden Aufsätzen die These deutlich genug herauszulesen sein, die alle Erwägungen des Autors wie ein roter Faden auch bezüglich dieser Fragen durchzieht: daß der Mensch in moralischem Sinne nur gut sein kann, wenn er mit sich selbst im Einklang ist, und daß er mit sich nur im Einklang sein kann, wenn er die Angst in der Tiefe der menschlichen Existenz durch die Gegenkraft des Glaubens zu beruhigen vermag; in sich selbst zerrissen aus Angst, kann der Mensch nur zerstörerisch sein gegenüber seinen Brüdern, den Pflanzen und Tieren, und kämpferisch gegenüber seinesgleichen, den Mitmenschen: Die Auslegung der jahwistischen Urgeschichte in der dreibändigen Arbeit des Autors *»Strukturen des Bösen. Die jahwistische Urgeschichte in exegetischer, psychoanalytischer und philosophischer Sicht«* (Paderborn ^{3}erw. 1981–82) bildet den gedanklichen Hintergrund all dieser Erwägungen. Um die Angst des Menschen zu verstehen, – das ist die sich stets durchhaltende These – braucht die Theologie nach langen Zeiträumen der Verdrängung und Vermeidung unbedingt der Tiefenpsychologie, und diese wiederum bedarf zur Begründung dessen, was sie tut, um den einzelnen aus einem Dasein der Angst und der Zerrissenheit in ein Leben stilleren Glücks und ruhiger Geborgenheit zu führen, von sich her einer Zuversicht und eines Glaubens, wie sie in absoluter Weise einzig von der Religion gelehrt und verheißen werden. Jede Psychotherapie macht den Heilenden für den Patienten zu einem Fenster in ein unbekanntes Licht von Helligkeit und Wärme; der Heilende aber muß wissen, daß es draußen warm und hell *ist,* um in einer Kerkerwand ein Fenster aufzubrechen. Beide, Gotteskunde und Seelenkunde, bedürfen einander, will man den Menschen ins Freie führen. Zugunsten einer solchen Synthese des Denkens und des Fühlens um Gottes und des Menschen willen sind diese Aufsätze entstanden.

Ein Wort besonderen Dankes gebührt an dieser Stelle einmal auch öffentlich Frau *Florenze Boensch* für die sorgfältige und zuverlässige Abschrift dieser und all meiner anderen Manuskripte im Verlauf von nunmehr fast 10 Jahren, sowie all denen, die mir durch ihr Vertrauen, durch ihren Mut und durch ihre Ehrlichkeit in vielen Gesprächen die Anregungen und die Einsichten für die entsprechenden Ausführungen in diesem Buche gaben: Im Blick auf ihre Schwierigkeiten und zum Verständnis ihrer Lösungswege ist dieses Buch entstanden; ihnen sei es daher auf das herzlichste gewidmet.

Das Tragische und das Christliche

»Ihr führt ins Leben uns hinein,
Ihr laßt den Armen schuldig werden,
Dann überlaßt Ihr ihn der Pein,
Denn jede Schuld rächt sich auf Erden.«
(J. W. v. Goethe: Wilhelm Meister – Lehrjahre)

I. Wie erscheint das Tragische und worin besteht es?

Aus Zeiten, die für heidnisch gelten, stammt ein Lebensgefühl bzw. eine Welterfahrung, die zutiefst tragisch ist. Die Menschen innerhalb dieses Weltbildes treten als Figuren eines Spiels auf, das die unsterblichen Götter oder Gewalten, mächtiger als sie, nach unbegreiflichem Ratschluß auf dem Schauplatz der Erde zur Aufführung bringen, und niemand kann ihnen wehren, wenn er auch wollte.[1] Teile des Spieles enthüllen mitunter einen verborgenen Sinn: Vergangener Frevel der Väter findet seine unfehlbare Rache

[1] So erkennt z. B. Agamemnon in der »Ilias« seinen Fehler, Achill die als Kriegsbeute versprochene Braut Briseis vorenthalten zu haben, nennt sich selbst aber »nicht schuldig«, / sondern Zeus und Moira, im Dunkeln schreitend Erinys, / welche im Rat in das Herz mir legten arge Betörung / an dem Tag, da ich selbst die Gabe nahm des Achilleus. / Aber was sollte ich tun? Der Gott führt alles zum Ende. / Ate, die würdige Tochter des Zeus, verblendet ja alle, / die verderbliche; leise Füße sind ihr, und den Boden / nicht sie berührt; sie wandelt ja über den Häuptern der Menschen, / schädigend, und sie führte schon manchen in die Verstrickung. Homer, Ilias, XIX 86–94, nach R. Hampe (Übers.), Homer, Ilias, Stuttgart (Reclam) 1979, 400–401. Allerdings löst Agamemnon das tragische Moment der Schuld wieder auf, indem er aus dem Verhängnis eine Entschuldigung seines Verhaltens macht. Anders, und gerade in der Gegensätzlichkeit und Einheit von Schicksal und Verantwortung, läßt Sophokles seinen »König Ödipus« sprechen: »...ich bin's selbst, / Kein anderer hat mir diesen Fluch aufs Haupt gelegt, / Des Toten Gattin wird befleckt in meinem Arm, / Der ihn zu Boden streckte. Bin ich nicht verrucht?« Und doch fährt Ödipus fort: »Wer sagen wollte, daß ein grimmer Dämon dies / Mir zugesendet, träf er nicht das Richtige?« Sophokles, König Ödipus, V. 806–809, 815, 816, in: J. J. C. Donner (Übers.), Sophokles, Tragödien, München (GGTb. 390) o. J., 32. Vgl. H. W. Russell, Antike Welt und Christentum, Amsterdam-Antwerpen ^{2}1944, 63–178.

an späteren Geschlechtern[2], oder Fluch lastet auf Sippen und Stämmen wegen dunkler Überhebungen der Vorzeit. Eine Art von Gerechtigkeit scheint hier am Werk: Uralte Schuld zeugt sich fort und vernichtet sich selbst zugleich mit ihren unseligen Erben. Aber nicht nur, daß in spätgeborenen Zeiten persönlich Unschuldige wie zur ausgleichenden Sühne in den Bann eines fremden Vergehens eintreten müssen und selber trotz aller Gegenwehr sich neuerlich mit Schuld beladen – oft auch zieht sich schon am Anfang des Unheils schicksalhaft der Fallstrick der Schuld um einen einzelnen zusammen, und die Frage nach der Gerechtigkeit im Walten der Überirdischen muß vollends verstummen vor dem Eindruck der Willkür und der Unberechenbarkeit derartiger Fügung.

Drei Merkmale also prägen das Bild des tragischen Lebensgefühls:

a. der Charakter der Unabwendbarkeit: es gibt ein Schicksal, dem der einzelne machtlos ausgeliefert ist und das sich bei allem Sträuben nur um so eher und furchtbarer erfüllt;

b. der Charakter der Verstrickung: der einzelne ist Glied eines blutsmäßigen Zusammenhangs mit seinen Sippenangehörigen; er ist nur der Kristallisationskern eines kollektiven Verhängnisses; und

c. der Charakter des moralischen Scheiterns: der einzelne muß mit seinem moralischen Vermögen an den Gesetzlichkeiten, die in seinem eigenen Wesen, in der Art seines Stammes sowie in der äußeren Natur in Erscheinung treten, notwendig zerbrechen: gegen das eigene Wollen muß er objektiv Schuld auf sich nehmen und an seiner Schuld zugrunde gehen. Dies ist das Hauptthema des Tragischen.

Das Tragische besteht mithin in einem Konflikt zwischen dem individuellen Bewußtsein und den Zwängen des Allgemeinen: Das moralische Wollen des einzelnen scheitert an den Notwendigkeiten des Schicksals, und das Böse, das er schließlich begehen *muß*, ist die Konsequenz eines Zusammenhanges, den er selbst zwar nicht verursacht hat, dem er aber doch unentrinnbar zugehört und verhaftet bleibt.

Man hat daher gemeint, die Entgegensetzung von Individuellem und Allgemeinem sei an sich selbst bereits die Ursache des Tragischen; indem das Individuum aus dem Allgemeinen heraustrete und seiner selbst bewußt werde, indem es seine partikularen Absichten und Interessen gegenüber dem Allge-

[2] Vom Hause des Atreus etwa sagt Homer, der weit umblickende Zeus habe es »wahrhaftig doch über die Maßen von Anfang an mit Haß verfolgt«: Odyssee, XI, 436–438, nach: W. Schadewaldt (Übers.), Homer, Die Odyssee, Hamburg 1958 (rk 29–30), 149.

meinen geltend mache, müsse es *notwendig schuldig* werden[3]. Diese vor allem von der Geistmetaphysik des Deutschen Idealismus verbreitete Vorstellung[4] vereinfacht jedoch den Sachverhalt und beschreibt das Problem nicht adäquat. Wenn das Individuum sich einfachhin vom Allgemeinen im Sinne des Sittlich-Verbindlichen und für alle Gültigen lossagen und sich auf seine eigenen Zielsetzungen zurückziehen würde, könnte es zwar objektiv schuldig werden, aber seine Schuld besäße nicht den Charakter des Tragischen. Selbst wenn man mit dem Deutschen Idealismus unterstellen wollte, daß der Akt der Reflexion notwendig jene Entgegensetzung des Individuellen und des Allgemeinen nach sich zöge – was nur unter bestimmten Voraussetzungen zutreffen wird[5] –, so ist doch dieser Konflikt nicht eigentlich tragisch zu nennen: Das Individuum, als reines Für-sich-Sein vorgestellt, leugnet ja den verbindlichen Bezug zum Allgemeinen; ihm ist der Konflikt der Schuld nicht selber innerlich. Es mag vor der Allgemeinheit als schuldig gelten, aber sein eigenes Bewußtsein, solange es in der Singularität und Partikularität verharrt, spricht es frei.

[3] Besonders F. Hebbel hat den dramatischen Kampf zwischen der Vereinzelung des Individuums und dem Anspruch des Allgemeinen als Hauptgegenstand von Philosophie und Kunst betrachtet; die Vereinzelung, meinte er, gehe notwendig an ihrer eigenen Maßlosigkeit zugrunde, aber das Vereinzelte müsse, da es keinen Anspruch auf Dauer habe, eben durch seine notwendige Maßlosigkeit auf seine eigene Zerstörung hinarbeiten, um darin die Versöhnung seiner Schuld zu finden. »Diese Schuld« (sc. der Maßlosigkeit des Individuellen, d. V.), schrieb er, »ist eine uranfängliche, von dem Begriff des Menschen nicht zu trennende und kaum in sein Bewußtsein fallende, sie ist mit dem Leben selbst gesetzt. Sie zieht als dunkelster Faden durch die Überlieferungen aller Völker hindurch, und die Erbsünde selbst ist nichts weiter als eine von ihr abgeleitete, christlich modifizierte Konsequenz.« F. Hebbel, Mein Wort über das Drama, 1843, in: T. Poppe (Hrsg.), Hebbels Werke in 10 Teilen; 8. Teil: Ästhetische und kritische Schriften, 55; Berlin-Leipzig-Wien-Stuttgart (Deutsches Verlagshaus Bong u. Co.) o. J., 35–62 (Eine Erwiderung an Professor Heiberg in Kopenhagen).

[4] Für G. W. F. Hegel vor allem war die Bewußtwerdung identisch mit dem Sündenfall des Menschen, insofern der Mensch im Akt der Reflexion sich nicht nur von der ihn umgebenden Natur löse (und daher die Freiheit zu Gutem wie Bösem bekomme), sondern zugleich die Partikularität des natürlichen Willens innerlich setze: Hegel, Grundlinien der Philosophie des Rechts, 1821; hrsg. v. J. Hoffmeister, [4]1955, Hamburg 1962 (Philos. Bibl. 124a), 124–125. Ders., Vorlesungen über die Philosophie der Religion; hrsg. v. H. Glockner: Sämtliche Werke, Bd. 15/16, Stuttgart-Bad Cannstatt [4]1965; Bd. 16, 264–265; Vgl. E. Drewermann, Strukturen des Bösen. Die jahwistische Urgeschichte in exegetischer, psychoanalytischer und philosophischer Sicht; 3 Bde., Paderborn (Schöningh) [2]1979–1980; Bd. III 85–89.

[5] Nämlich unter der Voraussetzung der Angst, E. Drewermann, Strukturen des Bösen, III 137–144.

Der Fall des Tragischen hingegen beruht nicht auf einem Konflikt zwischen dem Individuellen und dem Allgemeinen an sich, sondern er basiert auf einer Spaltung des Allgemeinen im Individuum. Tragisch ist nicht, daß das Individuum etwas anderes will oder seiner selbst wegen wollen muß als das Allgemeine, tragisch ist, daß das Individuum den Forderungen des Allgemeinen entsprechen will, aber nicht kann, weil diese Forderungen selbst im Individuellen widersprüchlich werden. Das »Allgemeine« kann dabei in seinem Widerspruch zum Sittlichen verstanden werden als das Allgemeine der Natur, der Psyche, des Unbewußten, und als das Allgemeine der Sittlichkeit selbst, und so sind zwei Formen des Tragischen zu unterscheiden:

1. der Konflikt des Unbewußten mit dem Sittlichen – die Spaltung der Persönlichkeit und
2. der Konflikt der Verantwortung jenseits des Verantwortbaren – die Spaltung der Sittlichkeit selbst.

Im ersten Falle wird der einzelne zum Katalysator eines Verhängnisses, das in ihm selber wirksam wird, im zweiten Falle entlädt sich an ihm eine Gegensätzlichkeit, die im Kollektiven bzw. in den Umständen begründet liegt und von außen an ihn herangetragen wird.

1. Das Tragische als neurotischer Prozeß – die Spaltung der Persönlichkeit

Der ersteren Form des Tragischen kann man sich leicht nähern, wenn man die Art betrachtet, in der das Tragische in den Überlieferungen der Alten *bewußt* wird, und die einzelnen Momente dieses Prozesses tiefenpsychologisch deutet.

In den Mythen der Alten wird das Tragische über den einzelnen von einer Schicksalsmacht verhängt, die sich in den Göttern verkörpert, ihnen aber überlegen ist und letztlich unpersönlich bleibt,[6] – ein Es, kein Ich, ein Geschehen, kein Wille. Gleichwohl muß das Schicksal, so undurchschaubar auch immer, den einzelnen nicht ahnungslos und gänzlich ohne Vorbereitung treffen. Irgendwo gibt es Seher oder Zeichendeuter, die von dem künftigen Schicksal genaue Kenntnis besitzen. Oft sind diese Seher blind,[7] und jedenfalls

[6] Auch Platon erkennt hinter den Veränderungen der Seele und den Weisungen der Seele das Wirken der Heimarmene, der »Gesetze des Schicksals«; Platon, Nomoi 904 c; in: H. Müller (Übers.), Platon, Sämtliche Werke, VI 266; Hamburg 1959 (rk 54–54 a).

[7] Der Seher Teiresias z. B., der mit seinem Stab sich paarende Schlangen zu einer siebenjährigen Geschlechtsumwandlung brachte, wurde als Kenner sexueller Geheimnisse von Zeus und Hera gefragt, ob der Mann oder die Frau größere Lust beim Verkehr erlebe; er stimmte der Meinung des Zeus bei, die Lust der Frau sei bei weitem größer als

gewinnen sie ihr geheimes Wissen eher durch innere als durch äußere Wahrnehmungen. Denn wohl können bestimmte Tiere, die den Göttern nahestehen, wohl können die Wege der Sterne, die Formationen der Wolken, das Antlitz des Mondes, ja schon die rauschenden Bäume[8] dem Verständigen wertvolle Hinweise von außen her bieten, aber nur weil der Seher den verborgenen Kräften der Natur *innerlich* nahe steht, vermag er ihre Botschaften zu vernehmen. Zumeist bedarf er dazu nicht einmal der Vermittlung der äußeren Sinne, sondern in Traum und Trance[9] erspäht er das Wesen und das Werden des Kommenden.

All diese Mitteilungen: daß es ein Schicksal gebe, das sich eher den Tieren als dem menschlichen Bewußtsein, eher dem träumenden Gefühl als der wachen Vernunft mitteile, ein Schicksal, das selbst in Göttern (und Geistern) erscheine, aber jenseits derselben keine persönliche Gestalt besitze – diese Nachrichten wird man am leichtesten dahin verstehen müssen, daß die Macht, welche das Geschick des Menschen unfehlbar gestaltet, in der Psyche des Menschen selbst, in seiner eigenen Natur, in seinem *Unterbewußten* zu Hause ist.

Unter dieser Voraussetzung, die in der Tiefenpsychologie bei der Interpretation der Mythen eingegangen wird, verlieren die genannten Merkwürdigkeiten sogleich den Anschein des Absonderlichen und schließen sich zu einer

die des Mannes, und daraufhin raubte Hera ihm das Augenlicht, Zeus aber belohnte ihn mit einem »Zukunft wissenden Geist« und milderte so, »die Strafe durch Ehre«. Ovid, Metamorphosen, III 316–339; R. Suchier (Übers.), Ovid, Metamorphosen, München (GGTb. 583–584) o. J., 60–61. Psychoanalytisch ist die Erblindung des Teiresias als kastrative Strafe für die sexuelle Neugier bei der Belauschung des elterlichen Verkehrs zu deuten, sein geheimes Wissen aber als eine Dennochdurchsetzung der ödipalen Regungen; vgl. S. Freud, Die psychogene Sehstörung in psychoanalytischer Auffassung (1910), Ges. Werke, VIII 99; K. Abraham, Über Einschränkungen und Umwandlungen der Schaulust bei den Psychoneurotikern nebst Bemerkungen über analoge Erscheinungen in der Völkerpsychologie (1914), in: Psychoanalytische Studien zur Charakterbildung und andere Schriften, Frankfurt 1969, hg. v. J. Cremerius, 324–382; E. Drewermann, Strukturen des Bösen, 2. Bd., 452–460.

[8] Bekannt ist die Orakeleiche Mamre in Gen 18,1, die Orakeleiche von Dodona, oder die Orakel-Akazie der Ischtar, die von Jahwe angeeignet wurde: 1 Chr XIV 15; vgl. R. von Ranke-Graves, Griechische Mythologie, I 159–162, Hamburg (rde 113–114) 1960, übers. v. H. Seinfeld; zur Mutterbedeutung des Baumes vgl. E. Drewermann, Die Symbolik von Baum und Kreuz in religionsgeschichtlicher und tiefenpsychologischer Betrachtung, unter besonderer Berücksichtigung der mittelamerikanischen Bilderhandschriften, Schwerte 1979 (Akademie-Vorträge 2, hg. v. G. Krems), 10–21.

[9] Zur Bedeutung des Traums im Leben des einzelnen wie des Stammes vgl. vom Material der nordamerikanischen Indianer her die ausgezeichnete Studie von W. Müller, Glauben und Denken der Sioux. Zur Gestalt archaischer Weltbilder, Berlin [2]1970, 82–92.

sinnvollen Einheit zusammen. Nur vom Unterbewußten der menschlichen Psyche ist es sinnvoll zu sagen, daß es eine unpersönliche Macht darstellt, die das Schicksal der menschlichen Person vorherbestimmt und am ehesten im Traum und in den Mächten der Natur auf geheimnisvolle, nämlich *symbolische* Weise anschaubar wird. Nur vom Unbewußten der Psyche her wird auch die Bindung des »Schicksals« an bestimmte Einflüsse der Vorzeit und insbesondere an gewisse Taten der Vorfahren verständlich; denn das Unbewußte wird nach tiefenpsychologischer Auffassung gerade durch das Verhalten der Eltern in der frühen Kindheit schicksalhaft geprägt, und zweifellos richtet sich das Verhalten der Eltern wiederum vorwiegend nach dem Verhalten *ihrer* Eltern. Darüberhinaus hat L. Szondi beeindruckende Beispiele vorgelegt, um seine These vom *familiären Unbewußten* zu untermauern,[10] das – im Unterschied zur sog. Symptomtradition, die rein psychisch bedingt ist – ein *biologisches*, erbliches Mittelstück zwischen dem persönlichen Unbewußten S. Freuds und dem kollektiven Unbewußten C. G. Jungs darstellt.

Identifiziert man demnach das unpersönliche Wirken des Schicksals in den Mythen der Antike mit dem Es, dem Unbewußten der menschlichen Psyche, so ergibt sich für das Verständnis des Tragischen eine wichtige Konsequenz: Das Tragische bestimmt sich dann in einer seiner Formen als Auslieferung des Ichs an das Unbewußte, und zwar so, daß das Ich die Forderungen des Moralischen, des allgemein Verbindlichen kennt und mit aller Anspannung des Willens durchzusetzen sucht, aber an der Gewalt seines Unbewußten scheitert.[11] Beides bildet in dieser Form des Tragischen eine unglückselige Einheit: der moralische Kampf des Ich und sein Zusammenbruch angesichts der Übermacht des Es. Das Moment des Kampfes unterscheidet das Tragische noch einmal deutlich von einer bloßen Vereinzelung des Willens; würde das Ich sich von vornherein unter dem Druck des Es, des Naturhaft-Allgemeinen von der moralischen Bindung lösen, so käme es nicht zu der Dramatik, die zum Tragischen gehört. In einem tragischen Konflikt will das Ich gerade in

[10] L. Szondi, Schicksalsanalyse. Wahl in Liebe, Freundschaft, Beruf, Krankheit und Tod; Basel-Stuttgart, 3. neubearb. u. stark erw. Aufl. 1965.

[11] Daß der Wille des »Schicksals« eine Kraft des Unbewußten sein muß, erkannte S. Freud bereits in der »Traumdeutung«, wo er zum »König Ödipus« des Sophokles bemerkt, »daß die Wirkung der griechischen Tragödie nicht auf dem Gegensatz zwischen Schicksal und Menschenwillen ruht, sondern in der Besonderheit des Stoffes zu suchen ist, an welchem dieser Gegensatz erwiesen wird. Es muß eine Stimme in unserem Innern geben, welche die zwingende Gewalt des Schicksals in Ödipus anzuerkennen bereit ist ... Sein Schicksal ergreift uns nur darum, weil es auch das unsrige hätte werden können, weil das Orakel vor unserer Geburt denselben Fluch über uns verhängt hat wie über ihn.« S. Freud, Die Traumdeutung (1900), in: Ges. Werke II/III, Frankfurt [1]1942, 269.

dem Schutz und in der Sicherheit des Sittlich-Allgemeinen verbleiben, es macht seine Individualität gerade in der Ergebenheit zum Sittlichen geltend; es kämpft nicht gegen das Sittliche, sondern gegen sich selbst, gegen den Zwang des eigenen Unbewußten in seiner Psyche, aber es geht in und an diesem Kampf zugrunde.

Das Tragische ergibt sich mithin aus einer Spaltung der Persönlichkeit zwischen den Anstrengungen des Ichs und der Macht des Es, und es konstituiert sich in dem Moment, wo das Ich in einem lebensentscheidenden Punkte zu schwach ist, sich gegen den Ansturm des Unbewußten zu behaupten.[12]

In dieser Sicht versteht man zugleich, wieso das tragische Scheitern der Moralität die prompte Strafe der Götter, meist in Gestalt physischer Vernichtung oder lebenslangen Unglücks, nach sich zieht. Die strafenden Götter sind in tiefenpsychologischer Deutung Mächte des Überichs, und sie gehören dem Ich so wenig an wie die Kräfte des Es, ja im Grunde leiten sie sich aus dem Es her und verbleiben mit ihm in einer widersprüchlichen Einheit.[13] Teils stehen sie daher mit dem Es im Bunde, teils vertreten sie eine sittliche Ordnung, deren schicksalhafte Übertretung sie nach dem Fall alsbald rächen, indem sie das hilflose Ich mit unentrinnbaren Vorwürfen und Strafen überziehen: das Heer der Erinnerungen sucht das schuldig gewordene Opfer heim.

In summa: Das Tragische entsteht in tiefenpsychologischer Sicht dort, wo das Ich seinem eigenen Unbewußten ohnmächtig ausgeliefert ist und zwischen den Gesetzen des Es und des Überichs in schicksalhafter Schuld und in notwendiger Strafe zermahlen wird. Das eigentliche Problem der Tragödie ergibt sich demnach aus einer Schwäche des Ichs,[14] und diese läßt sich sowohl geistesgeschichtlich als auch strukturell interpretieren.

Geschichtlich gesehen, mußte die Kunstform der Tragödie dort entstehen, wo das Ich sich bereits weit genug aus der Kollektivpsyche herausentwickelt hatte, um einen eigenen persönlichen Auftrag des Sittlich-Allgemeinen an sich

[12] Genauer müßte man vielleicht sogar sagen: In dem Augenblick, wo es nach der Überwältigung durch das Es wieder zum Bewußtsein kommt und seine Tat erkennt – als ein, wie Sophokles sagt, nunmehr »durch Bewußtsein und Geschick Unseliger«: Sophokles, König Ödipus, V. 1320, in: H. J. Ch. Donner (Übers.), Sophokles, Tragödien, München (GGTb. 390) o. J., S. 48.

[13] S. Freud, Das Ich und das Es (1923), in: Ges. Werke XIII, Frankfurt [1]1940, 252.

[14] So meinte S. Freud, es gelte »jede Entscheidung eines Triebkonflikts ... nur innerhalb einer bestimmten Relation zwischen Stärke des Triebs und Stärke des Ichs. Läßt die Stärke des Ichs nach, durch Krankheit, Erschöpfung u. dgl., so können alle bis dahin glücklich gebändigten Triebe ihre Ansprüche wieder anmelden und auf abnormen Wegen ihre Ersatzbefriedigung anstrengen.« S. Freud: Die endliche und die unendliche Analyse (1937), in: Ges. Werke XVI, Frankfurt [1]1950, 69–70.

gerichtet zu empfinden, wo es aber (noch) zu schwach war, demselben nachzukommen. Wenn nicht die Individualität selbst, sondern die *Schwäche* der Individualität das Tragische ausmacht, so wird in der Tragödie dem Ich das Unbewußte zum Schicksal aufgrund eines Mangels an Persönlichkeit; und umgekehrt ist es das Überich, die Welt der Götter, die, je nachdem, als verkörperte Triebmächte oder ichfremde moralische Instanzen das Ich gleichermaßen aufgrund seiner Ohnmacht in den Abgrund des Verderbens stürzen. *Strukturell* gesehen, muß das Tragische in der individuellen Erfahrung überall dort zur Aufführung drängen, wo das Ich in seinem Bemühen um das sittlich Gute hilflos den Forderungen des Es und des Überich preisgegeben ist.

In gewissem Sinne kann man einen solchen Zustand der Ichschwäche strukturell als Kennzeichen der *Neurose* betrachten[15] und muß dann sagen, daß jeder Neurose, als Icheinschränkung gedeutet, ein Moment des Tragischen innewohnt, sowie umgekehrt jeder Tragödie neurotische Züge beigemengt sind. Man muß freilich beachten, daß das Feld des Tragischen weit über den engen Begriff des eigentlich Krankhaften hinausgeht: Welch ein Mensch ist schon den Helden der Mythen gleich, daß er »mit Göttlichem und Menschlichem gekämpft – und übermocht hat« (Gen 32,29)? Wenn man also das Tragische von der Neurosenpsychologie her verstehen will, so muß man doch stets vor Augen haben, daß die zu behandelnden Konflikte im Grunde jedermanns Konflikte, also eher als neurotoid denn als neurotisch zu bezeichnen sind.

Um gewissermaßen die Normalität, mindestens aber die Hauptbrennpunkte des Tragischen aufzuzeigen, läßt sich vor allem auf zwei psychische Mechanismen verweisen, die zwar für jede Art von Neurose konstitutiv sind, aber eben nicht nur dort ihre unheimliche, tragische Rolle spielen. Einmal ist da zu nennen

1.1. der Gegensatz von Hemmung und Haltung und

1.2. der Prozeß der Überkompensation und der Dekompensation.

Beide Konflikte sind gewiß nicht die einzigen Formen des Tragischen, aber sie sind außerordentlich wichtig, und ihre Erörterung kann verdeutlichen, mit welchen Augen man generell das menschliche Verhalten betrachten muß, um psychologisch seine tragischen Seiten zu bemerken und zu verstehen.

1.1. Der Gegensatz von Hemmung und Haltung

Zum Kern des tragischen Erlebens gehört die Erfahrung, daß man sich mit aller Kraft gegen eine bestimmte Tat zu schützen und zu wehren sucht und sie dann

[15] Jede Neurose basiert auf einer Ichspaltung in einander entgegengesetzten Einstellungen: S. Freud, Abriß der Psychoanalyse (1938), in: Ges. Werke XVII, Frankfurt [1]1941, 134–135.

doch, ja gerade deshalb wie unter unvermeidlichem Zwang begehen *muß*, ohne im übrigen die Mächte zu kennen oder zu verstehen, die den Zusammenbruch der moralischen Anstrengungen des Ichs bewirken. Psychologisch läßt sich dieses Geschehen weitgehend in der Dialektik von Hemmung und Haltung beschreiben, und dieses Gefüge muß daher als erstes untersucht werden, um der Tragik menschlicher Schuld auf die Spur zu kommen.

Mit *Hemmung* ist in der Neurosenpsychologie gemeint, daß bestimmte Triebimpulse unmittelbar mit Angst verknüpft worden sind und ihnen daher schon im Ansatz, noch ehe sie ins Bewußtsein vordringen und dort in Handlungen übersetzt werden können, die Vorstellung entzogen wird: im Ich, im Bewußtsein gibt es bestimmte Triebstrebungen oder Wünsche fortan scheinbar gar nicht mehr, selbst der Vorgang der Hemmung oder die allgemeine Gehemmtheit an sich bleibt dem Ich verborgen.[16] Statt dessen erlebt das Ich die Verhaltensweisen seiner Umgebung an den Stellen der eigenen Gehemmtheit als maßlos, gefährlich und bösartig, und so trachtet es danach, sich selbst in seinen Blockierungen für moralisch besser zu halten als die anderen. Aus seinen Gehemmtheiten macht es seine Tugenden, und dementsprechend schreibt es sich ein Recht zu, die anderen für ihr Verhalten mindestens im geheimen zu verachten. Schon diese Mißverständnisse und Konflikte können tragische Ausmaße gewinnen.

Die eigentliche Tragödie beginnt indessen nicht so sehr in den Auseinandersetzungen und Mißverständnissen gegenüber der Umwelt, sondern sie ist in der Eigentümlichkeit der Verdrängung selbst enthalten. Denn so wenig man einen Fluß einfachhin durch eine Staumauer absperren kann, so wenig vermag man einen Trieb zu blockieren: Das aufgestaute Wasser wird überfließen oder sich auf Seiten- und Sickerwegen an der Mauer vorbeiarbeiten, und ähnlich wird ein Trieb verborgene Mittel und Wege finden, um an der Hemmschwelle der Angst vorbei sich an sein ursprüngliches Ziel heranzuarbeiten. Diese verborgenen Mittel bestehen psychologisch

1.1.1. in der Bildung von Symptomen und Ersatzbefriedigungen; vor allem aber

1.1.2. in der Ausbildung von korrespondierenden Haltungen.

[16] Über den Zusammenhang von Angst, Verdrängung und Hemmung vgl. A. Dührssen, Psychogene Erkrankungen bei Kindern und Jugendlichen. Eine Einführung in die allgemeine und spezielle Neurosenlehre, Göttingen 1954, S. 49; S. Freud, Neue Folge der Vorlesungen zur Einführung in die Psychoanalyse (1932), in: Ges. Werke XV, Frankfurt [1]1944, S. 96; W. Schwidder, Hemmung, Haltung und Symptom, in: Fortschritte der Psychoanalyse. Internationales Jahrbuch zur Weiterentwicklung der Psychoanalyse, Bd. I, Göttingen 1964, S. 115–128; bes. S. Freud, Hemmung, Symptom und Angst (1926), in: Ges. Werke XIV, Frankfurt [1]1948, S. 111–205.

1.1.1. Von den *Symptomen* hat Freud bereits gemeint, daß sie, ähnlich wie die Symbole in den Träumen, eine geheime Wunscherfüllung darstellen, indem sie auf einen Kompromiß zwischen Wunsch und Zensur abzielen.[17]
Eine Hysterikerin etwa, um ein viel verspottetes, aber um so einleuchtenderes Beispiel zu wählen, liebt insgeheim einen verheirateten Mann, verdrängt aber aus Gewissensstrenge ihre Zuneigung zu ihm; bewußt erlebt sie in seiner Nähe statt warmer und zärtlicher Gefühle eher eine sonderbare Kälte und Schwäche in den Gliedern, und wirklich kommt es dahin, daß sie dem unheilvoll Geliebten eines Abends bewußtlos in die Arme sinkt; sie vollzieht auf diese Weise, was sie möchte, aber sie tut es so, daß alles doch nicht willentlich, sondern »nur« ohnmächtig, wie von selbst geschieht;[18] ihr Ohnmachtsanfall vereinigt also sowohl den Triebwunsch wie seine Unterdrückung; er erfüllt objektiv einen Wunsch, der subjektiv nicht erlebt werden darf.
Im Rahmen solcher Symptombildungen geschieht mithin vieles, was die Patienten eigentlich nicht wollen, man kann hier aber noch nicht von einem wirklich tragischen Geschehen sprechen, sofern man nicht das Leid und die Qual einer neurotischen Symptomatik selbst bereits als ein tragisches Geschick bezeichnen will. Der Konflikt zwischen subjektivem Wollen und objektivem Geschehen ist in der Symptombildung zwar an sich bereits voll ausgeprägt, er existiert indessen noch nicht im Subjekt selbst, sondern bleibt für das Bewußtsein noch verborgen[19]; das Niveau des Konfliktes ist noch der des unverantwortbaren Unglücks, nicht des Scheiterns an sich selbst. Die Symbol- und Symptombildung der Neurose ist daher nur die objektive Vorstufe zum eigentlich tragischen Erleben.

[17] S. Freud, Vorlesungen zur Einführung in die Psychoanalyse (1917), in: Werke XI, Frankfurt [1]1944, 309: Das »Symptom ist im Grunde eine Wunscherfüllung ganz wie ein Traum«.

[18] Auf den hysterischen Ohnmachtsanfall als ein Mittel, um Mitleid zu erregen, wies Freud bereits in der Analyse der Dora hin: S. Freud, Bruchstück einer Hysterie-Analyse (1905), in: Ges. Werke V, Frankfurt [1]1942, 202.

[19] Besonders deutlich wird dies in der Dichtung H. von Kleists; Alkmene z. B., als sie erfährt, daß sie Jupiter anstelle ihres Gatten Amphitryon geliebt hat, sinkt ihrem Gemahl mit dem Ruf in die Arme: »Schützt mich, ihr Himmlischen«, Kleist, Amphitryon, 3. Akt, 11. Szene, Vers 2314; die Unbewußtheit mildert hier die subjektive Verantwortung für ein Tun, das ganz dem »Gotte« selbst, dem Es angehört. Oder man vgl. die Ohnmacht der »Marquise von O«, in der sie zur Geliebten des als ein Engel erscheinenden russischen Offiziers wird: H. von Kleist, Die Marquise von O, in: H. Sembdner (Hrsg.), Kleist, Gesamtausgabe. Bd. 4: Erzählungen, München (dtv) 1964, 95. Das Motiv des Ödipuskomplexes, der Inzestheirat, bleibt hier außerhalb des folglich schuldlosen Bewußtseins; die Ohnmacht gilt hier als Beweis für die bewahrte Reinheit des Herzens – gegen die anklagende Sprache des objektiven Tatbestandes.

1.1.2. Unmittelbar in diesen Bereich des Tragischen führt indessen die Psychodynamik der *Haltung*. Auch sie stellt eine unbewußte Wunscherfüllung dar, aber eben in der Weise, daß sie an der Staumauer des Ichs vorbei in der Realität gerade das herbeiführt, was man um jeden Preis verhindern wollte. Die Haltung ist das genaue Gegenstück der Hemmung, und sie äußert sich so, daß sie unbewußt im Tun und Gehabe gerade das Verlangen nach denjenigen Zielen ausdrückt, die im Bewußtsein infolge der Hemmung unbedingt vermieden werden müssen. Während das einzelne Triebobjekt aufgrund der Hemmung im Bewußtsein ausgeblendet wird, taucht der Triebanspruch in der Haltung generalisiert wieder auf und bestimmt jetzt das gesamte Gehabe.[20] Jede Neurosenform hat dabei ihre eigene Haltung.[21]

Die soeben erwähnte *Hysterikerin* ist sich z. B. nicht bewußt, daß sie keinesfalls durch bloßen Zufall an jenem Abend in die Nähe ihres Geliebten geraten sein dürfte. Eine genauere Beobachtung ihres Verhaltens müßte unfehlbar an den Tag bringen, daß sie in Kleidung, Gebärde, Mimik, Tonfall etc. diesen Mann förmlich umwirbt, aber eben ohne ihr werbendes Gehabe selbst zu bemerken. Mit aller Sicherheit wird sie sich sogar nicht nur diesem Mann gegenüber so verhalten, sondern sie wird immer wieder bestimmten Persönlichkeiten gegenüber verhaltene Avancen machen, die gewisse – zumeist an den eigenen Vater erinnernde – Merkmale auf sich vereinigen. Ihr gesamtes Gehabe muß den Eindruck erwecken, als wolle sie ständig kokettieren oder mit bestimmten Menschen ein Verhältnis beginnen; darauf angesprochen aber, wird sie erschrecken und einen derartigen Hinweis als eine unverschämte Unterstellung empört zurückweisen. Subjektiv befindet sie sich dabei völlig im Recht; denn nichts sucht sie im Bewußtsein so sehr zu meiden wie die (unerlaubte) Bekanntschaft mit einem anderen Mann. Gerade dieser Kontrast zwischen ihrem bewußten Bemühen und ihrer unbewußten Haltung

[20] H. Schultz-Hencke hat die Haltungen daher als »Antriebsresiduen« und »›Reste‹ der latent gewordenen Antriebs- und Bedürfniserlebnisse« bezeichnet: H. Schultz-Hencke, Lehrbuch der analytischen Psychotherapie (1951), Stuttgart 1965, 80. Der Ausdruck spielt in der Neopsychoanalyse eine zentrale Rolle.

[21] Indem die Haltung das Gegenstück der Gehemmtheit darstellt, wird entsprechend der zentralen Gehemmtheit der jeweiligen Neuroseform von der oralen Haltung des Depressiven, der anal-sadistischen Haltung des Zwangsneurotikers und der sexuellen Haltung des Hysterikers gesprochen. Von einer intentionalen Haltung des Schizoiden ist in der Literatur wenig die Rede, wohl weil die Gegensätzlichkeit von Hemmung und Haltung beim Schizoiden keinen einzelnen Trieb- und Gegenstandsbereich mehr umfaßt, sondern die gesamte Einstellung zum Erleben der eigenen Person und der Umwelt prägt: ein starkes unbewußtes Verlangen nach Nähe und Wärme bei gleichzeitiger Überdistanz und Affektlosigkeit im Bewußtsein.

führt indessen immer wieder zu Verwicklungen, die man nicht anders als tragisch bezeichnen kann (sofern man sie nicht in der Rolle des Unbeteiligten als Komödie genießt). Denn immer wieder zieht es die Frau in Verbindungen hinein, die sie von ihrem Ich her unter allen Umständen ausschließen möchte; aber nun kommt es gerade umgekehrt: Weil sie zu keinem einzelnen Mann ein wirklich zufriedenstellendes Verhältnis eingehen darf, ist sie notgedrungen bei allen Männern auf der Suche nach dem richtigen. Wie in der antiken Tragödie ist sie Mächten ausgeliefert, die sie immer wieder objektiv gesehen in Schuld verstricken, während sie subjektiv alles unternimmt, was ihr möglich ist, um die gefürchteten Verwicklungen zu verhindern. Am verhängnisvollsten aber ist, daß das Bemühen des Bewußtseins nicht nur gegenüber den überlegenen Mächten des Unbewußten auf verlorenem Posten steht, sondern daß es sogar mit seinen Anstrengungen die entgegengesetzten Kräfte des Unbewußten noch verstärkt.

Eben dies nämlich ist das Tragische an dem Wechselspiel der Hemmung und der Haltung: daß gerade das Bemühen um das Gute schließlich das Böse unausweichlich macht, und diese tragische Verkettung von Hemmung und Haltung läßt sich nicht nur im Fall der Hysterie, sondern gleichermaßen in allen Neurosenformen beobachten.

Vor nichts, um dies kurz zu verdeutlichen, hat etwa ein *Depressiver* solche Angst wie vor der Möglichkeit, einem anderen lästig zu sein. Aus Furcht, dem anderen zuviel abzuverlangen, wird er seine Wünsche nach Möglichkeit verschweigen oder bis zum äußersten zurückhalten; tatsächlich aber spürt man als Gesprächspartner deutlich, daß er etwas auf dem Herzen hat, und so ist man gezwungen, entweder die Kunst des Gedankenlesens zu lernen und ein Meister der Einfühlung zu werden oder aber mit unsäglicher Mühe die verborgenen Wünsche des Depressiven aus dem verwunschenen Brunnen des Unbewußten ans Tageslicht zu fördern; gerade durch sein Bemühen, um keinen Preis lästig zu sein, unternimmt mithin der Depressive objektiv alles, um so lästig wie nur irgend möglich zu werden, und so wird er in der reinen Form seiner oralen Gehemmtheit schon manchem, der mit ihm des öfteren zu tun hat, als ein rechter Vampir erschienen sein.

Der *Zwangsneurotiker*, als ein drittes Beispiel, wird sich selbst dafür verwenden, geradezu als ein Muster an Bescheidenheit zu gelten, und er wird von Herzen das hysterische Großtun anderer als eitles Geckentum verachten; tatsächlich aber erfindet er in seiner Bescheidenheit immer wieder Gelegenheiten, um seine Mitmenschen auf das empfindlichste zu demütigen, zu kritisieren, sie winziger Fehler zu überführen, ihre Fähigkeiten in Zweifel zu ziehen, sie durch eigene Leistungen aus dem Felde zu schlagen usw., bis zu dem Punkt, daß man nur schwerlich einen rechthaberischeren und herrschsüchtige-

ren Despoten unter dem Mantel demütiger Pflichterfüllung antreffen wird als einen solchen in seinem Machtanspruch gehemmten Zwangsneurotiker.
An allen Neuroseformen wird somit deutlich, daß immer wieder aus unbewußten Haltungen, so kleinlich sie im Einzelfall geformt erscheinen mögen, sich mit zwangsläufiger Gesetzmäßigkeit Schicksale gestalten und ergeben müssen, die für alle Betroffenen in ihrer Undurchschaubarkeit und Unvermeidbarkeit, in ihrer Schuld und ihrer Furchtbarkeit an menschlichem Leid und menschlicher Würde den klassischen Tragödien in nichts nachstehen, und man muß sich nur im Konkreten einzelne Schicksale vor Augen halten, um davon tiefer erschüttert zu sein als von den großen antiken Tragödiengestalten selbst.
Eine Frau z. B., die in ihrer *depressiven* Haltung 20 Jahre lang versucht hat, nur für ihren Gatten zu leben, ihm jeden Wunsch an den Augen abzulesen und ihm treu zu sein wie ein Hund, den man herrenlos und verjagt von der Straße aufgelesen hat – eine solche Frau, die bei jedem lauten Wort des Vorwurfs in panischen Schrecken ausbricht und sich selber für alles und jedes unvergebbarer Schuld zeiht, muß erleben, daß ihr Mann sich eines Tages von ihr trennen will, weil sie, wie er sagt, zu egoistisch, zur Liebe unfähig und zu besitzergreifend sei, daß ihre Kinder ihr vorwerfen, sie habe mit all ihrer Sorge nur eine Glaskugel der Abhängigkeit und Unfreiheit um sie errichtet, daß sie also mit all ihrem guten Willen offenbar alles falsch gemacht hat. – Die Mondgöttin Medeia nennt man eine tragische Gestalt, die für ihren Geliebten, den Argonauten Jason, den Drachen verzauberte, der das goldene Vlies hütete; Medeia verließ mit Jason ihre Heimat Kolchis und tat für ihn alles: sie tötete auf der Flucht ihren Bruder Apsyrtos, um ihren Vater Aietes an der Verfolgung zu hindern; sie zerstückelte ihre Kinder beim Versuch, sie unsterblich zu machen; aber sie wurde (einer anderen Überlieferung zufolge) von Jason durch sein Verhältnis zu Kreusa so bitter enttäuscht, daß sie, die bedingungslos Liebende, sich in eine grenzenlos Hassende verwandelte: Sie schickte Kreusa ein Gewand und Diadem, das ihre Rivalin samt deren Vater verbrannte, und zerteilte dann ihre Kinder zur Rache an Jason.[22] – Wenn *Medeia* darin tragisch ist, daß sie in ihrer Treue und Anhänglichkeit die Züge einer Mörderin und Menschenfresserin annimmt, wie sollte dann nicht das Schicksal jener Depressiven tragisch zu nennen sein, die gerade diese Verkehrung all ihrer Absichten und Mühen ins

[22] Medeia war eine Enkelin der Sonne und hatte, trotz ihrer Nähe zur Heldensage, »engste Beziehung...zum Monde«, K. Kerényi, Die Mythologie der Griechen. Bd. I: Die Götter und Menschheitsgeschichten, München (dtv 1345) 1966, 154. Das Schicksal der Medeia wird u. a. erzählt von Apollodor, Bibliothek I 129–147 und Hyginus, Sagen, 21–27, in: L. Mader (Übers.), Griechische Sagen, Zürich 1963, 31–35; 250–255.

Verderbenbringende bis hin zur Vergiftung des Gatten, bis hin zur Zerstückelung der Kinder schicksalhaft und unabwendbar durchleiden muß?

Oder der *Zwangsneurotiker!* Man stelle sich einen Mann vor, der peinlich genau in seinem Arbeitsbereich tagaus tagein seinen Dienst zum vermeintlichen Wohle aller verrichtet, Sinnes, er werde einmal zum Lohn seiner Anstrengungen ein gerüttelt Maß an Wertschätzung und Anerkennung in Händen halten – und muß erleben, daß im Gegenteil die anderen ihn für seine perfekte Tüchtigkeit hassen und nur dem Augenblick entgegenfiebern, da er sich eines Fehlers, eines körperlichen Gebrechens zu erkennen gibt, um wie die Wölfe ihr Opfer zu hetzen und sich selbst an seine Stelle zu bringen. Geht es einem solchen nicht bitterer als dem phrygischen König Midas, der am Morgen die Götter um das anale Wunschgeschenk bat, sie möchten alles, was er berühre, in Gold verwandeln, und sie am Abend schon anflehte, den Fluch von ihm zu nehmen, weil er selber inmitten all seines erworbenen Reichtums nichts zum Leben fand?[23] Die Neurose, das läßt sich behaupten, ist in ihrer ständigen *Verkehrung von Absicht und Ergebnis,*[24] in ihrer ständigen Durchkreuzung des bewußten Wollens durch die Mächte des Unbewußten, eine einzige Tragödie, und umgekehrt taugt zum Verständnis der unheimlichen Wirkungsweise des Tragischen, wie sich jetzt zeigt, offenbar kein Instrumentarium besser als die Analyse der zwangsgesetzlichen Psychodynamik der Neurose.

Speziell die *»Unheimlichkeit«* des tragischen Schicksals der Neurose findet analytisch eine zusätzlich befriedigende Aufklärung.[25] In der klassischen Tragödie ist es zumeist eine Schuld der *Vorzeit,* die in dem tragischen Schicksal der Nachkommen ihre späte Sühne findet. Ganz entsprechend tritt die tragische Gegenläufigkeit von Hemmung und Haltung auf den Plan, weil bestimmte Einwirkungen der *frühen* Kindheit und ersten Jugend sich unkorrigiert bis in die Gegenwart hinein fortsetzen und im *Wiederholungszwang*[26] ihre ständige Neuauflage erleben. Die Mächte, die auf unheimliche Weise das Ich beherrschen, sind in der Tat die späten Rächer eines Unrechts, das – mindestens objektiv – von den Eltern (bzw. deren Ersatz- und Folgepersonen) in grauer Vorzeit begangen wurde. Insofern suchen in der Neurose die Götter

[23] Zum Schicksal des phrygischen König Midas: Ovid, Metamorphosen, XI 85–145.

[24] Zur Gegensätzlichkeit von Ziel und Ergebnis, zur »Gegenfinalität« vgl. E. Drewermann, Strukturen des Bösen, II 571–572.

[25] S. Freud, Das Unheimliche (1919), in: Ges. Werke XII, Frankfurt [1]1947, 227–268 zeigte am Beispiel von E. T. A. Hoffmann »Sandmann«, daß der Eindruck des Unheimlichen auf der Wiedererinnerung verdrängten frühkindlichen Materials beruht.

[26] A. a. O., 249–250 weist Freud vor allem auf die Hilflosigkeit des Ichs gegenüber dem Wiederholungszwang hin.

buchstäblich die Schuld der Väter an den Kindern heim, und oftmals wortwörtlich bis ins 3., 4. Glied (Ex 20,5).

1.2. Kompensation und Dekompensation – Bemerkungen über Schatten und anima

Nur eine Weiterentwicklung des tragischen Gefüges von Hemmung und Haltung ist die Aufeinanderfolge der (Über-)Kompensation und der Dekompensation; aber diese Weiterentwicklung ist außerordentlich folgenreich und schafft ein noch viel ausgedehnteres Feld des Tragischen.
Ein bestimmter Trieb, der ins Unbewußte verdrängt worden ist, hinterläßt eine empfindliche Lücke im Erleben; diese verlangt gebieterisch danach, durch einen *Ersatz* ausgeglichen zu werden, und eine solche Ersatzbildung für etwas Verdrängtes nennt man Kompensation.[27]
Ein sexuell gehemmter Jugendlicher etwa, der in der Liebe sich zu nichts getraut, legt u. U. alles darauf an, es zu einem Musterschüler zu bringen und sich für die fehlende Anerkennung des anderen Geschlechts (und seiner Alterskameraden) durch das Lob der Eltern und seiner Lehrer schadlos zu halten. Seine Strebsamkeit und sein Fleiß, so verdienstvoll und tüchtig auch immer, verraten durch ihre Einseitigkeit und ihren überschießenden Ehrgeiz etwas deutlich Ungesundes, Überwertiges und Zwanghaftes: Ohne die Kompensation auf dem Leistungssektor versänke der Jugendliche in ein Meer der Unbedeutendheit und vermöchte seine schweren Kontakteinschränkungen nicht zu ertragen. Nun steht aber zu erwarten, daß die überzogenen Kompensationsleistungen irgendwann zusammenbrechen werden; denn nur selten

[27] Die Theorie der Kompensation wurde von A. Adler zunächst vor allem am Erleben organischer Minderwertigkeit entwickelt; aber bald schon definierte Adler die Kompensation als »Erhöhung des Persönlichkeitsgefühls«, als eine »Sicherungstendenz« gegenüber dem Gefühl der Unterlegenheit und organischen wie psychischen Minderwertigkeit; A. Adler, Über den nervösen Charakter. Grundzüge einer vergleichenden Individual-Psychologie und Psychotherapie (1912), Frankfurt 1972 (Fischer Tb. 6174), 57. S. Freud sah in der Kompensationslehre Adlers nur eine Variante seiner Lehre vom Ödipuskomplex, indem er Adlers »männlichen Protest« als Reaktion auf den Kastrationskomplex deutete: S. Freud, Selbstdarstellung (1925), in: Ges. Werke XIV, Frankfurt [1]1948, S. 79; aber auch Freud war im Grunde noch sehr stark an dem Erleben einer organischen Minderwertigkeit orientiert. Das eigentliche Thema der Kompensation liegt indessen in dem Ausgleich der psychischen Mängel, die durch ursprüngliche Verdrängungen im Vitalbereich entstehen. C. G. Jung sah in der Kompensation eine an sich natürliche und nützliche Selbstregulation des psychischen Apparates vor allem gegenüber der Vereinseitigung der Bewußtseinseinstellung und meinte, erst die gestörte, durch zu starken Kontrast bestimmte (Über-)Kompensation sei eine neurotische Erscheinung: C. G. Jung, Definitionen, in: Psychologische Typen (1921/1950), Ges. Werke VI, Olten-Freiburg 1960, 484–486.

wird es gelingen, daß der Musterschüler,[28] z. B. als Professor oder Hochschuldozent, in den Genuß kommt, reine Pubertätshaltungen unverändert bestehen lassen zu können. Ein relativ geringfügiger Anlaß von drohender Mißachtung oder Erfolglosigkeit kann den Kunstaufbau der (Über-)Kompensation einstürzen lassen, und schon der Erfolg selbst ist nicht ohne Gefahren, beschwört er doch sogleich das Verlangen herauf, nun endlich auch die Früchte der Anstrengungen genießen zu können. Auf der Stelle drohen dann gerade diejenigen Kräfte ungezügelt hervorzubrechen, die bislang aus Angst hinter Schloß und Riegel gehalten wurden: Die Dekompensation der bisherigen Übererwartungen beginnt, und die aufgestauten Triebregungen entsteigen dem Unbewußten so riesig und drohend, wie der berühmte Geist aus der Flasche, der im Märchen aus 1001 Nacht für seine allzu lange Gefangenschaft endlich Rache nehmen will.[29]

Die Dekompensation macht u. U. auf den außenstehenden Betrachter solange keinen eigentlich tragischen Eindruck, als sie sich *allmählich* in verhältnismäßig kleinen Schritten und scheinbar mit Einwilligung, jedenfalls zunächst unter einer gewissen Lustempfindung des Ichs vollzieht. Gleichwohl täuscht dieser Eindruck, denn das Ich ist in der Dekompensation eher der unfreiwillige Schauplatz als der Akteur des Dramas, das sich hier begibt: Es willigt in die rohen Entladungen der bisher gehemmten Triebe nicht so sehr ein, als daß es schließlich seine Ohnmacht, sie zu hindern, passiv hinnimmt und den Dingen ihren Lauf läßt. Gelingt es nicht, das Ich soweit zu stärken, daß es doch noch einen relativ passablen Kompromiß zwischen Trieb, Realität und der Angst vor seinem Überich zustande bringt, so kann bereits das Gefühl innerer Leere und Sinnlosigkeit auf dem Hintergrund unendlicher vergeblicher Anstrengungen den Charakter des Tragischen erlangen.

Vollends dann wird auch der Außenstehende einen Einblick in die eigentliche Tragik des Geschehens gewinnen, wenn die Entladung des aufgestauten Hintergrundes sich *explosionsartig*, wie in einem Anfall, vollzieht. Die zwei Hauptformen, in denen ein solcher Durchbruch zumeist zustande kommt, lassen sich in der Sprache der komplexen Psychologie C. G. Jungs als

1.2.1. die Begegnung mit dem Schatten und

1.2.2. die Begegnung mit der anima bezeichnen.

[28] Vgl. die Schilderung des Musterschülerehrgeizes als einer Lebenseinstellung in der Erzählung von J. Roth, Der Vorzugsschüler, in: Die Erzählungen. Mit einem Nachw. v. H. Kesten, Amsterdam-Köln 1973, 7–24.

[29] E. Littmann (Übers.), Die Erzählungen aus den 1001 Nächten, übers. nach dem arabischen Urtext der Calcuttaer Ausgabe aus dem Jahre 1839; Frankfurt 1976 (it 224), 12 Bde., Bd. 1, 48–56; vgl. Grimms »Kinder- und Hausmärchen«, Nr. 99.

1.2.1. Jede Kompensation stellt u. a. eine einseitige Anpassungsleistung an die Erfordernisse der äußeren (sozialen) Realität dar und läßt notgedrungen bestimmte Teile der eigenen Psyche vernachlässigt zurück. Zu den Verdrängungen, auf die der Versuch der (Über-)Kompensation antwortet, gesellen sich daher noch die psychischen Vernachlässigungen und inneren Verwüstungen, die aus der Einseitigkeit und überzogenen Spezialisiertheit der Kompensation hervorgehen. Aus beiden Anteilen formt sich der »Schatten«, ein Begriff, der sich mit dem deckt, was bei Freud als das Unbewußte bezeichnet wurde und sich aus dem persönlich *Verdrängten* bzw. (über Freud hinaus) aus dem als unbrauchbar Liegengebliebenen in der Psyche zusammensetzt.[30] Die Gestalt dieses Schattens tritt in den Mythen und Märchen der Völker zumeist als feindlicher Bruder oder Namensvetter, jedenfalls als konträrer Gegenspieler, als *»Hintergänger«* auf, um einen Ausdruck L. Szondis zu benutzen,[31] und er bildet das genaue Gegenstück zu der im Bewußtsein gelebten und gebilligten Einstellung. Nun kann es sein, daß der Schatten nicht nach und nach, durch Symptombildung, schleichende Erkrankung oder allmähliche Dekompensation, den Vordergrund des Bewußtseins für sich erobert, sondern daß die »Drehbühne« des Lebens (L. Szondi) sich auf ein bestimmtes Stichwort hin in Bewegung setzt und den Hintergänger – ebenso unvermutet für das eigene Ich wie für das Publikum – aus dem Hintergrund hervortreten läßt. Aus einem frommen Abel wird dann plötzlich ein jähzorniger Kain,[32] aus einer Sophronia eine Norina,[33] aber auch umgekehrt: aus einem Saulus ein Paulus. Das lang Aufgestaute bricht sich in solchen Umkehrungen mit elementarer Gewalt Bahn; es ist, wie wenn der Damm bräche und die zurückgedrängten Wassermassen jetzt mit vernichtender Gewalt talabwärts stürzten – eine scheinbare Alteration des gesamten Wesens, in Wahrheit »nur« ein Wechsel komplementärer Hälften. Eben darin aber liegt das Tragische (oder Komödiantische) dieses Wechsels, daß das Ich nicht weiß und in gewissem Sinne nicht wissen kann, daß das vermeintlich so Fremde sein

[30] C. G. Jung, Über die Psychologie des Unbewußten (1943), in: Ges. Werke VII, Olten-Freiburg 1967, S. 58; ders., Der Schatten (1948), in: Ges. Werke IX 2, Aion, Olten-Freiburg 1976, 17–19.

[31] L. Szondi, Triebpathologie, 1. Bd., Elemente der exakten Triebpsychologie und Triebpsychiatrie, Bern 1952, 27, 116, 138.

[32] L. Szondi, Lehrbuch der experimentellen Triebdiagnostik, Bd. I, Textband, Bern-Stuttgart, 2. völlig umgearb. Aufl. 1960, 103; E. Drewermann, Strukturen des Bösen, II 257–260.

[33] Gestalt aus G. Donizettis Opera buffa »Don Pasquale«, die dem hartherzigen Don Pasquale, um ihn von seinen habgierigen Eheabsichten zu bekehren, zunächst in der Rolle der sittsamen Sophronia die Unschuld vom Lande vorspielt, um sich dann, nach einer Scheinheirat, in die launische und tyrannische Norina zu verwandeln.

eigenes dunkles Konterfei ist, dessen Umrisse es in allen Zügen gegen sein Wollen, ja sogar *durch* seinen Gegenwillen überhaupt erst selbst geschaffen hat.

Nicht selten verkörpert sich der Schatten nicht nur in den Mythen, sondern auch in der biographischen Realität tatsächlich in der Person des eigenen Bruders oder der eigenen Schwester,[34] oder er ergibt sich zusätzlich aus der antithetischen Idealbildung zu einem Elternteil.

Ein Junge etwa haßt leidenschaftlich seinen trunksüchtigen Vater und ebenso seinen älteren Bruder, die beide durch ihre Maßlosigkeiten und wüsten Treibereien die Mutter quälen und die Familie ruinieren; der Junge möchte auf keinen Fall so werden wie sein Vater; er möchte pflichtbewußt und treu sein, und heiratet später eine Gattin, die selber einen ebenso armseligen Eindruck auf ihn macht wie damals seine Mutter – ein rechtes Objekt seines Schutz- und Verantwortungsstrebens. Indessen treibt sein Bemühen, ganz anders zu sein als sein Vater und Bruder, schon bald auf einen Punkt zu, wo die ständige Fürsorglichkeit seine Kräfte verschleißt, wie es Benjamin Constant in seinem klassischen »Adolphe« geschildert hat.[35] Von diesem Zeitpunkt an bedarf es nur noch eines Anlasses, um den »Hintergänger« auf den Plan zu rufen und gerade die Kräfte freizusetzen, die ein Lebenlang mit äußerster Anstrengung unterdrückt wurden.

Darin also besteht im Zusammenhang mit Verdrängungen und Kompensationsbildungen der eine Teil des Tragischen, daß immer wieder Menschen gerade so handeln wie in der Bibel in Gen 3,1–7 die »Mutter aller Lebenden«: eben noch hält sie den Worten der Schlange entgegen, sie wolle an den verbotenen Baum im Garten nicht einmal rühren – und ißt davon unmittelbar danach,[36] oder daß die Menschen handeln wie im Neuen Testament Petrus, der eben noch schwört, den Herrn auf den Tod nicht zu verlassen, und ihn dann doch mit vorhersehbarer Gewißheit verrät – jeder in seinem Bemühen um das Gute aufs äußerste angespannt und gerade in seiner Verkrampfung aus Angst bereits den kommenden Zusammenbruch vorbereitend.

1.2.2. Noch einen Schritt tiefer ins Unbewußte hinab führt die Auseinandersetzung mit der Gestalt der *anima,* die in den Märchen und Mythen meist nach der Begegnung mit dem Schatten auftritt. Die anima ist insofern nicht mehr

[34] Zur Gestalt des Doppelgängers bzw. des feindlichen Bruders in Mythos, Märchen und Dichtung vgl. E. Drewermann, Strukturen des Bösen, III 278–299.

[35] Henri Benjamin Constant de Rebecque, Adolphe, 1816.

[36] Zur exegetischen Auslegung der sog. »Sündenfallerzählung« vgl. E. Drewermann, Strukturen des Bösen, I 58–72.

rein individuell, als sie das Gegenbild zur persona, zur Berufs- und Charaktermaske der gesellschaftlich bedingten Rollenvorschriften darstellt und somit bereits dem kollektiven Unbewußten angehört.[37] Die Literatur der Völker schildert die anima zumeist als eine verzauberte Jungfrau am Ende der Welt – Medeia auf der Subjektstufe der Deutung ließe sich u. a. auch als eine derartige anima-Gestalt verstehen. Je nachdem, ob der »Held«, also das Ich, das Bewußtsein, sie integrieren, d. h. »heimholen« und bei sich behalten kann oder nicht, gehen von der anima heilende oder zerstörende Kräfte aus: der griechische Jason z. B. zerbricht an Medeia; Tristan jedoch, der unsterbliche Held des Mittelalters, nachdem er den irländischen Riesen Morolt (die Gestalt des Schattens) getötet hat, verfault inwendig und wird, im Nachen mit seiner Harfe übers Meer (des Unbewußten) treibend, von der goldhaarigen Isolde, einer echten anima-Gestalt, gefunden; als Nichte Morolts haßt Isolde eigentlich den Mörder ihres Oheims, aber sie kennt Tristan nicht und macht ihn unwissentlich und gegen ihren Willen mit einem Geheimkraut gesund.[38]
Die Hauptschwierigkeit in der Begegnung mit der anima liegt – ähnlich wie beim Schatten – vor allem darin, daß gerade die Ausschließlichkeit der bisherigen Lebenseinstellung unmittelbar die Fremdheit und Gefährlichkeit der anima bedingt; nur tritt – im Unterschied zur Problematik des Schattens – naturgemäß jetzt der Faktor der sozialen Anerkennung und Reputation noch weit stärker in das tragische Spiel ein. Es sind gerade die von der gesamten Umgebung am meisten geschätzten und geförderten Eigenschaften, die der anima die Gefährlichkeit einer Zauberin und Hexe verleihen, und um so heftiger können an dieser Stelle tragische Konflikte aller Art aufbrechen. Tristan, der gerade den Drachen besiegt hat, um Isolde für König Marke nach Tintajol heimzuführen, wird durch den Liebestrank, den Isoldes Mutter gemischt hat, wider seinen Willen in unbesiegbarer Liebe an die schöne Braut gefesselt, und auch sie muß allen Widerstand gegen ihren Befreier aufgeben.[39] Zum Heil wie zum Unheil besitzt die anima allmächtige Kraft.
Sehr extrem – und relativ verbreitet – kann der Gegensatz von persona und anima, von bewußter Berufsanpassung und unbewußter Seelengestalt natürlich dort gedeihen, wo der Verzicht auf weite Triebbereiche zur standesgemä-

[37] Zu Persona und Anima s. C. G. Jung, Die Beziehungen zwischen dem Ich und dem Unbewußten (1928), in: Ges. Werke VII, Freiburg-Olten 1964, 171–178; 207–232; ders., Über den Archetypus mit besonderer Berücksichtigung des Animabegriffes (1936), in: Ges. Werke IX 1: Die Archetypen und das kollektive Unbewußte, Olten-Freiburg 1976, 67–87.
[38] Vgl. die sehr gelungene Nacherzählung des Tristan-Stoffes bei J. Bédier, Der Roman von Tristan und Isolde, Frankfurt 1979 (it 387), 27–28.
[39] A. a. O., 29–49.

ßen Bedingung erhoben wird, z. B. bei den Klerikern der katholischen Kirche, bei vielen Formen der Karriere in Politik, Wirtschaft etc. Schon manche Gemeinde ist dadurch in Erstaunen versetzt worden, daß gerade ein besonders beliebter und tüchtiger Vikar oder Pfarrer mit einem Mal in die Arme einer scheinbar unwürdigen Frau geriet und, allen Regeln der Vernunft zum Trotz, lieber seinen Dienst quittierte, als daß er von seiner nach gewöhnlicher Erfahrung unglückseligen Beziehung Abstand genommen hätte. In solchen Fällen führt gerade das hohe Maß an gutem Willen in Ausbildung und Berufstätigkeit dazu, die persona so einseitig auszubilden, daß eine einzelne Begegnung, eine scheinbar flüchtige Bekanntschaft mit einer anima-Gestalt eine schicksalhafte und oft genug eine tragische Bedeutung gewinnen kann. Desgleichen ist die tragische Verstrickung der anima-Liebe ein häufiger Grund für das Scheitern gerade der musterhaft geführten Ehen.[40]

Eine Frau z. B. versichert absolut glaubwürdig, daß sie seit Jahren von einem Mann nicht loskommt, der sie vom ersten Augenblick ihrer Bekanntschaft an in Bann geschlagen hat und der für sie all das verkörpert, was den animus ausmacht: Geistigkeit, Bildung, Weltweite, Erfahrung etc.; sie hat fast ein halbes Menschenleben damit zugebracht, ihre bestehende Ehe – und die des Geliebten – zu retten, aber selbst die Trennung vom Geliebten hat nicht zu ändern vermocht, daß sie jedes Buch im Geiste mit ihm liest, jedes Konzert in Gedanken mit ihm besucht, jede freie Minute mit ihm verlebt. – Ein Mann umgekehrt, der pflichtbewußt und treu seiner Gattin mit viel Mühe soeben zu einem beruflichen Erfolg verholfen hat, lädt zur gebührenden Feier des Ereignisses Bekannte ein, und zufällig trifft er dabei auf eine Frau, die ihn von Stund an sein gesamtes bisheriges Leben vergessen läßt, weil sie alles in sich schließt, was er seit Kindertagen an Vitalität, Lebensfreude, Spontaneität, Sinnlichkeit etc. vermissen mußte.

Kennzeichnend für eine solche Liebe der anima (bzw. des animus) ist neben ihrer Plötzlichkeit und Unbesiegbarkeit insbesondere der Umstand, daß sie besonders wertvolle, zumeist hochstehende, scheinbar untadelige Persönlichkeiten ereilt. Es passiert dem *untadeligen* Ritter Lancelot du Lac, daß er sich in Ginevra, die Frau seines Königs, verliebt, und zwar vom ersten Augenblick an, da er sie sieht, und gegen das verzweifelte Bemühen beider, ihre Liebe zu unterdrücken.[41] Es geschieht dem *hochgelehrten* Dr. Faustus, daß ihm das

[40] Vgl. E. Drewermann, Ehe – tiefenpsychologische Erkenntnisse für Dogmatik und Moraltheologie, in: Renovatio, 36. Jg., Heft 2, Juni 1980, 65–67.

[41] Vgl. die sehr gelungene Nacherzählung von R. Schirmer, Lancelot und Ginevra. Ein Liebesroman am Artushof, Zürich (Manesse) 1961: Als Lancelot, der seine wahren Eltern nicht kennt (84) und von Viviane vom See an Mutters Statt aufgezogen wurde, die Königin Ginevra sieht, vergißt er seinen Namen (95), bricht überstürzt nach Doulou-

einfache Gretchen zum Schicksal wird. In den Märchen, Mythen und Romanen ist die Begegnung mit dem Schatten und mit der anima nicht immer auch identisch mit tragischem Scheitern und Untergang, sie ist oft nur eine Wegmarke in dem langen Abenteuer der Selbstfindung; aber auch so bleibt sie stets verbunden mit unfreiwilliger Schuld und mit ungewolltem Leid für alle Betroffenen, und die Gewißheit, die Goethes Faust erhält, es werde, wer immer strebend sich bemühe, am Ende auch Erlösung finden,[42] entstammt, wenn überhaupt, stets einer Welt jenseits der sichtbaren Ereignisse.

2. Das Tragische als Verantwortung des Unverantwortlichen – die Spaltung der Sittlichkeit

Die Problematik des Tragischen beschränkt sich nun natürlich nicht allein auf die Auseinandersetzung des einzelnen mit seinem eigenen Unbewußten, vielmehr hat die antike Mythologie recht, wenn sie das Tragische gerade in kollektiven Verknüpfungen darstellt.

Neben den neurotischen oder neurotoiden Prägungen, die der einzelne unmittelbar durch das Verhalten der eigenen Angehörigen erfährt, können auch bestimmte Handlungsweisen selbst Situationen heraufführen, in denen eine bereits bestehende Schuld nur durch neuerliche Schuld aufgelöst werden kann. Derartige Situationen führen dazu, daß der moralische Wille nicht nur subjektiv – an den psychischen Voraussetzungen der eigenen Persönlichkeit – scheitert, sondern objektiv daran zugrunde geht, daß er, um verantwortlich zu sein, das Unverantwortliche tun muß, und hier sind es gerade die besonders moralischen, die am meisten verantwortungsbewußten Menschen, die in den

reuse Garde auf (100), wie um vor Ginevra zu fliehen, befreit die Burg von der Verzauberung durch ein ehernes Ritterstandbild (!) und findet dort auf einem Gedenkstein seinen Namen wieder (107–108). Schon bei der Rückkehr aber ertrinkt er beinahe in einem Fluß (!), weil er unverwandt nach der wartenden Ginevra Ausschau hält (119–125), und beim Empfang am Hofe entfällt Lancelot beim Anblick der Königin die Lanze, die im Fallen den seidenen Überwurf Ginevras zerreißt (129). Beide, Ginevra wie Lancelot, meiden einander, so sehr sie können, und dennoch drängt es sie nur um so heftiger zueinander.

[42] Im Chor der Engel am Ende von Faust II: »Gerettet ist das edle Glied / Der Geisterwelt vom Bösen: / Wer immer strebend sich bemüht, / Den können wir erlösen; / Und hat an ihm die Liebe gar / Von oben teilgenommen, / Begegnet ihm die selige Schar / Mit herzlichem Willkommen.« – Lange Zeit ist Fausts Liebe eben eher eine Liebe von unten als von oben, und dazwischen liegt ein Menschsein, von dem Mephistopheles unmittelbar zuvor noch mit Recht bemerkt: »Hiobsartig, Beul an Beule / Der ganze Kerl, dem's vor sich selber graut, / und triumphiert zugleich, wenn er sich selbst durchschaut«.

tragischen Konflikt hineingezogen werden, während schwächere oder primitivere Charaktere die tragische Dimension ihres Handelns entweder gar nicht erst bemerken oder aber die Zuständigkeit ihrer eigenen Verantwortung zu leugnen pflegen. Während die *psychischen* Gründe der Tragik sich aus einer Schwäche des Ichs ergeben, entsteht die Tragik der Verantwortung oft gerade aus einer überdurchschnittlichen Stärke des Ichs.
Zwei besonders in der kirchlichen Diskussion ebenso wichtige wie heikle Beispiele können die Art der tragischen Verstrickung in das schlechthin Unverantwortliche aus Verantwortung im privaten wie kollektiven Bereich wohl am deutlichsten zeigen: der Fall der Abtreibung und der Fall des Kriegsdienstes bzw. der Wehrdienstverweigerung; beide entzünden sie sich an dem Gebot: »Du sollst nicht töten«, beide aber bedingen im Einzelfall eine Antinomie des Sittlichen, die nur noch tragische Lösungen zuläßt. An diesen besonders notwollen Beispielen mag sich daher zugleich am besten zeigen, was die Beschäftigung mit dem Tragischen für die (Moral-)Theologie bedeuten kann.

1. Zum Beispiel: Abtreibung[43]

Eine 20 Jahre alte Schülerin ist als Kind in ihrer Familie so aufgewachsen, daß sie sich stets hinter ihrer jüngeren Schwester als benachteiligt erlebte; schon mit ca. fünf Jahren litt sie unter gastritiven Reizzeichen wie Übelkeit, Erbrechen etc., und sie spürte ständig den Druck, »erwachsener« sein zu müssen, als sie es vor allem im Vergleich zu ihrer Schwester sein wollte. Einerseits fühlte sie sich überaus verantwortlich und half der Mutter im Haushalt, wo sie nur konnte, andererseits aber vermißte sie dafür eine entsprechende Belohnung und Anerkennung. Schon früh mußte sie den Eindruck gewinnen, daß nur die außerordentlichen Taten Beachtung fänden, und da im Haushalt der Mutter aller Fleiß für selbstverständlich galt, wich sie mehr und mehr zu Nachbarn und Bekannten aus, die ihre Einsatzbereitschaft als ungewöhnlich hervorhoben und gebührend honorierten. Insgesamt aber blieb für diese Frau auch in späteren Jahren das Gefühl vorherrschend, eigentlich nur als Arbeitskraft, niemals aber als Person geliebt zu werden. Ihre eigenen Gefühle nahm sie kaum wahr, außer dem dauernden Empfinden von Unzufriedenheit und dem unentwegten Bemühen, sich für andere einzusetzen. Der erste, dem sie mit achtzehn Jahren so etwas wie Zuneigung zutraute, war ein ausländischer Arbeiter, den sie denn auch schon nach wenigen Wochen heiratete, um von zu Hause wegzukommen. Kurz nach der Hochzeit aber

[43] Das Beispiel gibt in seiner psychologischen Anlage eine wirkliche Begebenheit wieder, es ist aber der Diskretion halber in wichtigen äußeren Details abgewandelt bzw. bewußt unpräzise gehalten.

wurde sie alsbald das Opfer ihres alten Gefühls, nur woanders als zu Hause ein Zuhause finden zu können: Gerade weil ihr Gatte sich als besonders häuslich erwies, empfand sie ihre Ehe schon nach wenigen Wochen als derart langweilig, daß nur noch ein gewisses Mitleid mit ihrem Gatten und die massiven Vorwürfe der Eltern und des Dorfpfarrers sie davon abzuhalten vermochten, nicht sogleich die Scheidung anzustreben. Immerhin aber nahm sie sich ein eigenes Zimmer, um getrennt von ihrem Mann wenigstens in der Schule zu einem Abschluß zu kommen.

In diesem Zustand nun machte sie die Bekanntschaft mit einem 25jährigen Mann, der in sozialen (kirchlichen) Diensten tätig war und sich dort trotz aller Anstrengungen als ein rechter Versager empfand. Insbesondere als er sein Studium nicht mit dem erforderlichen Examen beenden konnte, war er von schweren Minderwertigkeitsgefühlen geplagt gewesen und hatte, teils aus Identifikation mit allem Unglück, teils zum Beweis, doch für irgend jemanden von Nutzen sein zu können, eine überaus schwierige Frau geheiratet, die nach zwei mißlungenen Selbstmordversuchen schwer erkrankt und dauernd pflegebedürftig war. Der enorme Verantwortungsdruck und die quälenden Minderwertigkeitsgefühle trieben den Mann bald dazu, sich mehr und mehr dem Alkohol zuzuwenden. Die Frau ihrerseits spürte sehr wohl, daß sie ihrem Mann eher eine Belastung denn eine Hilfe war, und um ihren Gatten ganz sicher an sich zu binden, bestand sie auf dem Wunsch, mindestens vier Kinder von ihm zu bekommen, womit sie auch Erfolg hatte. Tatsächlich fühlte sich der Mann gegenüber seiner Familie jetzt noch mehr verpflichtet, zugleich aber wuchs auch sein Verlangen nach irgendeinem menschlich befriedigenden Kontakt, und er fand einen solchen zufällig, aber auf das leidenschaftlichste, in der zwanzigjährigen Schülerin. Diese litt sehr unter erheblichen Schuldgefühlen, ihren eigenen Mann so schmählich verlassen zu haben, und um die neue Beziehung vor sich selbst und nach außen hin rechtfertigen zu können, engagierte sie sich über die Maßen im Haushalt ihres neuen Geliebten. Auf diese Weise wurde sie nicht nur die beste Vertraute dieses Mannes, sondern schließlich sogar die beste Freundin seiner Ehefrau. Natürlich durfte diese unter keinem Umstand erfahren, wie es wirklich um ihre neue Helferin bestellt war; aber zu Beginn dieses Arrangements gab es in der Tat noch nicht viel zu verheimlichen, vielmehr handelte die Schülerin anfangs im Grunde ganz nach ihrer alten Erfahrung, nur durch Sonderleistungen *außerhalb* des eigenen Hauses die nötige Bestätigung finden zu können. Indessen, je intensiver die zunächst rein »nützlichen« Kontakte wurden, desto unvermeidlicher mußten auch die persönlichen Beziehungen den Charakter der Heimlichkeit annehmen, und alsbald entdeckte die Schülerin, daß sie in der achten Woche schwanger war.

Dieses Beispiel mußte etwas ausführlicher erzählt werden, weil sich nur so sichtbar machen läßt, wie verhängnisvoll die wertvollsten Eigenschaften aller Beteiligten sich zugleich mit Einstellungen und Erwartungen verbanden, die in ihrer Unerfüllbarkeit am Ende nicht nur Schuld, sondern sogar neue Schuld zur Tilgung der alten Vergehen heraufbeschwören mußten.

Es war der Schülerin und ihrem Geliebten durchaus bewußt, daß ihr Verhältnis zueinander ehebrecherisch und schuldhaft war; keiner von beiden aber fühlte in sich die Kraft, auf den anderen zu verzichten. Der Mann wollte unbedingt an seiner alten Ehe festhalten, aber er glaubte dies nur tun zu können, wenn er sich zusätzlich von einer anderen Frau bestärkt und unterstützt fühlte: Der »Ehebruch« war für ihn ein fast unerläßliches Bindemittel geworden, um seiner kranken Frau und den Kindern gegenüber die eingegangene Verantwortung noch weiter tragen zu können. Die Schülerin erlebte zum ersten Mal, daß sie nicht nur als überaus tüchtig und wertvoll geschätzt, sondern auch als Frau gemocht wurde – ihr ganzes Selbstwertgefühl hing an dieser Beziehung. Auch sie wollte die Ehe ihres Geliebten nicht zerstören, im Gegenteil, sie wollte alles tun, um dessen Frau, ihrer Freundin, zu helfen. Auch für sie stellte ihr Verhältnis eigentlich keinen Ehebruch dar, sondern es handelte sich für sie eher um eine wohlverdiente Belohnung für das Bemühen, eine fremde Ehe in Ordnung zu bringen. Wenn schon Schuld, so war in diese Liäson doch so viel Unschuldiges und Kindliches gemischt, daß man den beiden ein Recht, so zu leben, nicht ohne weiteres absprechen konnte. Aber nun das Kind! Gewiß verwünschten beide ihre Unachtsamkeit und Dummheit, gewiß tadelten sie sich ihrer Beziehung insgesamt, dann aber schworen sie sich wiederum, einander niemals auf schnöde Weise im Stich zu lassen. Nur: Was sollte, was konnte jetzt geschehen?

Rein theoretisch bestanden aus der Sicht des Mädchens vier Möglichkeiten:

1. Die beiden konnten je für sich die Scheidung einreichen, einander heiraten und mit den alten Kindern und dem neuen eine neue Familie gründen. Dagegen sprach jedoch fast alles: Was sollte aus den vier anderen Kindern werden und, selbst wenn diese Frage sich noch hätte lösen lassen, was sollte aus der in jeder Weise abhängigen und nach wie vor stark selbstmordgefährdeten Frau des Geliebten werden? Diese Lösung kam aus Verantwortung nicht in Frage.

2. Die Ehe des Geliebten konnte beibehalten werden, das Kind wäre von der Schülerin ausgetragen und dann in ein Heim gegeben worden. Auch dagegen sprach mehreres: Der Mann mußte fürchten, bei Entdeckung seiner illegitimen Beziehung aus seinem (kirchlichen!) Beruf entlassen zu werden, die Schülerin hätte mit Sicherheit ihre Ausbildung abbrechen müssen, vor allem aber stand wiederum zu erwarten, daß die betrogene Ehefrau in ihrer Verzweiflung

erneut einen Selbstmordversuch unternehmen würde, und dies mußte auf jeden Fall vermieden werden.
3. Die Schülerin konnte zu ihrem eigenen Ehemann zurückgehen und ihm das Kind unterschieben oder, je nachdem, im Vertrauen auf seine Gutmütigkeit ihn darum bitten, das fremde Kind nach außen hin als sein eigenes anzuerkennen; äußerlich betrachtet, wäre dies zweifellos der moralisch und wirtschaftlich vorteilhafteste Weg gewesen: Die Schülerin hätte zur Zufriedenheit ihrer Angehörigen ihre Ehe wiederhergestellt, ein illegitimes Verhältnis hätte sein Ende gefunden, sie hätte, wohlversorgt, ihren Schulabschluß beenden und ein Studium beginnen können, und auch für das Kind wäre alles zum besten bestellt gewesen. Gleichwohl war gerade dieser Weg am wenigsten gangbar: Die alte Ehe entbehrte für die Schülerin jeder gefühlsmäßigen Grundlage, und sie hätte alles eher getan, als in die Abhängigkeit und Langeweile der alten Beziehung zurückzukehren; außerdem mochte sie ihren Geliebten nicht allein lassen noch selbst auf ihn verzichten; und auch der Geliebte selbst fühlte sich außerstande, seine rein auf Pflicht und Verantwortung gegründete Ehe ohne Hilfe von außen weiter zu ertragen.
4. Die Schülerin konnte theoretisch sobald als möglich ganz aus der Gegend fortziehen und ihr Kind in der Fremde zur Welt bringen; nur so wäre es zu vermeiden gewesen, daß die Frau ihres Geliebten sich etwas antat; die Schulausbildung hätte dann zwar unterbrochen oder gar abgebrochen werden müssen, aber möglicherweise hätte sich dafür ein Ersatz finden lassen. Dieser Plan mußte indessen an der Unselbständigkeit der Schülerin scheitern: Sie glaubte, ohne ihren Geliebten (noch) nicht leben zu können – so wenig wie dieser ohne sie –, und desgleichen sah sie sich außerstande, gerade die schwierigste Situation ihres Lebens völlig allein durchzustehen. Zudem: Wie hätte sie ihren Eltern, auf die sie finanziell angewiesen war und mit deren Verständnis sie nach den Auseinandersetzungen um die Auflösung ihrer bestehenden Ehe in keiner Weise mehr rechnen konnte, einen solchen Schritt erklären sollen? Schließlich hatte die Frau des Geliebten doch bereits so viel Argwohn gesammelt, daß ein spektakulärer Fortgang ihr die ganze Wahrheit ebenso gut würde enthüllt haben wie ein offenes Geständnis.
So blieb nur noch ein einziger fünfter Ausweg offen, den die Schülerin und ihr Geliebter eigentlich am wenigsten wollten und den sie ihrer gesamten sittlichen Überzeugung nach als eine schwere Schuld am meisten verurteilten: Das Kind mußte abgetrieben werden, und zwar, da die Zeit der Drei-Monats-Frist drängte und weil in der durchweg katholischen Gegend eine ärztliche Hilfe in den Krankenhäusern nicht zu erwarten war, an einem wohlbekannten Ort im Ausland. Was beide als Mord empfanden, ward ihnen doch aufgrund von Umständen, die sie selbst, zugegebenermaßen schuldhaft, aber auch wie

schicksalhaft, herbeigeführt hatten, in Anbetracht aller Konsequenzen ihres Tuns *aus Verantwortung* nunmehr zur üblen Pflicht. In der Wahl, das Leben der Ehefrau nicht zu gefährden oder das ungeborene Kind zu schützen, zwang sie ihre Verantwortung, nicht allein zwischen Leben und Leben zu entscheiden – was ihnen selbst unmöglich schien –, sondern vor allem zwischen Leid und Leid eine Abwägung zu treffen. Sie waren augenscheinlich an einen Punkt geraten, wo schwere Schuld zu vermeiden bedeutet hätte, eine noch schwerere Schuld auf sich zu laden.

Man kann dem entgegenhalten, daß eine derartige Entscheidung prinzipiell nicht in Frage kommen dürfe, daß das Leben eines ungeborenen Kindes unter gar keinen Umständen »zur Disposition stehen« dürfe – alles Bedenken, die an sich richtig sind und durchaus nicht ihre Gültigkeit verlieren. Es geht hier auch nicht darum, die Abtreibung zu »rechtfertigen« oder zu »erlauben«; es geht darum, am Beispiel einer Abtreibung zu zeigen, daß es u. U. keinen anderen Ausweg aus einer bestehenden Schuld gibt, als auf tragische Weise durch neuerliche schwere *Schuld* (also eben nicht durch ein an sich erlaubtes Tun) den Schaden begangener Fehler so gering wie möglich zu halten. Entscheidend für eine derartige Notwendigkeit ist in dem angegebenen Beispiel daher auch keine höhere ableitbare Gesetzmäßigkeit an sich, sondern einfach die Persönlichkeit und der Charakter aller Beteiligten: Wäre die Ehefrau nicht eine hochgradig neurotische, unselbständige, suizidal gefährdete Person, wäre der Ehemann stark genug, seine Familie anders zu erleben als mit immer neuen Verpflichtungs- und Schuldgefühlen, wäre die Schülerin imstande, ein Stück weit an ihre eigene Liebenswürdigkeit als heranwachsende Frau zu glauben und sich in der eigenen Haut und den eigenen vier Wänden wohler zu fühlen, kurz: hätte man es mit ganz anderen Menschen zu tun, so wäre der tragische Konflikt, die Spaltung der sittlichen Verantwortung in unvereinbare Zielsetzungen durchaus vermeidbar gewesen.

Wenn man es mithin bereits als Schuld bezeichnen und nicht in sich schon als tragisch ansehen will, daß es eine derartig tragische Verstrickung überhaupt geben konnte, so muß man den Begriff der Schuld doch aus der Situation selbst herausnehmen und auf die einzelnen Persönlichkeiten verteilen, von denen eine jede in der Tat schuldig dadurch wurde, daß sie in gewisser Weise vor sich selber floh. Nur, dies zu ändern, hätte Monate und Jahre der Arbeit an sich selbst vorausgesetzt, die anstehende Entscheidung aber duldete keinen Aufschub und mußte so getroffen werden, wie die handelnden Personen im Augenblick der Ereignisse waren. Und zudem: Keiner der Beteiligten war allein aus eigenem Zutun der Mensch geworden, der er war. Auch die Ehefrau hatte einen Vater, der sie lebensuntüchtig werden ließ, auch der Mann entstammte einer Familie, die ihn zur Trunksucht prädisponierte, auch die

Schülerin hatte eine Mutter, deren Lieblosigkeit sie noch als Erwachsene wie ein Kind nach Liebe suchen ließ – und auch diese Eltern ihrerseits hatten Eltern und Geschwister. Wer also trug die Schuld an der bestehenden Situation? Man kann nur sagen, daß sich hier die Schuld vieler schicksalhaft, vermittelt durch die eigene jeweilige Persönlichkeit, zu einem Knoten zusammenzog, der keine geduldige Entwirrung mehr zuließ.

Eben dies aber ist das Thema der antiken Tragödie: daß man in bestimmten Situationen schuldig werden *muß*, um nicht noch größere Schuld auf sich zu laden, und daß diese Notwendigkeit der Schuld aus den Quellen längst vergangener Taten wie ein Fluch in den Tiefen des eigenen Daseins aufsteigt und die eigene Existenz in eine Zone schwemmt, wo es keine Rechtfertigung mehr gibt, es sei denn die, zu wissen, daß man nirgendwo gehorsamer den Göttern gegenübertritt, als indem man den unvermeidbaren Fluch der Schuld in Verantwortung und doch jenseits des Verantwortbaren aushält und trägt. Ein einziges durchaus nicht ungewöhnliches, bei genauerem Hinsehen sogar in seinen Akteuren recht alltäglich anmutendes Beispiel kann sie also offenbaren: die immer wiederkehrende Tragödie, die es bedeuten kann, als Mensch in eigener und fremder Schuld verantwortlich zu existieren.

2. Oder zum Beispiel: Krieg und Massenelend

Wenn es also bereits im kleinen derartig bestellt sein kann, so darf es nicht verwundern, daß das Moment des Tragischen im großen nicht weniger, sondern eher noch weit schlimmer, weil millionenfach verstärkt auftritt.

Wer nach Tragödien in großem, kollektivem Maßstab sucht, wird sogleich auf die zwei schlimmsten Beispiele stoßen: auf das immer wieder in der Geschichte aufbrechende Phänomen des Krieges und auf das Problem des *Massenelends* unserer Tage angesichts eines ungeheueren Wohlstandes für einen winzigen Teil der Weltbevölkerung.

2.1. Das Beispiel des Krieges

Gleichgültig, ob ein Krieg in der kollektiven Schuld eines ganzen Volkes willkürlich vom Zaun gebrochen wird – wie im Dritten Reich – oder ob er durch eine in sich bereits tragische Verkettung von Umständen ausgelöst wird – wie etwa der Bürgerkrieg im Libanon –, immer fordert das Kriegsgeschehen vom einzelnen Handlungen, die er in keiner Form und Weise verantworten kann. Er muß Städte und Dörfer bombardieren bzw. mit Artilleriefeuer und Raketen belegen, ohne noch unterscheiden zu können, ob dabei Frauen und Kinder, Kranke und alte Leute umkommen oder nicht; er muß Menschen, die er überhaupt nicht kennt, auf grausame Weise umbringen; Hunger, Krankheit und Elend in tausendfacher Gestalt, sonst als Menschheitsgeißeln verurteilt, werden durch seine Hand zu willkommenen Verbündeten, wenn sie sich nur auf die Person und das Land des Gegners versammeln lassen; die selbstverständlichsten Gefühle des Mitleids erweisen sich, wenn es um den »Feind« geht, als hinderlich, Gefühle von Haß, Rache und Grausamkeit hingegen als hilfreich. Krieg, mit welchen Rechtfertigungen auch immer er geführt wird, stellt jedenfalls unter den Bedingungen moderner Kampfmittel und taktischer Konzeptionen eine Perversion des gesamten Fühlens und Denkens dar; er ist in seiner Durchführung eine zynische Verhöhnung aller menschlichen Werte, und wenn es irgend etwas im Namen der Moral zu bekämpfen, wenn es irgendwo etwas schlechthin Unmenschliches und Verwerfliches zu nennen gibt, so ist es der Krieg. – Und trotzdem ist die Welt so beschaffen, daß es kaum einen Ort der Erde gibt, an dem man, ohne schuldig zu werden, die Schuld vermeiden könnte, sich in irgendeiner Form mit der Vorbereitung und möglichen Teilnahme an einem Krieg einverstanden zu erklären, und wenn man es kann, ist dies niemals ein Verdienst des eigenen Handelns, sondern nur ein Ergebnis glücklicher Umstände.

Wiederum tritt hier die sittliche Verantwortung in einen tragischen Zwiespalt zu sich selbst: So unverantwortlich es ist, an einem Krieg mitzuwirken, so unverantwortlich kann es u. U. sein, sich nicht an ihm zu beteiligen: Es kann nicht für verantwortlich gelten, Unrecht und Willkür passiv zu dulden, den Schutz der eigenen Angehörigen und Mitbürger zu vernachlässigen und fremde Übergriffe durch demonstrierte Wehrlosigkeit geradewegs herauszufordern; aber wie soll es verantwortlich sein, zur Abwehr fremden Unrechts selbst millionenfaches Unrecht zu begehen? Eben das ist kennzeichnend für den tragischen Konflikt, daß man in *jedem* Falle schuldig wird, wie auch immer man sich entscheidet.[44]

[44] Der einzige, der, soweit dem Vf. bekannt, klar und eindeutig auf den tragischen Charakter der Kriegsproblematik hingewiesen hat, war R. Schneider; er war auch wohl der einzige, sicherlich jedenfalls der erste und bedeutendste Autor der Nachkriegszeit, der die Oberhirten der katholischen Kirche um ein offenes Eingeständnis der Tragödie des Kriegsdienstes wie der Kriegsdienstverweigerung bat. In seiner Monographie »Der Friede der Welt« (Wiesbaden, Insel-V., 1956) schrieb er mit Bezug auf Martin von Tours, der in der Mitte des vierten Jahrhunderts unter Kaiser Julian Apostata als Offizier der Reiterei sich weigerte, noch weiter an dem Feldzug gegen Franken und Alemannen teilzunehmen: »Hier, vielleicht zum letzten Mal, erscheint die altchristliche Haltung, ohne Zweifel eine echt christliche, die nicht abgelehnt werden kann. Der Widerspruch aber, aus dem Martin von Tours sich löste, indem er seinen Stand aufgab und den mönchischen wählte, kann überhaupt nicht aufgehoben werden. Er ist der christlich-geschichtlichen Existenz wesenseigen, ist eben eine Erscheinungsform des Kreuzes auf

Es sind bis ins einzelne hinein auch im Beispiel des Krieges immer wieder gerade die besten Strebungen und Gefühle, die in der jeweiligen Situation ins Unrecht verkehrt werden.

Ein etwa 60jähriger Mann beispielsweise[45] erzählt nach nunmehr über 35 Jahren im Zustand höchster Erregung von einem Einsatz an der Ostfront 1943: Er hatte mit fünfzehn Leuten ein Waldgelände sichern wollen, als plötzlich von einer bestimmten Stelle aus Maschinengewehrfeuer einsetzte, so gezielt, daß elf seiner Kameraden schwer verwundet oder getötet wurden, noch ehe man sich an den Waldrand heranarbeiten konnte; dort angelangt, sprang mit Mal ein russischer Soldat aus einem Erdloch heraus und hielt die Hände zum Zeichen der Kapitulation über seinen Kopf. »Wir haben diesen Kerl nicht einfach getötet«, stieß der Mann in seiner Erinnerung hervor, »wir haben die Gewehre umgedreht und ihn mit dem Kolben zusammengeschlagen – warum konnte er sich nicht fünf Minuten früher ergeben, er sah doch, daß wir in der Überzahl waren; warum mußte er erst von unseren Kameraden so viele töten, wie er nur konnte?« Sichtlich litt der Mann, während er dies erzählte, noch

Erden, und es ist nicht wohlgetan, das zu verschleiern und zu verlangen, daß mit dogmatischem Ja oder Nein diese schmerzlichste aller Freiheiten vernichtet werde. Ein Blick für diese Not, ein menschlich-mitfühlender, ein wissendes Wort der Seelenhirten wäre freilich zu wünschen. Es ist wirklich nicht möglich und durchaus unpriesterlich und unreligiös, ja es ist unmenschlich, die hier pragmatische Friedenspropaganda zurückzuführen...auf Sentimentalität oder auf Feigheit; es geht ja nicht um das Getötetwerden, sondern das Töten, und es gehört ohne Zweifel mehr Mut dazu, dieser Unmöglichkeit einsam sich zu stellen, als in der Reihe zu gehorchen. – Aber...eine wirkliche Befreiung bedeutet in der modernen Welt auch die Weigerung nicht. Es ist für das feinere Gewissen kaum mehr ein Unterschied, ob wir direkt oder indirekt töten. Dem Widerstrebenden werden Dienste aufgenötigt, die dem Kriege zugute kommen ... Der sich Weigernde hat keinerlei Grund, sich unschuldig zu fühlen; er bleibt vielmehr im Zusammenhange einander mordender Menschen und wird mit ihnen, mit dem Ganzen seiner Zeit, vor Gott gelangen... Auch wird der sich Weigernde kaum mit der Frage fertig werden, ob er der nächsten Gemeinschaft, der Familie, dem Volk, dem Kulturzusammenhang nicht Unrecht oder Schaden zufügt, indem er sich entzieht... Gewiß: er kann in einer höheren Ordnung, der er sich verpflichtet glaubt, diese Frage entscheiden. Aber er muß sie durchlitten haben.« A. a. O., 85–87. R. Schneider, der am 23. Sept. 1956 bei der Übergabe des Friedenspreises des Deutschen Buchhandels in Frankfurt die Gedanken seines Buches offen vortrug, wurde Jahre zuvor von der Kirche gehindert, auf dem Katholikentag in Bochum zu sprechen; – in der Frage der Wiederbewaffnung der Bundesrepublik wollten die Bischöfe, gestützt vom Urteil ihrer Moraltheologen, einen Standpunkt ohne Wenn und Aber: *für* die Bewaffnung und die Wehrpflicht. Vgl. auch R. Schneider, Verhüllter Tag, Bekenntnis eines Lebens, Freiburg 1961 (Herder Tb. 42), 157–162.

[45] Auch dieses Beispiel ist in wichtigen äußeren Details um der Diskretion willen abgewandelt worden, ohne indessen der psychischen Realität des Mitgeteilten Abbruch zu tun.

immer unter dem Gefühl schwerer Schuld; nicht einmal nach den bestehenden Regeln des Kriegsrechts, die er wohl kannte, war eine solche Tat zu rechtfertigen; und doch verteidigte er den gemeinsamen Mord wie etwas Richtiges, und nicht zu Unrecht: Er hätte, um anders handeln zu können, seine besten Gefühle verleugnen müssen, deren er damals in der Zeit der Verworrenheit fähig gewesen war: das Gefühl der Kameradschaft und Zusammengehörigkeit, das Erleben einer elementaren Verantwortung für einander, ja sogar das unmittelbare Gefühl für Recht und Unrecht, das den russischen Soldaten zwar nicht dem Gesetz nach, wohl aber in der Form eines rohen jus talionis schuldig sprach, obschon doch auch dieser, als ein offenbar tapferer und guter Soldat, der er war, nur bis zum letzten seine Pflicht getan hatte.[46]

Soll man, um Beipsiele dieser Art zu vermehren, an J. P. Sartres »Eingeschlossenen von Altona« erinnern, der nicht über die Schuld hinwegkommt, Folterungen und Erschießungen möglicherweise gegenüber unschuldigen Zivilisten angeordnet zu haben, um aus Verantwortung für seine Truppe notwendige Mitteilungen über Standort und Pläne von Partisaneneinheiten zu erhalten?[47] Jedenfalls muß man über bloße Beispiele hinaus prinzipiell bemerken, daß das unmittelbare moralische Schaudern, das eine solche Perversion der Gefühle und Gedanken in den Erfahrungen des Zweiten Weltkrieges hinterläßt, inzwischen bereits in die Theorie und Praxis der Kriegsführung Eingang gefunden hat: Ein Gegner, der sich moralische Bedenken in der Wahl seiner Kampfmittel und -methoden gestattet, ist weniger befähigt, zu töten und zu zerstören, als ein Feind, der alle moralischen Skrupel zugunsten seines politischen Zieles aufgibt; die Moral selbst ist inzwischen zu einem bloßen

[46] Vgl. die sehr ähnlichen Eindrücke und Widersprüche, die E. M. Remarque nach dem Ersten Weltkrieg in seinem Erfolgsroman »Im Westen nichts Neues« notierte, indem er in einem Granattrichter einen versprengten deutschen Soldaten mit einem sterbenden Franzosen zusammenbringt, beide vereinigt in dem Grauen des Todes und doch unendlich getrennt durch die Angst um das Leben: Im Westen nichts Neues, Frankfurt-Berlin-Wien (Ullstein Tb. 480) 1979, 153–162. Vor allem zeigte Remarque, daß den Krieg nur überlebt, wer sich auf das seelische Niveau eines Wilden, eines Tieres zurückzubegeben vermag: »Das Leben hier an der Grenze des Todes«, schrieb er, »hat eine ungeheuer einfache Linie, es beschränkt sich auf das Notwendigste, alles andere liegt in dumpfem Schlaf; – das ist unsere Primitivität und unsere Rettung. Wären wir differenzierter, wir wären längst irrsinnig, desertiert oder gefallen...das Leben ist nur auf einer ständigen Lauer gegen die Bedrohung des Todes, – es hat uns zu denkenden Tieren gemacht, um uns die Waffe des Instinktes zu geben – es hat uns mit Stumpfheit durchsetzt, damit wir nicht zerbrechen vor dem Grauen, das uns bei klarem, bewußtem Denken überfallen würde...« (a. a. O., 190).

[47] J. P. Sartre, Die Eingeschlossenen (Les séquestrés d'Altona, 1960), Reinbek 1962 (rororo Tb. 551), übers. v. H. Liebmann und R. Gerhard, 4. Akt, 5.–7. Szene, 116–121.

Kampf- und Propagandamittel entartet, und diese moralische Totalisierung des Krieges, vor allem in der Strategie der Guerilla oder des Volkskrieges, ist nach der Aufhebung aller technischen Grenzen im Arsenal des Schreckens und der Destruktion wohl der folgenschwerste Faktor, der einen jeden Krieg für den (noch) moralisch Empfindenden zu einer Tragödie ohne Ende werden läßt: Was tun, wenn gerade die moralische Grenze gegenüber den scheußlichsten Verbrechen vom Gegner in das Kalkül der Kriegsführung einbezogen wird? Wenn die eigene Moralität zum Gegenstand berechnender Kriegslist wird? Ja, wenn die Moral überhaupt vom einzelnen und seinem Tun weggezogen und auf die Ebene der Ziele, der kollektiven Absicht, der geschichtlichen Vernunft, kurz: der ideologischen Zwecksetzung verlagert wird?
In seinem Film »Apocalypse now« hat Francis F. Coppola am Beispiel des Vietnam-Krieges dieses Dilemma aufgezeigt: Mit der naiven Selbstverständlichkeit, für Recht und Freiheit zu kämpfen, ziehen die amerikanischen GI's in den Krieg; aber in diesem Krieg der unsichtbaren Fronten erleben sie, daß es notwendig sein kann, Frauen und Kinder, statt ihnen Schokolade zu geben, auf der Stelle zu töten, ehe sie in der Nacht dem Vietcong den Standort der Amerikaner verraten können; in diesem Krieg des Terrors kann es falsch sein, in einem »unsicheren« Gebiet Kinder gegen Polio zu impfen, weil man damit provoziert, daß der Gegner sich an ihnen rächt und zur Abschreckung gegen jede Hilfeleistung seitens der Amerikaner ihnen die Arme abhackt; Dörfer müssen mit Napalm bombardiert werden, die von den wehrfähigen Männern längst verlassen sind, aber selbst da kann es verantwortungslos sein, nach dem Angriff Verwundete aufzunehmen – man riskiert damit nur das Leben der eigenen Besatzung. Man müßte, um einen derartigen Krieg führen und gewinnen zu können, moralisch in die Steinzeit regredieren, man müßte das Töten, die Grausamkeit als ein kultisches Ritual, als eine heilige Handlung wiederentdecken, man müßte um des physischen Überlebens willen in die systematische Zerstörung jeder Form zivilisierter Menschlichkeit einwilligen, man müßte den Wahnsinn als höhere Vernunft zelebrieren. Weil sie zu dieser moralischen Selbstauslöschung trotz aller Zynismen, trotz aller Verdrängungen des Ungeheuerlichen letztlich doch nicht imstande waren, konnten die Amerikaner ihren »begrenzten« Krieg prinzipiell nicht gewinnen, das ist die These aus Coppolas Film; ein Krieg, den man gewinnen kann, ist der Verlust jeder Menschlichkeit. – Aber noch während Coppolas Film gedreht wurde, noch während Amerika gerade begann, sich von dem moralischen Schrecken des Vietnam-Desasters zu erholen und wenigstens dies für richtig glaubte, sich endlich aus Indochina zurückgezogen zu haben, bereitete sich der Millionenstrom südvietnamesischer Flüchtlinge vor, begann das Spiel um vier Millionen verhungernder Kambodschaner, und es rückt mehr und mehr die Möglichkeit

in Sicht, gerade durch den Rückzug aus Moral moralisch noch schuldiger geworden zu sein als durch den Krieg. Wußte man denn nicht, was man einem Gegner zutrauen konnte, der die Massaker in Hue veranstaltet hatte? Wußte man nicht, wozu ein Regime fähig ist, das 10, 20, 30 Jahre Krieg bewußt planen und kalkulieren kann? Auf der Anklagebank, schrieb 1953 schon A. Camus, sitzt heute die Unschuld und muß sich rechtfertigen, daß sie nicht genug gemordet hat.[48] Es ist nicht zu sehen, wie sie sich rechtfertigen könnte – das ist das Furchtbare.

2.2. Das Problem des Massenelends in den Entwicklungsländern

Dabei zeugt die Taktik und Strategie des Volkskrieges nicht nur das moralische Dilemma ihrer Bekämpfung, sie versteht und rechtfertigt sich vielmehr in der Tat als Offenbarung, als »Apokalypse« eines bereits bestehenden Unrechts, das in sich selbst wiederum den einzelnen in eine tragische Rolle verstrickt: Er wird nicht erst als Soldat in Kenya, Vietnam, Algerien oder im Kongo zu einem Schuldigen, er ist bereits schuldig als Staatsbürger eines Landes, das aus seinen Kolonien nach Belieben Rohstoffe, Fertigwaren, Arbeitskräfte, Kunstschätze, strategische Vorteile, kurz alles, was es will, bezieht;[49] er ist schuldig dadurch, daß er für sich persönlich Gewinn von einer Wirtschaft hat, die durch

[48] A. Camus, Der Mensch in der Revolte (L'homme révolté, Paris 1953) Reinbek 1953, übers. v. J. Streller, 8: »Am Tage, an dem das Verbrechen sich mit den Hüllen der Unschuld schmückt, wird – durch eine seltsame, unserer Zeit eigentümliche Verdrehung – von der Unschuld verlangt, sich zu rechtfertigen.« »...die Sklavenpferche unter dem Banner der Freiheit, die Massenmorde, gerechtfertigt durch Menschenliebe oder den Hang zum Übermenschen, stürzen in gewissem Sinne das Urteil um.«

[49] F. Fanon, der die Logik der Guerilla-Bewegungen vor allem am Beispiel Algeriens erläuterte, schrieb über das Hin und Her von Terror, Gegen-Terror, Gewalt, Gegen-Gewalt: »Die Logik des Kolonialherrn ist unerbittlich, und man ist nur dann über die im Verhalten des Kolonisierten erkennbare Gegenlogik entsetzt, wenn man nicht vorher die Denkmechanismen des Kolonialherren durchschaut hat.« Der einzelne Terrorakt des Kolonisierten ruft die Repressalien der Polizei herbei, diese aber ziehen die Repressalien der nationalen Kräfte nach sich; die Vergeltungsschläge der Kolonialmacht aber fordern weit mehr Opfer und werden im Kolonialland selbst kaum zur Kenntnis genommen. Diese Ungleichheit, mit der die Kolonialmacht ihre eigenen Opfer bedauert und die fremden Opfer übergeht, offenbart jedoch der kolonisierten Öffentlichkeit die wahre Einstellung ihrer Unterdrückung: von diesem Augenblick an ist der Sieg der Guerilla nicht mehr aufzuhalten. F. Fanon, Die Verdammten dieser Erde (Les damnés de la terre, Paris 1961), Reinbek 1969 (rororo 1209–1210), übers. v. T. König, eingel. v. J. P. Sartre, S. 68–69. Zugleich schrieb er: »Der Kolonialismus und der Imperialismus sind mit uns nicht quitt, wenn sie ihre Fahnen und ihre Polizeikräfte von unseren Territorien zurückgezogen haben«; zu verlangen sei eine Form der Wiedergutmachung für die jahrhundertelange Ausbeutung der Länder der Dritten Welt. 76–83.

ihre Zoll- und Handelsschranken ärmeren Ländern keine Chance läßt, ihren Hauptvorteil: den niedrigen Erzeugerpreis, wirksam auf dem Markt einzusetzen, ja die im Gegenteil ihre Industrieprodukte ständig verteuert und die Preise für die importierten Rohstoffe so niedrig wie möglich hält; er wird schuldig, indem er durch seinen Lebensstil ein Land wie Brasilien dazu zwingt, den Amazonas-Urwald zu zerstören und damit die letzten intakten Indianerkulturen mitsamt ihrem Lebensraum auszurotten[50] usw. Er wird unter den gegebenen Umständen schuldig dadurch, daß er lebt.

2.3. Die Tragik, überhaupt zu leben

Indem sich der Kreis der Betrachtung von diesen zwei Beispielen – der Thematik des Krieges und des Massenelends – aus derartig erweitert, ist es unerläßlich, sogar noch einen Schritt weiter zu gehen.
Bisher ist der Bezugspunkt der tragischen Schuld stets der andere Mensch. Es ist aber nicht zu leugnen, daß die frühen Jäger- und Pflanzerkulturen recht hatten, wenn sie den Menschen als einen Teil der Natur betrachteten und die Problematik der unvermeidbaren Schuld infolgedessen auf alle Kreaturen ausdehnten: Man kann nicht leben ohne Tiere und Pflanzen, für die alten Kulturen die Inkarnationen von Göttern und Geistern, zu töten und sich ihren Körper anzueignen.[51] Leben heißt essen, und essen heißt schuldig werden. – Dieser Gedanke hat etwas sehr Menschliches, und er ist keineswegs so unsinnig, wie er manch einem rohen Gemüt erscheinen mag. Für die frühen Völker wäre die Selbstverständlichkeit z. B. undenkbar gewesen, mit der unsere technisierte Welt lebende Geschöpfe als bloße Nahrungsrohstoffe, als ausbeutbare »Biomasse«, behandelt, so als sei es etwa *keine* Schuld, Kreaturen mit Empfindungen und Gefühlen völlig gefühlskalt und ohne jede Rücksicht auf den verursachten Schmerz für die eigenen Zwecke auszunutzen; zumindest hätten diese Völker es als *tragisch* verstanden, daß die Menschen, um Leiden von sich fernzuhalten, anderen Geschöpfen unermeßliche Leiden auferlegen müssen,[52] und sie hätten in dem Gefühl der Schuld die Unbedenklichkeit gewiß nicht gutgeheißen, mit der z. B. in endlosen und unsäglich schmerzhaften Tierversuchen die pharmazeutische Industrie irgendein Dutzendpräparat

[50] Vgl. K. Müller – I. Thörner, Mit der Straße kommt der Tod, in: M. Münzel (Hrsg.), Die Indianische Verweigerung. Lateinamerikas Ureinwohner zwischen Ausrottung und Selbstbestimmung, Reinbek 1978 (rororo aktuell 4274), 53.
[51] Zum tragischen Lebensgefühl der frühen Jäger- und Pflanzerkulturen vgl. E. Drewermann, Strukturen des Bösen, II 197–202; 597–613.
[52] Eine Qual, unter der vor allem – in der Nachfolge Schopenhauers – Albert Schweitzer zutiefst gelitten hat: vgl. A. Schweitzer, Kultur und Ethik, München 1960, 339.

gegen bestimmte Krankheiten testet. Im Gegenteil: es war und ist offenbar eine gemeinsame und richtige Erfahrung der alten Mythen, daß das Dasein selber schuldig ist, und allerorten wissen die Überlieferungen der Völker davon zu berichten, daß bereits am Anfang der Welt das erste Menschenpaar sich durch eine Schuld vergangen habe, die das gesamte Leben in seinen Grundvoraussetzungen ins Negative, Leidvolle, Bösartige verzerrt habe. Das gesamte menschliche Leben betrachteten sie mithin als eine nicht endende Tragödie, als eine permanente Schuld, die trotz aller guten Absichten unvermeidbar ist. Was die klassischen Tragödien im Fall bestimmter Geschlechter schilderten, erscheint vor diesem Hintergrund daher nur als ein Sonderfall, als ein Beispiel der Tragödie des Daseins insgesamt, und der Fluch der Tantaliden oder der Unstern des Hauses des Atreus sind in dieser Sicht nur Ausschnitte und Bilder für die grundsätzliche Wahrheit, daß alles Menschenleben unlöslich in Schuld verfallen ist und seinen Preis dafür in Leid und Unglück und im Scheitern allen guten Willens zahlen muß.

II. Die Stellung des Christentums

Wie steht zu diesen Erfahrungen, die in den alten Kulturen ebenso wie in dem Lebensgefühl der Moderne einen so breiten Raum einnehmen, das Christentum?

Es ist überraschend, ja erschreckend: Das Christentum leugnet die Tragödie vollkommen. Es hat nicht nur keine Theologie des Tragischen entwickelt, es hat sogar vor nicht langer Zeit Leute wie M. de Unamuno[53] auf den Index der verbotenen Bücher gesetzt, weil es das tragische Denken des spanischen Philosophen für unvereinbar mit dem christlichen Erlösungsgedanken hielt. Dieser Gegensatz nämlich gilt bis jetzt als grundlegend: Wer von der Erlösung ausgehe, könne unmöglich die Tragödie zugestehen, beides sei kontradiktorisch, ja konträr zueinander.

Ob dies so ist und warum es so sein soll, ist nun allerdings die Frage, denn zunächst geht das Christentum dogmatisch geradezu von der vollkommenen Tragödie des menschlichen Daseins aus, und seine Abwehr des Tragischen ist eigentlich so merkwürdig, daß hier besondere Gründe eine Rolle spielen müssen.

[53] Miguel de Unamuno (1864–1936) schrieb bereits 1913 über »Das tragische Lebensgefühl« (Del sentimiento trájico de la vida en los hombres y en los pueblos) und 1924 über »Die Agonie des Christentums« (La agonia del Cristianismo). R. Schneider verehrte ihn sehr, wie er in seiner Autobiographie bekannte, Verhüllter Tag. Bekenntnis eines Lebens, Freiburg 1961 (Herder Tb. 42), 57–59.

1. Das Erbe der jahwistischen Theologie und die Erbsündenlehre

Das Christentum hat im Grunde mit der Lehre von der Erbsünde die Tragik des menschlichen Willens zunächst wie keine andere Religion der Menschheit hervorgehoben. – Wenn die Mythen der alten Völker den Gedanken einer Urschuld des ganzen Daseins formulierten, so zumeist in sehr ambivalenter Form: In dem Abfall am Anfang wurden gewichtige Nachteile über die Welt der Natur und des Menschen gebracht, zumeist aber trat doch das Gefühl der Schuld hinter dem Gedanken der Notwendigkeit der jetzt bestehenden Ordnung zurück; wohl galt die jetzt bestehende Welt als verderbt, sie war nicht so, wie sie an sich wünschenswert wäre, aber man mußte sie doch im ganzen akzeptieren, und bestimmten Riten, die das Urzeitverhängnis darstellten, halfen denn auch mit, die gegenwärtige Weltordnung zu begründen und zu stabilisieren. Zudem waren es nicht selten Mischwesen zwischen Göttern und Menschen, Halbgötter, Urzeitheroen, Tiere oder sogar Götter selbst, die an der Verschlechterung der Welt die Schuld trugen.[54] – Demgegenüber hat bereits die jahwistische Urgeschichte den Menschheitsgedanken der Urschuld in einer ungleich radikaleren und vor allem in einer mit dem Monotheismus vereinbaren Form an die biblische Überlieferung und letztlich an das Christentum weitergegeben.[55]

Der jahwistischen Urgeschichte erscheint das gesamte menschliche Dasein außerhalb der Offenbarung Gottes (Jahwes) an das Volk Israel als eine einzige tragische Verkettung von Schuld und gutem Willen. Der Jahwist sieht den Menschen niemals als einen einfach böswilligen, aus Stolz, Ungehorsam oder Übermut frevelnden Widersacher des Guten an, er hat vielmehr vor Augen, daß die Menschen sich immer wieder verzweifelt bemühen, gut zu sein, es ihnen aber nicht gelingt, weil die *Angst* am Anfang allen Handelns ihr Tun in einer tragischen Gegenfinalität verdirbt.[56] Die Angst bringt sie dazu, das Vertrauen in ihren Schöpfer zu verlieren, und so stürzen sie in eine Welt, in der sie sich selbst ohne Gott als geschöpfliche Wesen nicht ertragen können. Um ihre eigene Nichtigkeit zu überwinden, müssen sie selbst nach Absolutheit, nach Gottähnlichkeit streben und richten sich selbst dabei durch ihre eigenen Überforderungen zugrunde. Das tragische Scheitern, das wir soeben tiefenpsychologisch im Rahmen der Neurosenpsychologie begründet haben, hat für den Jahwisten eine noch viel grundsätzlichere theologische Bedeutung. Die

[54] Vgl. E. Drewermann, Strukturen des Bösen, II 612–613.

[55] A. a. O., 614–615.

[56] E. Drewermann, Strukturen des Bösen, I 76–78; Bd. 3, 2. Aufl. 1980, S. LXXII – LXXXVI.

psychologischen Bewegungen, die sich am deutlichsten in der Psychodynamik neurotischer Prozesse darstellen, die Mechanismen von Minderwertigkeitsgefühlen und Überkompensation, Hemmung und Haltung ergeben sich für den Jahwisten aus einer Angst, die zum menschlichen Bewußtsein selbst gehört und die das gesamte Dasein im Feld der Gottesferne an sich selbst erkranken läßt. Die Tragik des menschlichen Daseins, die sich in so vielen neurotischen Prozessen darstellt, ist dem Jahwisten zufolge das Ergebnis der Tatsache, daß der Mensch nicht zu der schuldhaft verlorenen Einheit mit seinem Ursprung zurückgefunden hat.

Damit bietet die jahwistische Urgeschichte die Möglichkeit, ja sie verlangt sogar danach, die Erfahrungen der antiken Tragödien samt den modernen Erkenntnissen der Tiefenpsychologie und Psychotherapie theologisch aufzugreifen und daseinsanalytisch zu vertiefen. Zugleich ist damit eine wichtige Korrektur des mythischen Ansatzes gegeben. Im Unterschied zu den Mythen und letztlich zu jeder rein immanenten Betrachtung des menschlichen Daseins liegt dem Jahwisten nicht nur daran, das tragische Lebensgefühl der Mythen der Sache nach zu bestätigen, er will vor allem vermeiden, daß das Unglück des menschlichen Lebens auf Gott zurückfällt. Der Mensch und die Welt, die Gott gemacht hat, ist gut, nur dem Menschen, der in der Angst Gott aus den Augen verliert, erscheint das gesamte Leben in seinen Grundstrukturen wie ein Fluch, und je mehr er dagegen ankämpft, desto ärger verfängt er sich in dem Netz seiner vergeblichen Bemühungen.[57]

Insofern ist das gesamte Dasein für den Jahwisten eine durch und durch tragische Veranstaltung, und dennoch trägt der Mensch selbst, und zwar ganz allein, die Schuld an seinem Unglück. Die Dialektik der Mythen, daß die Götter miteinander im Widerstreit liegen und den Menschen wie willenlos umhertreiben, diese innere Zerrissenheit hat der Jahwist ganz und gar aus der Sphäre des Göttlichen entfernt und in den Menschen selbst hineinverlagert: Im Menschen selber widerspricht sich alles, ganz so, wie es die Neurosenpsychologie der Angst und Verdrängung beschreibt, aber daß im Menschen sich alles widerspricht, liegt der jahwistischen Theologie zufolge in der fehlenden Einheit mit Gott begründet. Die Probe für die Richtigkeit seiner Ansicht fand der Jahwist in der Berufung Israels. Mochte alle Welt sich gebärden müssen wie toll, so war doch das Volk der Juden dazu berufen, den Völkern die wahre Gestalt des Menschen in Erinnerung zu rufen und im Verlaufe der Geschichte

[57] Diese Verkehrung der Geschöpflichkeit im Feld der Gottesferne ist der Sinn auch der »Erkenntnis von Gut und Böse« (Gen 3,5), die Gott um des Menschen willen als einziges dem Menschen verbieten mußte: E. Drewermann, Strukturen des Bösen, I 16–19; 46–51; 87–97; Bd. III 234–251.

von Gott her die gesamte Menschheit zu sich selbst zurückzuführen[58] – eine Hoffnung, die später, wie bei Jesaja,[59] mit den Traditionen des Zionberges, oder, aus iranischen Einflüssen, wie bei Daniel,[60] mit apokalyptischen Vorstellungen von der Gestalt des Menschensohnes ausgestaltet werden konnte. Gleichwohl hat dieser große Entwurf der jahwistischen Theologie, wenn man vom 4. Esrabuch absieht,[61] eigentlich keinen Einfluß auf das Judentum ausgeübt und wäre wohl eine bloße Sondermeinung geblieben, wenn er nicht vom Christentum in dem strengen Sinn einer universalen Erlösungsreligion aufgegriffen worden wäre. Zwar weist die jahwistische Lehre von der absoluten Erlösungsbedürftigkeit des Menschen eine außerordentliche Ähnlichkeit zu vergleichbaren Anschauungen besonders fernöstlicher Weisheit auf,[62] aber es scheint gerade diese Gemeinsamkeit mit den Überlieferungen der Völker gewesen zu sein, die der jahwistischen Theologie den Eingang ins Judentum verwehrte: Sie verstieß zu sehr gegen die übrige Mythenfeindlichkeit des Judentums und gegen den Drang, sich möglichst von den anderen Völkern abzusetzen. Anders das Christentum. Als es erst einmal den Schritt der Loslösung von der Synagoge getan hatte, fand es sogleich zu den alten jahwistischen Lehren zurück und benutzte sie vor allem, um zu zeigen, daß allein Christus die Menschheit habe erlösen können.

Damit aber veränderte sich auch die Stellung zum Phänomen des Tragischen ganz erheblich. Gemäß der jahwistischen Diagnose hätte die christliche Lehre von der Erbsünde eigentlich zu einem universalen Verständnismittel der Problematik des menschlichen Daseins ausgebaut werden können und müssen. Aber trotz der glänzenden psychologischen Intuitionen und der überragenden Introspektionsfähigkeit des größten christlichen Interpreten der Erbsündenlehre, des hl. Augustinus,[63] geschah dies im Grunde nicht, sondern man benutzte die Erbsündenlehre im Sinne des usus elenchthicus rein appellativ: Man wollte zeigen, daß der Glaube an Christus *notwendig* sei, um zum

[58] E. Drewermann, Strukturen des Bösen, I 319–320; III 548–554.

[59] Jes 2, 2–5.

[60] Dan 10, 5–21; 12, 5–13.

[61] Vgl. 4 Esra 7, 118; H. Gunkel, Das vierte Buch Esra, in: Kautzsch (Hrsg. u. Übers.), Die Apokryphen und Pseudepigraphen des Alten Testaments, 2. Bd.: Die Pseudepigraphen des Alten Testaments, Tübingen 1900 (Neudruck: Darmstadt 1962), 331–401.

[62] E. Drewermann, Strukturen des Bösen, Bd. I, Die jahwistische Urgeschichte in exegetischer Sicht, Paderborn ²1979, 320–321.

[63] Augustins Erklärung von Ps 50,7 wurde zum Axiom gegen frühchristliche Leugner der Erbsündenlehre: »Wie kommt es, daß er (der Beter) sagt, in Sünde sei er empfangen, wenn nicht, weil die Sünde von Adam her zugezogen wird?« Augustinus, Enarrationes in Psalmos, Patrologia Latina, 36, 591; vgl. J. Brinktrine, Die Lehre von der Schöpfung, Paderborn 1956, 317; 323–324.

Heil zurückzufinden, oder anders ausgedrückt: daß nirgendwo sonst, in keiner anderen Religion außer dem Christentum, der Mensch zu seinem Frieden gelangen könne. Es ging jetzt durchaus nicht mehr um die Analyse und das Verständnis der Tragik des menschlichen Daseins, sondern um den Vorwurf der Schuld, (noch) nicht zum Glauben an Christus gefunden zu haben. Das Motiv der Bekehrung zu Christus wirkte so stark, der Kontrast des Christentums zur jüdischen Religion und zu allen anderen »heidnischen« Anschauungen sollte so deutlich hervorgehoben werden, daß aus der tragischen Verstrickung des Menschen in die Sünde, die der Jahwist vor Augen hatte und die Paulus, darauf fußend, in Röm 6–8 so eindringlich schilderte, jetzt etwas an sich Überwindbares, ja bereits immer schon von Christus her Überwundenes, mithin ein bloßer Alptraum rückwärtsgewandter Erinnerungen wurde. Die Tragik des menschlichen Lebens, so schien es, mußte geleugnet werden, um die Erlöstheit des Daseins in Christus zu betonen.
Die Fronten waren jetzt klar: dort ein pessimistisches, fatalistisches, in finsterem Schicksalsglauben befangenes »Heidentum«, dort ein hoffnungsfrohes, auf Freiheit und Entscheidung gegründetes, auf Gott vertrauendes Christentum.
Aber eben damit machte sich das Christentum die gesamte Problematik zu einfach, und die Folgen konnten hier, im Zentrum der christlichen Lehre selbst, nicht anders denn ganz verheerend ausfallen.
Zwar hat die christliche Dogmatik stets hervorgehoben, der Schritt zum Glauben sei ein Werk der Gnade, aber besonders in der katholischen Ausprägung wurde doch sehr viel stärker die Mitwirkung des Menschen beim Glaubensakt betont, und vor allem die scholastische Definition, der Glaube sei ein Akt des Verstandes, befohlen vom Willen, ließ es ganz so erscheinen, als sei der Glaube, mithin das Werk der Erlösung durch Christus und nach Christus, ein bloßer Entschluß des Menschen. Darin lag freilich eine gewisse Berechtigung und Konsequenz: Wenn der Abfall von Gott nach der Auffassung der jahwistischen Theologie und der christlichen Erbsündenlehre als Schuld zu betrachten ist, dann muß an diesem Abfall natürlich etwas sein, das vom Menschen selbst abhängt und in seiner Freiheit selbst begründet ist; umgekehrt muß dann auch der Schritt aus der Sünde heraus vom Menschen mitgetragen sein. Aber wenn nur dies gelten würde, so hätte der Mönch Pelagius mit seiner Ansicht recht, daß der Mensch von sich aus zum Guten fähig sei, wenn er nur wolle, und der Kampf des hl. Augustinus gegen den Mönch Pelagius und für die Erbsündenlehre wäre eine sinnlose Übertreibung gewesen. Wenn andererseits die christliche Dogmatik in dieser zentralen Frage den Pelagianismus, also die Lehre von der freien Möglichkeit des Menschen zum Guten, in jeder Form verworfen hat, wenn sie lehrt, daß der Mensch den Schritt zum Glauben von

sich her *nicht* zu vollziehen vermag, so stellt sich natürlich das Problem, wie es gleichwohl des Menschen und nicht Gottes Schuld sein soll, wenn jemand nicht zum Glauben findet.

Zur Beantwortung dieser Frage genügt es keinesfalls, rein abstrakt auf die Allgemeinheit des göttlichen Heilswillens hinzuweisen und zu betonen, daß ein jeder Mensch von Gott genügend Gnaden bekomme. Es kommt vielmehr darauf an, die Unfähigkeit des Menschen zum Guten *innerlich* zu verstehen, also zu tun, was man – bis auf eine Ausnahme – noch nie getan hat: die Erbsündenlehre interpretativ und nicht appellativ zum menschlichen Dasein in Beziehung zu setzen und dabei vor allem bei der Tiefenpsychologie in die Schule zu gehen. Sofort wird man dann auf das Problem des Tragischen stoßen.

Der einzige Theologe, der, aus dem gleichen Erfahrungszentrum wie Augustinus, Luther und Pascal, aber zum ersten Mal reflex in dieser Klarheit, die Erbsünde als eine Tragödie der Angst bestimmte, war S. Kierkegaard.[64] Kierkegaard konnte nicht wissen, wie sehr seine Gedanken sich exegetisch nicht nur an der sog. »Sündenfallerzählung« (Gen 3,1–7), sondern an der gesamten jahwistischen Urgeschichte bestätigen ließen, und noch weniger konnte er ahnen, daß er mit seiner Beschreibung menschlicher Angst und Verzweiflung als grundsätzlichen Bestimmungen des menschlichen Daseins ohne Gott ein Jahrhundert psychoanalytischer und daseinsanalytischer Forschungen vorwegnehmen sollte.[65] Gleichwohl hat er damit der Theologie eine Richtung gewiesen, die es heute unumgänglich macht, über die Analyse der Angst zu einer integralen Anthropologie zu gelangen, in der Tiefenpsychologie und Theologie miteinander verbunden werden können. Denn gerade die tiefenpsychologischen Einsichten in die Neurose können in der soeben dargelegten Weise der Theologie das tragische Scheitern des moralischen Willens an den fundamentalen Infragestellungen der Angst und des Minderwertigkeitsgefühls vor Augen führen;[66] die Tiefenpsychologie kann somit die Theologie wieder daran erinnern, daß die Frage nach Gut und Böse sich primär in dem Verhältnis des Menschen zu sich selbst im Umgang mit dem Erleben seiner Angst und seiner radikalen Kontingenz, und erst sekundär im Bereich der Ethik und des moralisch guten Willens stellt. Die Theologie umgekehrt

[64] Vor allem in der Schrift: Der Begriff Angst. Eine simple psychologisch-hinweisende Erörterung in Richtung des dogmatischen Problems der Erbsünde (1844); Hamburg 1960 (rk 71), übers. v. L. Richter.

[65] Vgl. E. Drewermann, Strukturen des Bösen. Bd. III: Die jahwistische Urgeschichte in philosophischer Sicht, Paderborn ^{2}1980, S. 436–504; 540–562.

[66] E. Drewermann, Strukturen des Bösen. Bd. II: Die jahwistische Urgeschichte in psychoanalytischer Sicht, Paderborn ^{2}1980, 552–594; Bd. III, 234–251.

könnte und müßte die Tiefenpsychologie über die bloßen empirischen Anlässe des Angsterlebens hinaus durch eine Auslegung der verschiedenen Neuroseformen in Richtung der grundlegenden Strukturen des menschlichen Daseins und der menschlichen Freiheit um die Dimension der Ontologie ergänzen und vertiefen, ausgehend stets von der entscheidenden Einsicht Kierkegaards (und des gesamten späteren Existentialismus), daß Freiheit Angst bedeutet und das menschliche Dasein daher grundsätzlich vor der Frage steht, ob es sich in seiner Angst auf Gott hin flüchtet oder sich in dem Abgrund einer Welt ohne Gott auf immer verliert.[67]

Aber nicht nur für das Verständnis des Unheils, der Krankheit, der Sünde, auch für das Verständnis der Heilung, der Erlösung, müßten Tiefenpsychologie und Theologie voneinander lernen. Gerade die Erfahrungen der Psychotherapie zeigen, wie eng die Heilung eines Menschen mit einem wachsenden *Vertrauen* zu sich selbst und zum anderen zusammenhängt; wirklich geht es hier, ganz wie die Theologie in bezug zu Gott behauptet, um etwas, das man mit dem eigenen Willen nicht machen und herbeizwingen, sondern sich nur schenken lassen und erfahren kann.[68] Während die Angst dazu antreibt, durchaus soweit als möglich nur von sich selber abhängen zu wollen und sich selbst zum absoluten Grund der eigenen Existenz zu machen, besteht die Überwindung aller Angst, die Lösung der tragischen Verkrampfung und Überanstrengung des Daseins gerade darin, aus dem heraus leben zu können, was die Theologie in einem absoluten Sinne »Gnade« nennt. Nicht nur, daß das theologische Sprechen von Gott (und das Verständnis der Hl. Schrift) somit durch die Erfahrungen der Tiefenpsychologie außerordentlich an Konkretheit und Realität gewinnen könnten, auch umgekehrt hätte die Theologie die Möglichkeit und Aufgabe, der Psychotherapie eine Überzeugung an die Seite zu stellen, die sie zu dem Vertrauen und der Angstfreiheit berechtigt, die sie in jeder Heilung mitvoraussetzt: eine Zuversicht in die Güte und Ordnung der Grundlagen des Daseins insgesamt.

Diese Sicht der Dinge würde die Theologie zweifellos auf der Stelle weit duldsamer gegenüber den vielfältigen Tragödien des menschlichen Daseins werden lassen, ja, sie würde überhaupt erst dazu führen, daß die Theologie ihre eigene Dogmatik in Gestalt der Erbsündenlehre wieder ernst nimmt und als eine sinnvolle Anthropologie verstehen lernt. Ungeachtet ihrer eigenen antipelagianischen Dogmatik verhält sich die Theologie nämlich in der Gegenwart durchaus so, als ob der von Augustinus so bekämpfte Mönch vor 1600

[67] E. Drewermann, Strukturen des Bösen. Bd. III: Die jahwistische Urgeschichte in philosophischer Sicht, Paderborn [2]1980, XX–XXXI; LXXI–LXXXIII.
[68] E. Drewermann, Strukturen des Bösen, II 577–586; III 552–554.

Jahren mindestens zur Lösung der praktischen Probleme den richtigen Weg gewiesen hätte. Aus der Lehre von der Überwindung der Erbsünde durch Christus ist in der Gegenwart eigentümlicherweise aus zwei Gründen bei Licht besehen eine rein voluntative und moralistische Doktrin geworden. Diese zwei Gründe sind
1.1. die Ablehnung des Unbewußten im Menschen; und
1.2. die Etablierung des Christentums als Volkskirche.

1.1. Die Ablehnung des Unbewußten

Um die außerordentliche Rolle der Angst im Menschen zu würdigen und dementsprechend die theologische Anthropologie zu vertiefen, käme man nicht daran vorbei, anthropologisch mehr zu wissen, als daß der Mensch über Verstand und (guten bzw. bösen) Willen verfügt; es müßte theologisch anerkannt werden, daß der größte Teil der menschlichen Psyche im Unbewußten liegt und dort Entscheidungen fallen, längst bevor das bewußte Überlegen und Wollen beginnt; erst so ließe sich das immer wiederkehrende Scheitern des menschlichen Willens begreifen, und die ganze Erbsündenlehre zwingt, wie sich gezeigt hat, förmlich zu einer solchen Sicht der Dinge.
Aber aus Gründen, die bis in die Anfangszeit des Christentums zurückreichen und aufs engste mit der Abwehr der heidnischen Mythologie und mit der Lehre von der menschlichen Freiheit zu tun haben,[69] hat das Christentum einen Weg eingeschlagen, der – anders etwa als z. B. die Erlösungsreligion des Buddhismus – die tieferen Schichten der menschlichen Psyche völlig ignoriert oder in Unkenntnis der psychischen Grundlagen des menschlichen Erlebens in falscher Weise vergöttlicht oder verteufelt – ähnlich wie man aus Unkenntnis der *äußeren* Naturkräfte immer wieder bestimmte Phänomene der Natur unmittelbar auf Gott oder gewisse dämonische Einflüsse zurückführen wollte. Das Christentum stellte insofern einen unendlich wichtigen Schritt über die Welt der Mythen und mithin auch über das tragische Lebensgefühl hinaus dar, als es den Glauben an die eine Person Gottes mit der Lehre von der absoluten Würde, Unsterblichkeit und Freiheit des Einzelmenschen verband. Es erhob in der Tat den Anspruch, den einzelnen entschieden genug aus der Welt der kollektiven Abhängigkeiten und Zwänge herauszuführen und sein Ich im Vertrauen auf Gott so weit zu stärken, daß es der Welt der Götter ebenso trotzen könnte wie der Sklaverei der Triebe. Insofern hatte das Christentum ganz recht, wenn es mit dem Gedanken der Erlösung zugleich die Abhängigkeit und Schwäche des Ichs und mithin die gesamte Welterfahrung tragischer

[69] E. Drewermann, Strukturen, III 514–533.

Schuld für grundsätzlich überwunden hielt. Aber offenbar doch aus Angst vor der Sogkraft der alten Mythologie und vor allem, um die Einzigartigkeit Christi zu betonen, machte das Christentum gegen die heidnischen Mythen in einer Weise Front, daß es zugleich mit den antiken Mythemen die mythenbildenden Kräfte im Menschen selbst meinte verurteilen und verachten zu müssen. Das Unbewußte wurde nicht integriert, assimiliert, aufgearbeitet, sondern unterdrückt, verdrängt und verteufelt.[70] Damit vereinfachte man sich – wie bei jeder Verdrängung – im ersten Augenblick die gestellte Aufgabe ungemein, in Wahrheit aber wurde man damit dem eigenen Erlösungsanspruch auf kurzschlüssige Weise untreu und schuf durch die Leugnung des Tragischen eine Vielzahl neuer Tragödien.

Indem man nämlich vom Menschen nur Verstand und Willen gelten ließ, bedurfte es fortan eigentlich bloß der »Verkündigung« des Christentums, um den »Glauben« und damit die »Erlösung« zu ermöglichen. Wenn jemand trotz Verkündigung nicht »glaubte«, dann nur, weil er entweder die Botschaft noch nicht richtig verstanden hatte – und somit einer noch vermehrten und nachdrücklicheren Unterweisung bedurfte –, oder weil er nicht »wollte«, und in diesem Falle war er böswillig und bedurfte strenger Bestrafung. Die wirkliche Problematik, wovon eigentlich erlöst werden sollte, was den Menschen gefangen hielt, wieso seine besten Absichten sich ohne Gott stets gegen ihn richteten, diese Fragen beantwortete man jetzt nicht zunächst anthropologisch, sondern selber wider Willen im Grund mythologisch: Noch ehe man zur Kenntnis nahm, was im Menschen selber vor sich ging, setzte man den Teufel für alles ein, was ohne Tiefenpsychologie an Negativismen und Zwängen mit Verstand und Willen allein nicht zu begreifen und zu überwinden war. Statt die konkreten Ängste im Menschen zu untersuchen und daran die heilende Kraft des Glaubens zu bewähren, erklärte man den einzelnen entweder für »besessen« oder böswillig; und in beiden Fällen, durch die Mythologisierung ebenso wie durch die Moralisierung des Problems, verstellte man sich selbst die Möglichkeit, dem einzelnen wirklich zu zeigen, wie er kraft des Glaubens die Tragödien seines Lebens: seine Verdrängungen, Abspaltungen, Kompensationen und Selbstüberforderungen, die vielfältigen Neurotizismen der Angst seines Daseins hätte verstehen und aufarbeiten können. Durch die Mißachtung des Unbewußten wurde das Tragische nicht wirklich, sondern nur verbal überwunden, und zwar zum Schaden des Christentums selbst. Denn die moralische Analyse des Bösen, die allein übrig blieb, wenn vom Menschen nur Verstand und Wille anerkannt werden sollten,

[70] Vor allem Justin, 1. Apologie, 54, in: G. Rauschen (Übers.), Frühchristliche Apologeten und Martyrerakten, Bd. 1, S. 55–155; Kempten-München 1913 (BKV 12).

mußte natürlich auch dogmatisch den reinen Pelagianismus mit sich bringen und der Ernsthaftigkeit der Erbsündenlehre geradezu Hohn sprechen, die mit Nachdruck die schuldhafte Unfreiheit jedes Menschen in der Sünde voraussetzte. Die Oberflächlichkeit in der Diagnose der Sünde ebenso wie das moralistische Verständnis der Erlösung mußten sich ohne weiteres aus der Oberflächlichkeit der theologischen Anthropologie, aus der Reduktion des Menschen auf Verstand und Willen, ergeben. – Das Dogma der Erbsünde ist übrigens nur *ein* Beispiel dafür, wie die christliche Dogmatik sich durch diese Reduktion selbst zugrunde richtet.

Das Ergebnis einer solchen anthropologischen Reduktion stellte sich jedoch zunächst als ein ethischer Optimismus dar, und in dieser Form wurde er vor 200 Jahren besonders von der Aufklärung – in bezeichnender Abkehr freilich von der als finster empfundenen Erbsündenlehre – in säkularisierter Fassung übernommen. Die gesamte Problematik des menschlichen Daseins resultierte nunmehr aus einem bloßen Mangel an Moral und Einsicht, und beides würde sich durch Disziplin und fortschreitende Wissenschaft Zug um Zug überwinden lassen. Die tragischen Züge des menschlichen Daseins mußten in diesem Fortschrittsglauben prinzipiell geleugnet werden; wo es sie dennoch zu geben schien, hatte es sich nicht um ein tragisches, sondern um ein moralisch schuldhaftes Versagen zu handeln.[71] Diese Ansicht wirkte in ihrer vom Christentum verselbständigten Form natürlich mächtig auf die christliche Praxis zurück und ermutigte zu einer immer weiteren Ausdehnung des Moralischen auf Kosten des Dogmatischen.

1.2. Die Etablierung des Christentums als Volksreligion

Zu diesem grundlegenden Problem des Christentums: seiner falschen Einstellung gegenüber dem Unbewußten, kam noch ein zweites Problem hinzu: der quantitative Erfolg in der Ausbreitung des Christentums. Auch hierin lag ein starkes Motiv, das Tragische im menschlichen Leben zu verleugnen.

Man sollte meinen, es sei mindestens ebenso schwer, einen Menschen vom »Heidentum« zum Glauben zu »bekehren«, wie einen Neurotiker von seinen

[71] Nur eine Variante des vom Christentum vorbereiteten Moralismus und Rationalismus stellt die Interpretation der tragischen Lebenserfahrung durch den Marxismus dar. Für G. Lukácz z. B. ist die gesamte Denktradition, die von Kierkegaard zu Heidegger und Jaspers führt, nur eine »Ideologie des tristesten Philistertums, der Angst und des Zitterns«, ja, der Schrittmacher von Faschismus und Nihilismus: G. Lukácz, Die Zerstörung der Vernunft, Bd. 2, Irrationalismus und Imperialismus, Darmstadt und Neuwied (Luchterhand SL 138) 1962, 167. Freundlicher ausgedrückt, ist das tragische Geschichtsdenken ein Überbleibsel des Feudalismus in der Zeit seiner bürgerlichen Zersetzung, ein Restgebilde aus der Krisenzeit des Monopolkapitalismus und des stärker werdenden sozialistischen Staates; a. a. O., 189.

Zwängen und Ängsten zu heilen, ja, im Grunde sei diese Aufgabe sogar ungleich schwieriger zu lösen, hat man es hier doch nicht nur mit dem einzelnen zu tun, sondern zugleich mit Ängsten und Zwängen, die in den Mythen der Völker gesellschaftlich institutionalisiert und kollektiv rationalisiert sind. In der Bekehrung der »Heiden« müßte es also an sich darauf ankommen, zunächst den einzelnen auf sich selbst zurückzuwerfen und ihn der Erlösungsbedürftigkeit nicht nur seiner selbst, sondern sogar der Religion, an die er geglaubt hat, zu versichern. Eine solche Aufgabe ist und war vielleicht zu schwer; jedenfalls ist nicht zu sehen, wie das Christentum ihr nach der friedlichen Eroberung des Römischen Reiches in den ersten Jahrhunderten nachgekommen wäre. Einmal an die Macht gelangt, hat es sich auf kriegerische Eroberungen verlegt oder den mächtigen Vorteil kultureller Überlegenheit und wirtschaftlichen Reichtums zur Zerschlagung der religiösen und sozialen Gebilde der »Heidenvölker« genutzt. Gewiß hat es sich bemüht, auch seelsorglich so gut als irgend möglich seine »Eroberungen« nachzuarbeiten. Aber zum einen verstand es seine eigenen Dogmen nicht als Symbole, die im Unbewußten des Menschen tief verankert sind, sondern es glaubte, von außen, also mit Zwang, seine Glaubenslehren vermitteln und absichern zu müssen; und zum anderen strebte es auf diese Weise einen Status an, der wohl dem einer Volksreligion, nicht aber einer Entscheidungsreligion wie dem Christentum gemäß sein konnte. So drohte auf der einen Seite die Gefahr, auf halbem Wege stehen zu bleiben und ein geistiges Ruinenfeld in Form von religiös wie moralisch entwurzelten Völkern zu schaffen, wie z. B. bei den nordamerikanischen Indianerstämmen oder den Aborigines Australiens; auf der anderen Seite drohte gerade im Fall eines vollständigen »Sieges« dem Christentum die Gefahr einer kolossalen Verflachung. Zum Judentum oder zum Hinduismus, die beide aus den Überlieferungen einer jahrtausendealten Kultur erwachsen sind, gehört man durch Geburt und Erziehung; eine Religion aber, die, wie das Christentum, als Erlösungsreligion alle natürlichen Bande zunächst in Frage stellt, wird sich selber untreu, wenn sie praktisch doch zu einer Mitgliedschaft aufgrund der Geburt zurückkehrt. Ihre eigene Diagnose kann dann nicht mehr ernst gemeint sein, und entsprechend simpel lautet dann auch ihr Therapievorschlag. Der Glaube gilt dann für etwas selbstverständlich und gemeinhin Gegebenes; vergessen ist die Aufregung, die es kostet, aus der Angst heraus zum Glauben zu finden; vergessen auch ist die Unmöglichkeit, in der Angst von der Macht des Bösen frei zu werden.[72]

[72] Bes. S. Kierkegaard hat gegen das inflationäre Herdentum der sog. Christenheit schärfsten Protest eingelegt; vgl. S. Kierkegaard, Der Augenblick. Flugschriften zwischen 1854–1855; übers. v. H. Gerdes, in: Werkausgabe, Bd. II, Düsseldorf-Köln

Unvermittelt hat das Christentum sich auch aus diesem Grunde von einer eigentlichen Glaubenslehre zu einer bloßen Morallehre gewandelt, für die Gut und Böse allein von der Einsicht und dem guten Willen abhängen. Natürlich kann unter solchen Umständen von irgendeinem tragischen Zug des menschlichen Daseins fortan keine Rede mehr sein. Der erlöste Mensch ist des Guten fähig; er bekommt von Gott genügend Gnaden; und da durch die Ausbreitung des Christentums auch die Erlösung der Menschheit hinlänglich weit fortgeschritten ist, besteht scheinbar viel Grund zu Dankbarkeit und Freude über den Sieg gegen die Mächte des Bösen, gegen das Tragische. Aber die Folgen derartiger Vereinfachungen bestehen keineswegs in größerer Menschlichkeit und allgemeinem Glück, sondern im Gegenteil in einer besonderen Art von Grausamkeit und Unredlichkeit.

2. *Von der Tragödie, das Tragische dogmatisch zu leugnen*

2.1. Die moralische Überforderung

Als erstes nämlich kann die fortschreitende Vermoralisierung des Christentums nur zu erheblichen moralischen Überforderungen führen, und die schweren Schuldgefühle und neuerlichen Zwänge, die sich daraus ergeben, müssen das Christentum nicht nur um seinen Anspruch bringen, den Menschen in seinem Dasein heilen zu wollen, sie stellen der christlichen Verkündigung letztlich das Zeugnis der Wirklichkeitsferne bzw. des Sonntagsidealismus aus.

Indem man den Glauben in der Weise der Volksreligion gewissermaßen zu inflationären Bedingungen handelt, sind die Menschen innerlich ja durchaus nicht anders geworden; nach wie vor sind sie denselben Ängsten ausgeliefert wie jedermann, und die bloße Tatsache, dem Christentum anzugehören, ist solange existentiell und psychologisch unwirksam, als diese Ängste nicht in der Tiefe vom Glauben her beruhigt worden sind. So richtig es ist, daß der Glaube *an sich* von der Notwendigkeit der Schuld und des tragischen Scheiterns erlöst, so wenig ist damit doch schon darüber gesagt, inwieweit jemand für sich selbst den Standpunkt des Glaubens gesetzt hat. Gerade indem diese Frage bei der Aufnahme ins Christentum jetzt aber keiner eigentlichen Bewährung mehr unterzogen wird, mutet es grotesk an, wenn gleichwohl innerhalb der kirchlichen Ordnung Gebote und Gesetze aufgestellt werden,

1971, 399–401: »Wir alle sind Christen – ohne auch nur eine Ahnung davon zu haben, was Christentum heißt.«

die im Grunde nur als Folgerungen des Glaubens sinnvoll und möglich sind, die aber nun den Charakter rein sittlicher Forderungen erhalten. Die Leugnung der tragischen Verstrickungen des menschlichen Willens, die ursprünglich mit dem Anschein eines menschenfreundlichen Optimismus auftrat, wird auf diese Weise zu einer unmenschlichen Vergewaltigung. Zudem macht man sich offensichtlich nicht genügend klar, daß es selbst einem Heiligen nicht erspart bliebt, mit Menschen zu leben, die keine Heiligen sind, und daß von daher ein Stück Tragik auch gerade auf den »erlösten« Menschen zurückfällt. Es läßt sich z. B. zeigen, daß Menschen, die im Glauben zu sich selbst gefunden haben, auch die Fähigkeit besitzen, zu anderen Menschen hinzufinden und eine dauerhafte Bindung einzugehen; Menschen hingegen, die Gott aus den Augen verloren haben, meint die jahwistische Urgeschichte im Anschluß an die »Sündenfallerzählung«, können einander nur demütigen (Gen 3,14) oder vergöttlichen (Gen 6,1–4), und das mosaische Gesetz war realistisch genug, der menschlichen »Herzenshärte« (Mk 10) Rechnung zu tragen und die Ehe zwischen Mann und Frau u. U. für auflösbar zu halten. Die katholische Kirche hat demgegenüber zu Recht betont, daß »im Glauben«, als »Sakrament«, die Ehe unauflöslich sei, aber sie weigert sich beharrlich, die Tragödien scheiternder Ehen, wie die oben genannten Formen der anima-Liebe, zur Kenntnis zu nehmen.[73] Sie erhebt die Unauflöslichkeit der Ehe zu einer sittlichen Pflicht, so als sei die Gnade der Liebe vom guten Willen menschlicher Moralität abhängig, und sie will nicht sehen, daß oft genug gerade die Einseitigkeit des guten Willens in der vorhin gezeigten Weise das Scheitern einer Ehe heraufbeschwört. Denn selbst wenn die Problematik z. B. einer anima-Übertragung in einem der beiden Partner noch keine neurotischen Prozesse einleitet, was ist, wenn der andere Partner seine zumeist in irgendeiner Hinsicht minderwertige Rolle als anima-Gestalt an der Seite des anderen nicht aushält? Was ist mit der Frau, die durch die Tugendhaftigkeit ihres Mannes zur Alkoholikerin wird, was ist mit den Söhnen, die sich nicht entwickeln und zu einem eigenen Standpunkt finden können, weil sie von dem überragenden Vorbild ihres Vaters oder ihrer Mutter erdrückt werden?[74] Was ist mit dem Bösen, das im menschlichen Leben der Vollkommene schon

[73] S. Anm. 40.

[74] Man denke an die zahlreichen Romangestalten der P. S. Buck, z. B. an die Person des Stephen Worth in »Der Weg ins Licht« (Bright Procession), übers. v. N. O. Scarpi, Frankfurt (Ullstein Tb. 2780) 1977, der zwischen der Seelenbetreuung seines elterlichen Pfarrhauses und der Seelenhygiene des modernen Managements hin- und hergerissen wird (S. 30; 40–41), oder auch an die Problematik der Selbstfindung, die Hermann Hesse aus eigener Erfahrung als Pastorensohn immer wieder zu gestalten suchte, z. B. in »Klein und Wagner« (1931), Frankfurt 1972 (SV 43), 108; 148–149.

dadurch anrichtet, daß er mit unvollkommenen Menschen lebt? Und um von den (ohnedies in der Kirche überdiskutierten und einseitig klerikalisierten) Fragen der Ehe und Familie einmal abzusehen: sind all die »Forderungen« der Bergpredigt: Vergebungsbereitschaft, Feindesliebe, Armut, Keuschheit etc. nicht gleichermaßen bloße *Folgen* des Glaubens, die zu utopischen Idealen geraten, wenn man sie von dem entscheidenden Fundament (der Aufarbeitung der Neurotizismen der Angst durch den Glauben) löst und in rein moralische Statuten verkehrt?

Die Kirche hat, wie zur Entschuldigung, bzgl. all der tragischen Formen des Scheiterns des guten Willens sich ein Dogma zurechtgelegt, das es ihr scheinbar erlaubt, endgültig das Tragische im menschlichen Leben zu verdrängen; dieser Glaubenssatz lautet, es werde von Gott nicht zugelassen, daß jemand über sein Vermögen hinaus in Versuchung geführt werde (»ultra posse nemo tentatur«), oder, positiv ausgedrückt, Gott gebe einem jeden genügend Gnaden, um in der Versuchung standzuhalten; eine Notwendigkeit zum Bösen gebe es daher nicht.[75] Zwar erkennt auch die kirchliche Lehre an, daß es

[75] So definierte das Konzil von Trient in Can. 18 der Sess. VI (Denz. 828), daß Gott allen Gerechten die hinreichende Gnade zur Beobachtung seiner Gebote gebe, und berief sich dabei auf den hl. Augustinus, der in seiner Schrift »Über Natur und Gnade« (c. 43, n. 50) gesagt hatte: »Gott befiehlt nichts Unmögliches, sondern durch den Befehl mahnt er, zu tun, was man kann.« Vgl. J. Brinktrine, Die Lehre von der Gnade, Paderborn 1957, 123–124. Aber die Frage ist nicht, ob auch der bereits Erlöste und Gerechtfertigte noch zum Bösen gezwungen ist, sondern es geht darum, daß der Mensch, entsprechend der Erlösungslehre, nur von Gott her aus der Notwendigkeit des Bösen im Zustand der Gottesferne erlöst werden kann, und das Problem liegt also in der Schwierigkeit, wie das quasi neurotische System der Angst und der Gnadenlosigkeit mit seinen verzweifelten Selbstrettungsversuchen durch die Erfahrung einer vorgängigen Daseinsberechtigung absoluter Gnade überwunden werden kann. Indem die Kirche den Glauben als eine selbstverständliche Gegebenheit der Bevölkerung des christlichen Abendlandes behandelte und zu einer Frage der rein rechtlichen Kirchenzugehörigkeit entwertete, wurde die entscheidende Frage des Glaubens immer mehr umgangen; die Moraltheologie löste sich in den letzten zwei Jahrhunderten demzufolge zunehmend aus ihrer Verankerung in der Dogmatik; sie beschrieb nicht mehr die Folgen, die der Schritt zum Glauben für das Verhalten des Menschen haben kann und haben sollte, sondern sie wurde mehr und mehr ein Teilzweig philosophischer Ethik bzw. eine Domäne innerkirchlicher Rechtskasuistik, für die nicht mehr die Haltung des einzelnen, sondern nur noch das einzelne objektive Tun und das vorgegebene Gebot Gottes oder der Kirche von Wichtigkeit war. Das Sprechen von der notwendigen Gnade Gottes verwandelte sich damit in eine reine Ideologie zur Rechtfertigung einer außerordentlich legalistischen Praxis, die glaubte, den sog. »Gläubigen« alles und jedes als jederzeit möglich abverlangen zu können. Das theologische »Prinzip« der Gnade rechtfertigte jetzt eine moralische Willensaskese, die der Notwendigkeit des Glaubens existentiell geradewegs widersprechen mußte, so sehr sie diese auch formal anzuerkennen vorgab.

Widerstände gegen die Gnade (einen »obex gratiae«) geben könne, aber sie hält dafür, daß solcher Widerstand eben Sünde sei – und vergißt im gleichen Atemzug hinzuzufügen, daß die sog. »Erbsünde« ein einziger »obex gratiae« ist, besteht sie doch in nichts anderem, als eben von der Gnade ausgeschlossen zu sein; die Erbsünde aber ist (auf dem Hintergrund der Angst) eben nicht mit dem Willen, sondern nur durch einen Akt des Vertrauens zu lösen.
Statt also im Grunde rein pelagianistisch die Tragödien des menschlichen Lebens für einen Mangel an gutem Willen, für eine vermeidbare Schuld zu erklären, sollte man vielmehr zugeben, daß eine Welt, die nicht das Reich Gottes und nicht das Paradies ist, ipso facto voller Tragödien, voller Notwendigkeiten zum Bösen sein muß. Man hat ein Recht zu sagen, dies sei ein Indiz dafür, daß es der Welt an Glauben mangele, aber man hat nicht das Recht, daraus eine moralisierende Sophisterei zu machen und die Menschen, statt ihre Hilfsbedürftigkeit und Ausgeliefertheit, ihre Unfreiheit und Ohnmacht zu sehen, mit Geboten, heroischen Opferforderungen und einer Menge ungerechter Vorwürfe zu überhäufen.

2.2. Die falsche Rechtfertigung des Ungeheuerlichen: z. B. die Lehre vom gerechten Krieg

Durch eine freimütige Anerkennung des Tragischen könnte sich die christliche, insbesondere die katholische Morallehre zugleich aus einer Klemme befreien, in die sie unweigerlich geraten mußte, als sie anfing, die tragischen Verstrickungen des Lebens einfach für die moralische Schuld der Betroffenen zu erklären. Wo immer dies nämlich offensichtlich nicht möglich war, weil keiner der Akteure von sich aus die Notwendigkeit heraufbeschworen hat, Dinge tun zu müssen, die an sich unstreitig böse und moralisch verwerflich sind, hat die kirchliche Morallehre bislang das Kunststück fertig bringen müssen, selbst die ungeheuerlichsten Taten nicht nur für ausnahmsweise tolerabel, sondern sogar für eine sittliche Pflicht zu erklären, der man sich moralisch nicht entziehen dürfe. Man erkannte die Notwendigkeit innerhalb des Tragischen an, aber da es eine Notwendigkeit zum Bösen nicht geben durfte, mußte man das Böse für gut erklären und die Notwendigkeit als Verpflichtung interpretieren. Das großartigste und zugleich fragwürdigste Beispiel dafür ist in der langen Geschichte der Moraltheologie und auch auf dem Hintergrund des eben erwähnten Beispiels kollektiver Tragödien ohne Zweifel die Lehre vom gerechten Krieg.[76] Der Grundgedanke dieser Lehre ist

[76] Vgl. die Theorien, die noch von J. Mausbach, Katholische Moraltheologie, 3. Bd.: Die spezielle Moral, 2. Teil: Der irdische Pflichtenkreis, Münster [6]1930, S. 71–75 vorgelegt werden konnten: »Das Recht zur Tötung ist im Recht der Kriegführung

simpel und einleuchtend: Man muß dem Staat zubilligen, daß er sich einer ungerechten Aggression gegenüber militärisch verteidigt, vorausgesetzt, er setzt Mittel ein, die den Rahmen des Notwendigen nicht überschreiten, die in sich nicht verwerflich sind (wie z. B. bakteriologische Kriegsführung, Folterungen, Geiselerschießungen etc.) und die eine gewisse Aussicht auf Erfolg bieten. Wohlgemerkt, auch diese Lehre bildet theologisch eine Art Notverordnung; daß sie mit dem Prinzip der Gewaltlosigkeit der Bergpredigt nicht vereinbar ist, sollte und konnte man ruhig offen zugeben. Aber wie nun, wenn selbst diese Notverordnung nicht durchführbar ist? Daß der »gerechte« Krieg nur einer staatlichen Autorität zugebilligt werden darf, ist spätestens dann fragwürdig, wenn die Staatsmacht sich in den Händen von ein oder zwei Großgrundbesitzerfamilien befindet, die sich mehr als zwei Drittel des Bodens angeeignet haben und die Bevölkerung absichtlich in Abhängigkeit, Elend und Unwissenheit halten.[77] Ob ein Angriff ungerecht erfolgt, wird nur in relativ seltenen Fällen auszumachen sein: meist, wie beim Ausbruch des Ersten Weltkrieges, wird sich die politische Lage über einen längeren Zeitraum hin auf einen Punkt zubewegen, wo es nur noch eine gewaltsame Lösung zu geben scheint; zudem ist das Recht in der Geschichte mit ihren ständigen Eroberungen und Grenzverschiebungen eine schwer zu bestimmende Angelegenheit:[78] Bis heute kann man sich darüber streiten, ob die Annektierung des Sudetenlandes im September 1938 zu Recht oder zu Unrecht erfolgte. Sodann die Mittel: Ist ein Krieg sinnlos, wenn er mit Speeren gegen Panzerwagen geführt werden muß, wie im Oktober 1935 beim Überfall Italiens auf Abessinien?[79] Und

eingeschlossen; denn der Kampf der Staaten ist im vollen Ernstfalle schließlich immer zum Kampf der Menschen, d. h. der wehrhaften Männer geworden, die die physische Macht des Staates verkörpern. Beim gerechten Kriege liegt im Lebensopfer des Krieges der höchste Treuedienst gegen Staat und Volk. Im ungerechten Krieg erleiden die Kämpfer, wenn sie subjektiv schuldig sind, das verdiente Schicksal; wenn sie in gutem Glauben sind, das von ihrem Staat verdiente Schicksal, in das sie objektiv hineingezogen sind.« (73) – So einfach war das theoretisch. Immerhin gab ein Dutzend Jahre nach Verdun Mausbach zu, daß die Form der Kriegführung mit ihren Schrecken den modernen Krieg nicht mehr als ein erlaubtes Rechtsmittel erscheinen lasse (75). Zur Problematik des Krieges vgl. E. Drewermann: Der Krieg und das Christentum, Regensburg (Reihe: engagement) 1982.

[77] Man denke an den Krieg der Sandinisten in Nicaragua 1979 gegen den Clan der Somozas, der auch von den einheimischen Priestern und Bischöfen begrüßt wurde.

[78] Welch eine Landesgrenze gibt es, die nicht irgendwann durch Gewalt und Aneignung festgelegt worden wäre!

[79] Nach der klassischen Moraltheologie ist ein Krieg bei völliger Aussichtslosigkeit des Sieges unmoralisch; vgl. J. Mausbach (s. Anm. 76), S. 75; aber waren die Abessinier unmoralisch? Handelten die Polen 1939 unmoralisch, als sie sich verzweifelt gegen die Übermacht der Hitler-Armee zur Wehr setzten? Und hat jemand im Ernst die Absicht,

umgekehrt: Wie will man auf den Einsatz *aller* Mittel verzichten, wenn der Gegner militärisch gleich stark ist und keine Skrupel im Einsatz seiner Mittel kennt?[80] Alle Mittel aber – das heißt nach Verdun: die völlige Unterwerfung

die 3000 Sioux, Arapahoes und Cheyennes zu schelten, die am 25./26. 6. 1876 die ca. 600 Soldaten des General G. A. Custer am Little Big Horn in Montana überfielen und die 246 Mann der Hauptabteilung bis zum letzten niedermetzelten? Sitting Bull, der die Schlacht leitete, wußte genau, daß dieser Sieg nur noch einen menschlichen, nicht aber strategischen Sinn hatte: der Widerstand war ein letzter Protest gegen das nicht mehr abzuwendende Unrecht der Weißen und eine Demonstration der Tatsache, daß auch Indianer Menschen, und nicht rechtlose Tiere waren. Gleich nach der Schlacht teilte Sitting Bull die Sioux in Gruppen auf und floh zur kanadischen Grenze. Seine Schlacht hatte keine Aussicht auf Erfolg, aber man wird nur schwer einen Kriegszug in der menschlichen Geschichte finden, dem man größeres moralisches Recht zusprechen muß und dem man so sehr einen siegreichen Ausgang gewünscht hätte wie diesem. Vgl. H. J. Stammel, Die Sioux. Amerika und seine Indianerpolitik, München 1979 (dtv 1497), 228–268.

[80] Man lese dazu die Rede, die 1675 der Sachem der Wampanoags, Metacomet, hielt, um den Krieg gegen die englischen Kolonisten zu begründen; – es ist ein erschütterndes Dokument dafür, wie ein Volk, das den Krieg bis dahin nur als eine Art Mutprobe kannte, sich durch die Weißen gezwungen sah, das bedingungslose Töten als Mittel zum Überleben, zu erlernen. »Brüder«, sagte Metacomet, mit dem Beinamen König Philip, »Ihr habt das weite Land vor Euch, das der Große Geist unseren Vätern und uns anvertraute; Ihr seht den Büffel und das Rotwild, die uns ernähren. – Brüder – Ihr seht diese Säuglinge, unsere Frauen und Kinder, die von uns Nahrung, Kleidung und Schutz erwarten; und Ihr seht nun den weißhäutigen Barbaren vor Euch, der immer unverschämter und wilder...wird; der alle unsere alten Sitten mißachtet; Ihr seht, daß alle Friedensverträge, die von unseren Vätern und uns abgeschlossen wurden, gebrochen sind und daß wir alle auf das Schlimmste beleidigt werden; unsere Ratsfeuerbeschlüsse werden mißachtet, alle unsere alten Sitten; unsere Brüder werden vor unseren Augen ermordet, und ihr Geist schreit nach uns, Rache zu nehmen. Brüder – diese Leute aus der unbekannten Welt werden unsere Wälder abschlagen, unsere Jagdgründe und Äcker zerstören und uns und unsere Kinder von den Gräbern unserer Väter und und unseren Ratsfeuern vertreiben und unsere Frauen und Kinder versklaven. Brüder – es ist unmöglich, mit diesen weißhäutigen Raubmenschen in Frieden zu leben. Man kann sich nur von ihnen zerstören lassen oder versuchen, sie selbst zu zerstören. Das ist aber nur möglich, wenn wir einen Krieg nicht so führen, wie wir es gewöhnt sind, sondern wie sie selbst ihn führen, also ein Krieg aus dem Hinterhalt und mit dem Willen, alles, was eine weiße Haut besitzt, zu töten. Brüder – ich weiß, daß wir uns selbst verleugnen müssen, um unschuldige Kinder, Frauen und Schwache umzubringen, die sich nicht wehren können. Aber wir müssen dies tun, denn diese Kinder werden einst Männer, die unsere Frauen und Kinder töten, denn diese Frauen schenken wieder Kindern das Leben, die als Erwachsene unsere Frauen und Kinder töten werden. Wir haben es in der Vergangenheit nicht glauben wollen, aber es ist eine Tatsache: – nur ein toter Weißer ist ein guter Weißer. Brüder – wir müssen uns vereinigen – oder wir werden untergehen.« Nach: H. J. Stammel, Die Indianer. Die Geschichte eines untergegangenen Volkes, München 1979 (GGTb. 11217), 103–104.

des Menschen unter eine grenzenlos zu steigernde Technik maschineller Zerstörung. Selbst wer die Lehre vom gerechten Krieg an sich akzeptiert, muß zugeben, daß es in der Geschichte wohl kaum ein einziges Beispiel gibt, wo die Bedingungen dieser Lehre erfüllt wurden, daß also jeder und gerade der vom Anlaß her »gerechte« Krieg vom Anfang bis zum Ende einer unablässigen Tragödie gleichkommt.

Aber statt diese Tragödie zu sehen und zuzugeben, hat man sich die Aufgabe gestellt, das Ungeheuerliche des Krieges zu rechtfertigen und mit Scheinargumenten zu leugnen: Da es eine Notwendigkeit zum Bösen nicht geben durfte, mußte selbst die Bereitschaft zum Atomkrieg kirchlicherseits zur Pflicht erhoben werden. Es war bereits als Fortschritt zu werten, daß das II. Vaticanum angesichts der Schrecken moderner Vernichtungswaffen die Verweigerung des Kriegsdienstes immerhin für eine christliche Möglichkeit erklärte und also wenigstens indirekt die Tragik des Kriegsdienstes anerkannte;[81] – in den Tagen der Wiederbewaffnung der Bundesrepublik indes vertrat die katholische Kirche einhellig die Meinung, daß kein Katholik das Recht habe, den Wehrdienst (im Falle eines ungerechten Angriffs) zu verweigern, und die Anerkennung des Rechts auf Kriegsdienstverweigerung kam in einer der Sternstunden des Deutschen Bundestages seinerzeit nur gegen das erklärte Votum von Pater Hirschmann, SJ, zustande; ja, hätte nicht der CDU-Abgeordnete Peter Nellen (Münster) damals die Lehre zu urgieren gewußt, daß ein Katholik selbst einem *irrigen* Gewissen gegenüber zu einem Gehorsam verpflichtet sei, den der Staat schützen müsse – es gäbe eines der moralisch wichtigsten Gesetze der Bundesrepublik heute nicht, und man müßte, wie in Frankreich und der DDR, die Kriegsdienstverweigerung mit Gefängnisstrafe verfolgen.

Derartige Folgen zeitigt der Zwang, aus schlimmen Notwendigkeiten moralische Pflichten abzuleiten, nur weil man den Bereich des Tragischen nicht glaubt anerkennen zu dürfen.[82]

[81] Pastoralkonstitution über »Die Kirche in der Welt von heute«, vom 7. 12. 1965, cap. V, n. 79: Es muß »als gerechtfertigt angesehen werden, daß die Gesetze in humaner Weise für den Fall derer Vorsorge treffen, die aus Gewissensgründen den Waffendienst verweigern, jedoch zu einer anderen Form des Dienstes für die menschliche Gemeinschaft bereit sind.« H. Reuter, Das II. Vatikanische Konzil, Köln 1966, 279.

[82] Dabei geht es hier immer noch um den Fall des sog. gerechten Krieges! Um den Abstand dieses Denkens von der Ebene zu ermessen, auf der die eigentlichen Entscheidungen in ihrer Tragik getroffen und verantwortet werden müssen, sei an Jochen Klepper erinnert, der, verheiratet mit einer jüdischen Frau und im vollen Bewußtsein der verbrecherischen Zielsetzungen der nationalsozialistischen Schreckensherrschaft, den Wehrdienst nicht ablehnte, trotz allen inneren Widerstandes, da das Menschliche vor Gott »ganz erfahren sein müsse«. J. Klepper, Unter dem Schatten deiner Flügel. Aus den

Die Frage nach Krieg und Frieden ist dabei nur *ein* Beispiel. Es ließe sich über die bereits angeführten Beispiele hinaus leicht zeigen, daß es kein einziges sittliches Gebot gibt, das nicht zu tragischen Verwicklungen führen kann, und in all diesen Fällen nötigt die Verdrängung des Tragischen zu der absurden Alternative, entweder die faktische Schuld in der Tragödie als falschen Anschein dem Gewissen auszureden oder aber den Zwangscharakter der bestehenden Situation dem einzelnen im Ton des Vorwurfs zur Last zu legen. So oder so fügt man den betroffenen Menschen bitteres Unrecht zu: Im einen Fall zwingt man sie dazu, unmoralischer zu sein als sie sind und ihren natürlichen Instinkt für Gut und Böse mit Füßen zu treten, im anderen Fall bekommt man es fertig, Menschen ihr Unglück auch noch als Schuld anzurechnen. Was sich scheinbar so erlöst und frei gebärdet: Das Tragische im menschlichen Leben mit Berufung auf das Christentum zu leugnen, ist angesichts der bestehenden Zwänge und Ausweglosigkeiten in Wahrheit ein ebenso grausames wie unglaubwürdiges Verfahren. Wenn das Christentum nicht den Mut hat, den zentralen Punkt seiner eigenen Lehre von der Erlösungsbedürftigkeit des Menschen wieder mit dem nötigen Ernst zu versehen, darf es sich nicht wundern, wenn es zunehmend mehr an den wirklichen Fragen der Menschen in ihrer Kompliziertheit und Vielschichtigkeit vorbeiredet. Der Ausfall an Verständnis und Mitleid muß dann wettgemacht werden durch eine Vermehrung von Vorhaltungen, Statuten und Appellen, aber diese tun den Betroffenen weh und bringen das Christentum mehr und mehr auch noch um seinen moralischen Kredit, nachdem es seinen dogmatischen Anspruch bereits selbst erheblich reduziert hat. Die Anerkennung des Tragischen setzt freilich voraus, daß man zugleich mitanerkennt, was

Tagebüchern der Jahre 1932–1942, Stuttgart 1972 (hg. v. H. Klepper), 228–229. Daß es eine Solidarität und Unentrinnbarkeit der Schuld gebe, die mitgetragen werden müsse und sogar den »Acker des Jeremias«, das »tragische Idyll«, nicht mehr zulasse (234) – wo in der Kirche gäbe es jemanden, der im Namen der offiziellen Lehre den Mut aufbrächte, die Lehre von der Erbsünde und der Erlösungsbedürftigkeit aller bis in diese Tiefe hinein ernst zu nehmen? »Wir sind alle Mörder vor Gott«, soll J. Klepper gesagt haben, als er einberufen wurde, erinnert sich R. Schneider, und fügte hinzu: »Auch die Kirche kann aus diesem Widerspruch nicht retten: sie ist ja gerade der Ort des Kreuzes...und die Kreuzigung war die höchste Tat der Freiheit (sc. Jesu)...Die Kirche kann nur diese Freiheit verkünden, nicht Pflichten sanktionieren.« (R. Schneider, Verhüllter Tag. Bekenntnis eines Lebens, Freiburg-Basel-Wien 1961 [Herder Tb. 42], 158–159) Der eigentliche Feind der Kirche ist nicht der erklärte Unglaube, sondern die nur scheinbar bequeme Auflösung der tragischen Entscheidung angesichts des Glaubens zugunsten der Oberflächlichkeit moralischer Eindeutigkeiten: das Verhältnis zu Gott, reduziert auf die moralisierenden Abstraktionen der Aufklärungsphilosophie – das zerstört unter dem Vorwand, es mit Gott recht ernst zu meinen, in Wahrheit jede Ernsthaftigkeit der christlichen Existenz.

man bisher ständig gemieden hat: das Unbewußte im Menschen und, als dessen Interpretin, die Tiefenpsycholologie mit ihrer Auslegung menschlicher Angst; es setzt ferner voraus, den einzelnen für wichtiger zu nehmen als den »Erfolg« en masse. Aber sollte das so schier unmöglich sein?

III. Die Tragik der menschlichen Unzulänglichkeit oder: die Tragik Gottes

Bisher haben wir von Formen des Tragischen gesprochen, bei denen der einzelne aufgrund eines Widerspruchs zum Sittlich-Allgemeinen schuldig werden muß, indem entweder das eigene Unbewußte sich gegen den moralischen Willen geltend macht (die Tragik des neurotischen Widerspruchs) oder aber die Forderungen der Sittlichkeit durch die Pathologie der Umstände in sich selber widersprüchlich werden (die Tragik der moralischen Unvereinbarkeit). Bereits diese beiden Formen des Tragischen anzuerkennen, mag dem Christentum aus den angeführten Gründen schwerfallen, aber eine vertiefte Erbsündenlehre sollte es ihm geradezu als theologische Pflicht auferlegen, die psychologische Dialektik der Angst und die daraus erwachsende Dialektik des Ethischen zur Kenntnis zu nehmen und die Kraft des Glaubens an ihrer Überwindung zu bewähren.
Sehr viel schwieriger muß es hingegen der Theologie fallen, eine dritte und letzte Form des Tragischen anzuerkennen, die nicht mehr in einer Notwendigkeit der Schuld, sondern umgekehrt gerade in der Schuldlosigkeit eines gleichwohl notwendigen Versagens besteht.
Die Gestalt, die das Tragische hier annimmt, ist gewissermaßen jenseits aller Schuld. Sie betrifft Menschen, die in sich integer und besten Willens sind, und sie ereignet sich in Umständen, die an sich nichts Tragisches oder Schuldhaftes bedeuten müssen, und dennoch führt hier der Charakter des einzelnen und die Struktur der Umstände einen Konflikt herauf, der nur einen tragischen Ausgang zuläßt. Es ist dies die *Tragik der Überforderung*, und sie beruht auf dem, was St. Zweig sehr treffend das »Mißverhältnis eines Menschen zu seinem Schicksal« genannt hat[83]. Wenn irgendetwas auf Erden, so ist diese Form des Tragischen am meisten geeignet, den Glauben an eine gütige und weise Fügung des Weltenlaufs durch eine göttliche Vorsehung von Grund auf zu erschüttern, und sie muß deshalb theologisch am provozierendsten wirken, denn zu offensichtlich liegt die Schuld hier nicht bei den einzelnen Menschen oder den von Menschen verursachten Umständen, sondern offenbar in dem

[83] St. Zweig, Marie Antoinette. Bildnis eines mittleren Charakters, Leipzig 1932; [2]erw. Wien 1938; Neudruck: Frankfurt (Fischer Tb. 2220), 1980, 8.

Schicksalsplan selbst, dessen Unangemessenheit bestimmte Menschen als schuldlose Opfer mit unausweichlicher Notwendigkeit zerbrechen und am Leiden vieler zur Mitursache werden läßt.
Um ein solches tragisches Scheitern zu vermeiden, müßte das Schicksal in jedem Einzelfall anders gefügt sein: Es müßte größere Persönlichkeiten für die Lösung seiner übergroßen Aufgaben bestellen und umgekehrt Charaktere kleineren Formates wählen, wenn es darum geht, nur im durchschnittlichen Einerlei seine Zufriedenheit zu finden. Daß jedoch immer wieder Menschen, die von der Natur zur Fahrt auf hoher See geradezu bestimmt erscheinen, an den Engen und Untiefen ihrer von außen auferlegten Lebensaufgaben wie an einer Sandbank scheitern müssen, während andere, die ihren seelischen Möglichkeiten nach nur in sicherer Küstennähe zu bleiben bestimmt sind, vom Sturm des Lebens gerade ins offene Meer hinausgetrieben und verwüstet werden – dieses Schauspiel der bizarren Unverhältnismäßigkeit von Lebensauftrag und Vermögen ist, jenseits aller Menschenschuld, wenn überhaupt, dann Schuld des Schicksals selbst, dann Tragik Gottes. *Sie* anzuerkennen, fällt der Religion am schwersten, obwohl doch nur die Religion den Menschen fähig machen könnte, gerade mit dieser Art des Tragischen zu leben.
Zwei Lehrsätze der Schultheologie müssen an dieser Form der Tragödie gleichzeitig zerschellen: vorab das eine schon zitierte Theorem, Gott erweise einem jeden soviel Gnaden, daß er nicht in Sünde fallen müsse; dieses Theologumenon, bislang schon wenig glaubwürdig, verwandelt sich als erstes angesichts der furchtbaren Realität gerade dieser Gestalt des Tragischen vollends in eine wirklichkeitsfremde und in sich selber widersprüchliche Theorie des menschlichen Lebens.
Da es hier besonders um die alltäglichen, die gewöhnlichen, die unbemerkten Tragödien geht, vermögen bereits ein paar einfache Beispiele scheinbar kleiner Schicksalsschläge des Lebens die theologische Theorie von den jederzeit genügenden Gnadenmitteln Gottes Lügen zu strafen.
Was z. B. soll man menschlich und theologisch von einer Frau halten, deren Seelenstärke wohl hinreicht, um an der Seite eines Mannes, der sie tagaus tagein beschützt und trägt, den häuslichen Pflichten nachzukommen, ihre Kinder zu versorgen und ein bescheidenes, aber um so kostbareres Glück zu genießen? Deren Mann stirbt, und, allein gelassen, ausgesetzt, vom Schicksal betrogen, sieht sie sich außerstande, mit ihrer Situation zurecht zu kommen; mehr und mehr neigt sie sich dem Alkohol zu, ihren Verstand betäubend, ihr Gefühl ertränkend; sie vernachlässigt ihre Pflichten, sie wird *schuldig* an ihren Kindern, die ihrer Fürsorge gerade jetzt um so mehr bedürften; aber zu deutlich spürt sie die Kraft und den Mut ihres Lebens im Tod ihres Gatten zerbrochen; ihr Leben ist psychisch zuende, noch ehe es physisch zuende

gelebt ist, und nur die Betäubung scheint den Schmerz dieser Kluft zwischen untotem Leben und lebendigem Tod erträglich zu halten. Wer, muß man fragen, will ein solches Unglück schuldig sprechen?
Und dies sei nur ein Beispiel für 100000 andere, wie sie das Leben täglich schreibt. Es läßt sich nicht leugnen, daß immer wieder aus Schwäche der Seele Menschen objektiv Schuld an sich selbst und an anderen begehen; aber um diese Schuld zu vermeiden, müßte man im Sinne jenes theologischen Theorems von den jederzeit hinreichenden göttlichen »Gnadenmitteln« ernstlich verlangen, daß jeder Mensch einen Charakter besäße, befähigt genug, um mit jedem erdenklichen Schicksal »fertig« zu werden. Eine solche Forderung wäre jedoch bereits psychologisch unsinnig: Ein Charakter entsteht durch Prägung und Anpassung an *bestimmte* Umweltbedingungen, es gibt keinen Charakter an sich, sondern gerade die charaktervolle Persönlichkeit, die mit den ausgeprägtesten Seelenzügen, ist in gewissem Sinne die am meisten festgelegte, die bestangepaßte, aber gerade deshalb zugleich die durch einen Wechsel der Umstände am meisten bedrohte. Gerade je mehr Charakter ein Mensch besitzt, je auffälliger seine individuelle Lebensfärbung wirkt, desto unfehlbarer scheint er den Raubvogelstoß des Schicksals auf sich zu ziehen, desto zerbrechlicher bietet sich sein Wesen offensichtlich dem Verderben dar. Flexibilität gegenüber den Wechselfällen des Schicksals aber ist das genaue Gegenteil von Charakterfestigkeit, und so wie eine besonders angepaßte Tierart gerade aufgrund ihrer spezialisierten Tüchtigkeit in einzelnen Aufgaben schon durch geringfügige Wandlungen der Umweltbedingungen dem Untergang preisgegeben wird, so kann besonders der enggeformte, ausgestanzte Charakter, so sehr er unter den Bedingungen seiner Entstehung sich bewährt, von einem Wechsel der Verhältnisse leicht überfordert werden.
Man kann daher psychologisch weder erwarten noch postulieren, ein Mensch müsse jeder beliebigen Lebenssituation gerecht werden können. Es ist zudem auch theologisch absurd zu hoffen, Gott ergänze durch seine Gnade das dem menschlichen Vermögen Fehlende. Ein solches »Wunder« wirkt Gott nicht – es widerspräche seiner eigenen Schöpfung, und es richtete sich auch gegen die theologische Vorstellung von der »Gnade« Gottes, die nach theologischer Lehre wohl die menschliche Natur voraussetzt und vollendet, nicht aber völlig neu schafft oder umgestaltet.
Dann aber bleibt das Faktum bestehen, daß immer wieder Menschen auf einen Lebensweg geführt werden, der sie von einer bestimmten Stelle an überfordern muß, gerade weil sie in besonderem Maße mit ihrem Charakter einer gewissen Strecke dieses Weges gar zu sehr entsprochen haben und plötzlich aus der bisher gewohnten Enge des Lebens ins unermeßlich Große oder aus bisheriger Größe in unerwartete Dumpfheit geschleudert werden. Ja, es kann sein, daß

Menschen von ihrem Schicksal geradezu dahin verführt werden, ihren Lebensauftrag und sich selbst, ihr eigenes Wesen, mißzuverstehen, und erst zu spät, wenn nichts mehr wiedergutzumachen ist, bemerken sie, wie man hätte leben können. Ja, nach einem bitteren Wort I. Kants liegt ein Hauptübel, ein Kernpunkt der menschlichen Tragödie überhaupt darin begründet, daß man zu rechter Einsicht und Weisheit, wie man leben sollte, erst in einem Alter gelangt, wenn das Leben schon vorüber ist.[84]

So schildert St. Zweig etwa das Leben der Königin Marie Antoinette als tragisch gerade darin, daß die oberflächlich-leichtlebige Tochter Maria Theresias vom Schicksal zwei Jahrzehnte lang förmlich verwöhnt und überschüttet wurde, ehe sie, die grande dame der Mode, der Bälle und der schönen Eitelkeiten des Rokoko, mit jähem Schrecken bemerkt, daß »außerhalb der vergoldeten Gittertore ein Millionenvolk auf seine Herrscherin harrt«[85]. Die Gedankenlosigkeit, der Leichtsinn, »daß sie fast zwanzig Jahre lang das Wesenhafte dem Nichtigen aufopfert, die Pflicht dem Genuß, das Schwere dem Leichten, Frankreich dem kleinen Versailles, die wirkliche Welt ihrer Spielwelt – diese historische Schuld ist beinahe unfaßbar«[86]. Aber war es auch eine persönliche Schuld? – muß man mit St. Zweig fragen. Die ganze Welt des Rokoko, deren Mittelpunkt, Idol, Vorbild und Dienerin die junge Österreicherin gewesen ist, kannte einzig »jenes Nichtwissen und Nichtwissenwollen um alle Tragik und Trübe der Welt«[87]; aber eben darin lag die ganze Tragik der schrecklich scheiternden Gemahlin von Ludwig XVI., die gerade eines energischen Regenten bedurft hätte, nicht aber dieses zu jeder männlichen Entscheidung unentschlossenen, weder zu Gutem noch Bösem fähigen, nur auf Jagd und Essen versessenen, für Marie Antoinette geradezu abstoßenden Bequemlings. Es ist furchtbar, eines Tages wie Marie Antoinette zu erwachen und sehen zu müssen, daß man schuldig wurde, ohne es zu wollen, nur weil man nicht begriffen hat bzw. seinem ganzen Wesen nach gar nicht begreifen konnte, in welch eine Zeit man hineingestellt wurde.

Und was, wenn man von daher weiterfragt, ist mit den Menschen, die nicht, wie wir vordem gesehen haben, das Unverantwortbare verantworten müssen, sondern bereits einfach dadurch schuldig werden, daß sie, gemäß ihrer ganzen

[84] I. Kant, Mutmaßlicher Anfang der Menschengeschichte, 1786, in der Berlinischen Monatsschrift; Werke in 12 Bänden, hrsg. v. W. Weischedel, Frankfurt (Suhrkamp Verl.) 1968, Bd. XI 95 Anm.: »...der griechische Philosoph klagte nicht ganz ohne Grund: es ist schade, daß man alsdann sterben muß, wenn man eben angefangen hat einzusehen, wie man eigentlich hätte leben sollen.«

[85] St. Zweig, Marie Antoinette, 88.

[86] a. a. O., 88.

[87] a. a. O., 89.

Charakterausstattung, von vornherein nicht rechtzeitig zu erkennen vermögen, welch eine Verantwortung sie überhaupt tragen? Was ist mit denen, die vom Schicksal durch Geburt, Abstammung, Wahl, Ernennung oder einfach durch das Zusammenspiel des Zufalls in eine Position geschoben wurden, in der sie notwendig versagen müssen, schon weil sie die objektive Forderung der neuen Lage entweder geistig nicht zu durchdringen vermögen oder ihrer ganzen Persönlichkeit nach nicht angemessen darauf reagieren können? Eine Marie Antoinette hätte an der Seite eines anderen Gatten, eines wirklichen Mannes, nicht nur ihr Glück, sondern beizeiten auch das Maß ihrer Verantwortung finden können, und es wäre ihr nicht bestimmt gewesen, erst in den Tagen des Umsturzes, in den Tuilerien, im Tempel, und schließlich in der Conciergerie ihr Wesen und ihre Größe an dem Übermaß ihres Unglücks kennenzulernen – zu spät, wie man im eigenen und fremden Leben wohl immer wieder sagen muß.

Auch die zweite theologische Allerweltsauskunft versagt endgültig an dieser Form der Tragödie des an sich schuldlosen Versagens von Menschen an der Ungemäßheit ihres Schicksals: die Lehre von der *Vorsehung Gottes in dem empirischen Schicksal eines jeden einzelnen.*

Dem Christentum gilt es als eine zentrale Lehre, daß über dem Leben eines jeden Menschen Gottes Plan und Fügung walte und daß in Zeit und Ewigkeit sein Wohl und Wehe Ziel und Zweck des Weltenlaufes sei.[88] Diese Auffassung, die der Anerkennung des Tragischen im menschlichen Leben besonders entgegensteht, wird auf grausame Weise widerlegt, wenn sich immer wieder zeigt, daß nicht nur auf das *physische* Wohlergehen des Menschen im Gang der Natur keine besondere Rücksicht genommen wird, sondern auch seine *moralische* Integrität durch die Macht der Umstände immer wieder zerstört wird.

Nicht einmal G. W. Leibniz, der Philosoph der Lehre von der prästabilierten Harmonie und der besten aller möglichen Welten, war in seiner »Theodizee« der Meinung, daß man die Natur und den Ablauf der menschlichen Geschichte verstehen könne, wenn man sie aus der Perspektive nur des Menschen, und dabei womöglich noch nur aus der Perspektive des einzelnen Menschen betrachte.[89] Die Ordnung der Welt stellt sich durchaus unabhängig vom Glück des einzelnen her; ja sie erhebt sich oft genug über dem unzähligen Leid

[88] Zu der Anthropozentrik und dem Individualismus dieser Vorstellung vgl. E. Drewermann, Der tödliche Fortschritt. Von der Zerstörung der Erde und des Menschen im Erbe des Christentums, Regensburg 1981, 67–78.

[89] G. W. Leibniz, Die Theodizee (1710); übers. v. A. Buchenau, eingef. v. M. Stockhammer; Hamburg ^{2}1968, Philos. Bibl. Bd. 71, 179 (II 120).

einzelner. »Stelle dir einmal vor«, fragt Dostojewskijs Iwan Karamasoff, »du selber leitetest den Aufbau des Menschheitsschicksals in der Absicht, schließlich alle Menschen zu beglücken, ihnen allen endlich Frieden und Ruhe zu geben; die unbedingte und unausweichliche Vorbedingung zur Erreichung dieses Zieles wäre aber..., daß du... auch nur ein einziges, winziges Geschöpf quälen müßtest, ...würdest du unter diesen Bedingungen einverstanden sein, der Bauherr dieses Baues zu sein?«[90] Das genau ist die aufrührerischste aller Fragen aus der Perspektive des einzelnen; aber die Natur, das Schicksal, beantwortet sie eindeutig und ohne Zögern mit J a; sie hat durchaus den Mut, die tragische Dimension des Lebens dem einzelnen nicht im mindesten zu ersparen, sondern im Gegenteil: sie kalkuliert von vornherein ein außerordentlich hohes Maß an individuellem Leid und Schuld, an physischem und moralischem Zerbrechen mit ein.

Es geht den Menschen in bezug zu den moralischen Anforderungen ihres Schicksals nicht sehr viel anders als Mücken, die an einem Sommernachmittag über einem Flußlauf »spielen«: Ein leichter Winddruck genügt, und sie geraten tödlich in das ihnen feindliche Element des Wassers; ihr verzweifelter Kampf mag minutenlang dauern – sie werden bald schon schwächer werden, und die nächste Welle bereits wird sie überschwemmen. Es gibt durchaus keine »prästabilierte Harmonie« der Welt in dem Sinne, daß für jedes einzelne Lebewesen eine besondere, empirisch oder naturphilosophisch begründbare Vorsehung existieren würde, die in allen Lebenssituationen auf das vortrefflichste seinen individuellen Bedürfnissen und Erfordernissen zu dienen vermöchte.[91] Die Harmonie der Welt kann nur die Harmonie des *Ganzen* sein, und wer dagegen das Glück des einzelnen, Mensch oder Tier, als eine absolute Größe reklamieren wollte, der müßte konsequenterweise in der Tat, wie Iwan Karamasoff, Gott die Eintrittskarte zum Dasein in einem metaphysischen Protest zurückgeben.[92] De facto ist es schlechterdings unvermeidlich und gar nicht anders zu erwarten, als daß immer wieder, myriadenfach, einzelne Lebewesen in eine Umwelt verschlagen werden, deren Anforderungen und Bedingungen die Möglichkeiten ihres physischen wie seelischen Organismus überfordern; und ebenso erscheint es als schlechtweg unausweichlich, daß

[90] F. M. Dostojewskij, Die Brüder Karamasoff (1878–1880), übers. v. E. K. Rahsin, München 1925; Neudruck: übers. v. K. Noetzel, München (Goldmann Tb. 478–481) 1958, 305–306.

[91] Zum christlichen Vorsehungsgedanken und zur christlichen Anthropozentrik vgl. E. Drewermann, Der tödliche Fortschritt. Von der Zerstörung der Erde und des Menschen im Erbe des Christentums, Regensburg 1981, 74–78.

[92] So z.B. in der Nachfolge der Dostojewskischen Romangestalten A. Camus; vgl. dazu E. Drewermann, Der tödliche Fortschritt, 85–90.

bereits durch die äußerlichen Bedingtheiten des Schicksals immer wieder Lebenssituationen für den einzelnen eintreten, die seine moralischen und charakterlichen Fähigkeiten bei weitem übersteigen. Irrtum, Unvermögen, klägliches Versagen und Verzweiflung sind die üblichen Erfahrungstitel dieser häufigsten Form des Tragischen, an der nicht mehr menschliche Schuld, sondern die Einrichtung der Welt, wenn überhaupt jemand, die Schuld trägt. Diese Form des Tragischen ist ein Teil der Schöpfung selbst, und sie ist zutiefst eine Tragik des Schöpfers. Eben deshalb fällt es der Religion so schwer, gerade diese Form des Tragischen zu akzeptieren. Das Christentum, statt in einer schlechten, weil heuchlerischen, Theodizee die Fragen des Hiob zu verdrängen und schließlich den Menschen zu seinem Unglück auch noch mit Vorwürfen zu überhäufen, sollte jedoch gerade um der Erlösung des Menschen willen anerkennen, daß es Schicksalsfügungen und Schicksalsschläge gibt, an denen Menschen unausweichlich scheitern müssen. Statt Gott von dieser Form des Tragischen im Innersten der Schöpfung reinzuwaschen, sollte es vielmehr seine so praktischen Einteilungen in Gut und Böse, Frei und Unfrei, Schuld und Reue gänzlich über Bord werfen und zu einer unmittelbaren Ehrfurcht vor dem menschlichen Leid zurückfinden.

Es könnte dabei theologisch nur gewinnen: seine Gottesvorstellung wäre ipso facto glaubwürdig. In einer schlechten Karikatur des christlichen Gottesglaubens hat besonders die französische Philosophie immer wieder die christliche Gottesidee mit dem Argument zu wiederlegen versucht, daß Gott als ein absolutes Subjekt, als *Zuschauer* der menschlichen Geschichte eine überflüssige und lächerliche Gestalt abgebe. Aber wie, wenn die Menschheit gerade aufgrund der Unzahl ihrer tragischen Schicksale einen Gott förmlich brauchte, der jenseits des faktischen Scheiterns den ohnmächtigen Willen des einzelnen schon für die Tat und die zu späte Reue für seine eigentliche Wahrheit nimmt, und der in den Zeitmaßen der Ewigkeit ergänzt, was in der Zeit der einzelne für sich versäumt?

In seinen Betrachtungen zur *Kunstform* der Tragödie meinte F. Schiller einmal bereits aufgrund rein ästhetischer Erwägungen: »Der Zweck der Tragödie ist: Rührung; ihre Form: Nachahmung einer zum Leiden führenden Handlung.« »Der tragische Dichter«, fügte er hinzu, »gibt also mit Recht den gemischten Charakteren (sc. den an ihrer Schwäche moralisch Leidenden, d. V.) den Vorzug, und das Ideal seines Helden liegt in gleicher Entfernung zwischen dem ganz Verwerflichen und dem Vollkommenen.«[93] Wenn Mitleid, Rührung und Verständnis nach Schillers Meinung also bereits die Absicht der *Kunst-*

[93] F. Schiller, Über die tragische Kunst (1792), in: P. Stapf (Hrsg.), F. Schiller, Werke in zwei Bänden; Wiesbaden (Tempel-Klassiker) o. J., Bd. 2, 500.

form der Tragödie darstellt, um wieviel mehr gebührt dann der *Daseinsform* des Tragischen nichts anderes als eben solches menschliches Verständnis, ein Ende des Moralismus und das Vertrauen, daß ein Gott dem Schauspiel des menschlichen Scheiterns zuschaut, der fähig und willens ist, dem Menschen inmitten seiner tragischen Schuld durch sein verzeihendes Erbarmen seine Unschuld zurückzugeben. Auf der Bühne des Lebens jedenfalls scheint die Tragik Gottes inmitten und im Angesicht seiner Schöpfung einzig dazu bestimmt, die menschliche Hartherzigkeit so anzurühren, daß ihre steinerne Unerbittlichkeit, der ausnahmslose Rigorismus des sittlichen Urteils, einer menschlicheren, gütigeren Stellungnahme und Einstellung weicht. Die Tragik Gottes an den Notwendigkeiten und Bedingtheiten seiner Schöpfung nötigt den Menschen um so mehr, an eine Vergebung jenseits des Scheiterns, jenseits der Vergeblichkeit und jenseits des Versagens zu glauben. Oder – wir litten umsonst.

Von der Unmoral der Psychotherapie – oder von der Notwendigkeit einer Suspension des Ethischen im Religiösen

»Wenn es solch ein Ding wie die Sünde gibt, dann begehen sie einige von uns rückwärts, den Fußspuren unserer Vorfahren folgend, und einige begehen sie vorwärts, unsere Kinder beherrschend.«

(Kahlil Gibran: Sand und Schaum, 36)

I. Der Widerspruch zwischen therapeutischer und moralischer Forderung

Manch einem Außenstehenden mag es so vorkommen, als sei die Psychotherapie, mit F. Nietzsche gesprochen, eine »fröhliche Wissenschaft«[1] oder, noch ärger, ein »Buch für freie Geister«[2], nämlich eine Schule der Unmoral und der Einübung rücksichtsloser Triebbefriedigung. In der Tat, wenn der Satz gilt: »An ihren Früchten sollt ihr sie erkennen« (Mt 7,16), dann wird es dem einen oder anderen nicht schwerfallen, die Psychotherapie mit scheinbar wenig erfreulichen Früchten ihrer Bemühungen zu konfrontieren. Hat nicht schon irgendwo eine Psychotherapie bewirkt, daß eine Ehe aufgelöst werden mußte, eine Ordensschwester von hohem Ansehen ihren Konvent verließ, eine unbescholtene Frau plötzlich ein uneheliches Kind bekam, eine bis dahin gesellige Frohnatur sich in einen unerbittlichen Misanthropen wandelte oder ein guter Sohn seiner Eltern mit einemmal aufsässig und rebellisch wurde? Man könnte solche Unerquicklichkeiten hingehen lassen, wenn man Beispiele dieser Art als unvermeidliche Malheurs, als mißlungene chirurgische Eingriffe ärztlicher Kunst betrachten dürfte, denen andere, von der Umwelt positiver zu bewertende Erfolge gegenüberstünden; aber solch eine Erlaubnis wird durch das kecke Bekenntnis der Beteiligten zunichte gemacht, man habe gefälligst in gerade diesen Ergebnissen nicht sowohl ein Scheitern, als vielmehr ein recht

[1] F. Nietzsche, Die fröhliche Wissenschaft, Chemnitz 1882, [2]Leipzig 1887; Neudruck München o.J. (G. G. Tb. 569–570).

[2] Untertitel der Schrift von F. Nietzsche, Menschliches-Allzumenschliches, Chemnitz 1878; [2]Nachtr. 1897–1880; Neudruck München o.J. (G. G. Tb. 676–677; 741–742); Eingel. v. L. W. Winter.

eigentliches Gelingen des psychotherapeutischen Eingriffs zu erblicken – so als seien jene bedauerlichen Entgleisungen nicht verzeihliche Fehler, ja nicht einmal bloße Nebenerscheinungen, sondern unumwunden die erklärte Absicht der Behandlung. Also ist doch am Ende die Psychotherapie eine Behandlung »jenseits von Gut und Böse« oder gar etwas in sich Amoralisches, Normenfeindliches, Überindividualistisches, kurz: etwas Antisoziales und Gesellschaftszerstörerisches? Und, schon bei solchen Fragen angelangt: beweist nicht die breite Verwendung psychoanalytischen Vokabulars zum Zweck der Kritik der »bürgerlichen« Gesellschaft und Moral in Verbindung mit marxistischen Entfremdungsanalysen gerade in unseren Tagen die höchst verneinende, umstürzlerische Energie der psychotherapeutischen Sichtweise?

Man begreift die Brisanz und Herausforderung dieser Fragestellung erst, wenn man sie nicht in der bloßen Auseinandersetzung um die Psychoanalyse oder andere Sonderformen der Psychotherapie beläßt, sondern sie in der prinzipiellen Zuspitzung aufgreift, die S. Freud ihr gegeben hat. Die Psychoanalyse, die Psychotherapie *muß* ein Stück Amoralität vertreten, meinte Freud, weil und insoweit die Kultur, also die Gesamtheit der geistig bindenden Regeln und Überzeugungen eines Volkes, im Widerspruch zu dem Glück und der seelischen Ganzheit des Individuums steht[3]. Wenn es stimmt, daß, wie Freud meinte, das Glück des Einzelnen kein Ziel einer Kultur sein kann, dann muß die Psychoanalyse, indem sie sich e professo auf die Seite dieses individuellen Glücks stellt, gegen die Kultur und gegen die herrschende Moral im Sinne des Ensembles geltender Normen gerichtet sein. Die wesentliche Arbeit der Psychoanalyse muß sich dann gerade darauf konzentrieren, die herrschenden Moralvorstellungen einer Kultur, wie sie, vermittelt durch die Familie, in Form des Überichs in zwanghafter Weise verinnerlicht wurden, zu zersetzen und in ihrer rigorosen Gültigkeit zu beseitigen. Das Ich des Patienten *soll* gerade in den Stand gesetzt werden, *selber* zu entscheiden, was gut und böse ist, es *soll* fähig werden, sein Leben *auch* zu genießen, und es soll seine Entscheidungen nicht länger durch das übernommene, vorgegebene Reglement gesellschaftlicher Standards treffen lassen; das Individuum soll gerade befähigt werden, die Rolle eines bloßen Agenten oder Funktionärs des Allgemeinen aufzugeben und sich selbst, sein Glück, seinen Genuß, den Erfolg seiner Arbeit für wichtiger zu nehmen als das Wohl des Allgemeinen.

[3] S. Freud, Das Unbehagen in der Kultur (1930), Werke XIV, 491–506; [1]London 1948; [4]Frankfurt (Fischer) 1968; insbes. 433; 446–448; 482–493; Vgl. aber ders., Über Psychoanalyse (1910), Werke VIII, 57; [1]London 1943; [4]Frankfurt (Fischer) 1964; auch ders., Die »kulturelle« Sexualmoral und die moderne Nervosität (1908), Werke VII, 155, [1]London 1941; [4]Frankfurt (Fischer) 1960.

Keine Frage also: Die Amoralität, der Widerspruch zu faktisch bestehenden Normen ist auf den ersten Blick kein falscher Anschein der Psychotherapie, sondern es spricht vieles dafür, daß sie einen integralen Bestandteil, ein methodisches Prinzip ihres Vorgehens darstellt; speziell die Psychoanalyse wäre keine Analyse, wenn sie *nicht* zerstörend und auflösend wirken würde.

Dieser Eindruck wird noch verstärkt, wenn man die Spannung betrachtet, in die der Therapeut, der Sozialarbeiter sich persönlich im Verlauf einer Behandlung gestellt sieht. Er begegnet oft und immer wieder Menschen von einer hohen Moralität und bewundernswerten Sittlichkeit; er trifft auf Menschen, die zwar krank sind in dem Sinne, daß sie an sich selber bis zur Unerträglichkeit leiden, die aber von ihrer Umgebung als überaus nützliche Mitglieder der Gesellschaft angesehen und gelobt werden[4]; dabei ist klar zu sehen, daß die psychische Erkrankung sich nicht etwa als eine Nebenerscheinung zu der außerordentlich hohen sozialen Nützlichkeit der Patienten hinzugesellt, sondern diese geradezu trägt und bedingt: jene Patienten wären nicht so grenzenlos einsatzbereit, leistungswillig und bis zur Selbstaufopferung ausnutzbar, wenn sie ein gesünderes Ich, ein stärkeres Selbstbewußtsein besäßen. Solchen Patienten zu helfen ist nur möglich, indem man sie dazu bringt, sich weniger »nützlich« und ein Stück weit »egoistischer« zu geben. Man kann dabei sicher sein, daß jeder, wenn auch noch so winzige Fortschritt der Behandlung nur gegen ein massives Sperrfeuer von Selbstvorwürfen und Schuldgefühlen zu erzielen ist.

Es geht etwa darum, weniger freigebig zu sein und nicht jeden fremden Wunsch wie einen Befehl zu erfüllen; heißt es denn aber nicht in der Bibel: »Jedem, der bittet, dem gebt«? (Mt 5,25). Oder: Es wäre dringend nötig, sich selbst einmal für wichtiger zu nehmen als den anderen; steht denn aber nicht geschrieben: »Achtet den anderen höher als euch selbst«? (Phil 2,3). Oder: Jemand steht vor der Aufgabe, einmal den Mut aufzubringen, den Kontakt zu einem Mädchen zu riskieren und sich schon wenigstens von weitem einmal eines zaghaften Blickes zu getrauen; aber schon liegt ihm zentnerschwer der Satz der Bergpredigt auf der Seele, daß du dein Auge, wenn es dich verführt, ausreißen sollst (Mt 5,29), weil jeder, der einer Frau begehrlich nachschaue, schon Ehebruch mit ihr getrieben habe (Mt 5,25). Ein anderer soll lernen, etwas fordernder und sich selbst gegenüber großzügiger zu sein; aber wie paßt das zu der Regel der Besitzlosigkeit und Armut? Kurz: Jedem Schritt in

[4] S. Freud's anerkennende Bermerkung über Frau Emmy v. N., in: Studien über Hysterie (1895), Werke I, 160–161; [1]London 1952; [3] Frankfurt (Fischer) 1969.

Richtung zu sich selbst steht dem Wort nach irgendeine erhabene Tugendregel im Wege.

Man kommt daher nicht daran vorbei: Jede Heilung einer Neurose besteht in der Relativierung bestimmter erhabener Sätze und Prinzipien der Religion und Moral.

Die Rolle des Therapeuten, hat C. G. Jung infolgedessen gemeint, sei im Grunde die Rolle eines Versuchers, einer listigen Schlange, die zu einer Art neuen Sündenfalls verlocke[5] – nicht umsonst tragen die Ärzte das Bild der ehernen Schlange im Wappen. Der Therapeut muß in der Tat mit Phantasie und Einsicht Wege ins bis dahin schlechterdings Verbotene eröffnen; entgegen den unmittelbaren Weisungen der Moral, ist für ihn Lust, Antriebsfreude und spontaner Trieb etwas *in sich* Berechtigtes und Wertvolles; und nicht nur, daß er die unerhörten Bilder des Träumens und unverstellten Wünschens, daß er das von der Moral stets als unsittlich Verworfene ans Tageslicht zieht und verstärkt, er unterhöhlt in schlimmster Weise den gesamten Apparat der Schuldgefühle, indem er diese generell als etwas Ichfremdes, von außen Eingepflanztes betrachtet, das keinesfalls in sich Absolutheit und Wahrheit beanspruchen darf, sondern lediglich aus Zeiten herrührt, in denen dem kleinen, hilflosen Kinder-Ich des Patienten die Stimmen der übermächtigen Eltern wie etwas schlechthin Absolutes, nicht weiter Hinterfragbares erscheinen mußten. Wer diese Einsicht akzeptiert, bekommt nicht nur eine tödliche Waffe gegen das Überich in die Hand, er empfängt zugleich die Pflicht, sie einzusetzen.

Fortan ist es nicht mehr gestattet, aufs Geratewohl der Stimme des Gewissens zu folgen; alles kommt vielmehr darauf an, die Gegenwartsbedeutung der aktuellen Schuldgefühle zu leugnen, ihren Anspruch, die jetzige Situation zu interpretieren, mit aller Entschiedenheit zurückzuweisen und ihnen eine nur noch historische, gewissermaßen archivarische Bedeutung zuzuerkennen. Eben darum geht es ja fortan, daß man die immer wieder hereinbrechenden Schuldgefühle wie Tonbänder behandelt, die auf einen bestimmten Auslöser hin eingespielt werden und von im Grunde längst vergangenen, aber beim Zuhören wie unmittelbar präsenten Schrecknissen und Nöten sprechen: Man wird sie nur los, indem man sie auf bestimmte Erlebnisse und Eindrücke zurückführt, die auf diesen Bändern vor 20, 30 Jahren aufgezeichnet wurden[6],

[5] C. G. Jung, Vom Werden der Persönlichkeit (1934), Gesammelte Werke XVII, 209–211; Olten-Freiburg (Walter) 1972; vgl. ders., Psychologische Deutung des Trinitätsdogmas (1942), Gesammelte Werke XI, 213–216; Olten – Freiburg (Walter) 1971.

[6] Statt »Tonband« mag man auch im Sinne der transaktionalen Analyse von »Skript« sprechen; vgl. E. Berne, What do you say after you say Hello?, Beverly Hills 1972; dt.,

und man darf ihnen jetzt nicht mehr zuhören, da sie, je länger man auf sie eingeht, desto größere und verhängnisvollere Macht erlangen. Man kann sie höchstens als historische Dokumente anhören, auf denen festgehalten ist, was Vater und Mutter damals gesagt haben, als man fünf oder zehn Jahre alt war; aber man darf ihnen keinen Glauben mehr bezüglich der Interpretation der Gegenwart schenken. Um der eigenen Person willen, um der eigenen Entscheidungsfähigkeit willen *darf* man diese Bänder nicht mehr für maßgeblich halten. Man muß damit rechnen, daß sie sich wieder und wieder in Bewegung setzen werden, anfallartig, ungebeten, störend, mit immer dem gleichen, unveränderten Wortlaut, aber man muß lernen, ihnen in der Kraft der eigenen erwachsenen und jetzt erwachenden Persönlichkeit zu widersprechen, sie zu überhören, sie beizeiten abzustellen, ihre Laufzeit zu verkürzen und ihre Lautstärke zu verringern. Jede Psychotherapie macht irgendwo ein Stück gewissenloser, selbstherrlicher und skrupelloser. Jede Psychotherapie ist also eine Art Verführung, eine Lehrstunde der Unmoral.

Gewiß, man kann diese Aussage sofort abschwächen und mit kleinlichen Tröstungen ins harmonische Mittelmaß zurückschieben wollen. Man kann sagen – und viele Therapeuten werden darauf hinweisen –, daß in der therapeutischen Behandlung ja nicht eigentlich zu etwas »verführt« werde, daß man sich vielmehr strikt aller Ratschläge und persuasiven Methoden enthalte, daß man lediglich die Gehemmtheiten rückgängig zu machen und eben die *falschen* Schuldgefühle zu revidieren suche. Ja, man kann sogar eine Attacke für die hohe Moralität der Psychotherapie reiten und hervorheben, daß der Neurotiker in gewissem Sinne mit seinen falschen, infantilen, übertriebenen, im Grunde nichtigen Schuldgefühlen sich den wirklichen Auseinandersetzungen des Lebens entziehe[7], da seine scheinbare Übermoral nur einen Notbehelf egozentrischer Selbstbewahrungs- und Schutzmechanismen darstelle, daß darin gerade der Sinn des psychotherapeutischen Bemühens gelegen sei, aus einem verängstigten Kind eine Persönlichkeit heranwachsen zu lassen, die einer eigenen moralischen Entscheidung und Verantwortung fähig sei und eines Tages in gewissem Sinne auch für die Gesellschaft womöglich einen noch größeren Nutzen erbringen werde. Indessen sind das klägliche Rechtfertigungsversuche. Denn es ist nicht nur überdeutlich und längst zugestanden, daß die therapeutische Behandlung im *Einzelfall* dazu führt, wichtigen

Was sagen Sie, nachdem Sie »Guten Tag« gesagt haben? Psychologie des menschlichen Verhaltens, München (Kindler Tb. 2192) 1975; übers. v. W. Wagemuth, 42.

[7] Vgl. M. Boss, Lebensangst, Schuldgefühle und psychotherapeutische Befreiung, Bern (Huber) 1962, 46–52; zur neurotischen »Bequemlichkeit« s. H. Schultz-Hencke, Der gehemmte Mensch. Entwurf eines Lehrbuches der Neo-Psychoanalyse, [1]1940, [2]Stuttgart 1947; Neudruck: Stuttgart (Thieme) 1967.

moralischen Gesetzen *inhaltlich* zuwider zu handeln; es ist vor allem *die Formalität des geistigen Prinzips* der Psychotherapie selbst, die nicht anders denn als amoralisch bezeichnet werden muß. Einige Gedankengänge der *Hegelschen Philosophie* können das belegen und verdeutlichen.

II. Hegels Lehre von der Notwendigkeit des Bösen im Akt der Bewusstwerdung

Das Ziel jeder Psychotherapie ist die Entfaltung der Persönlichkeit, die Bewußtwerdung und Herausbildung des Selbst, die Herauslösung des Einzelnen aus der Verhaftung an die kollektiven Zwänge des Es und des Überichs. Was aber bedeutet dieser Schritt der Selbstbewußtwerdung und des Heraustretens der eigenen Individualität in geistiger und moralischer Hinsicht? G. W. F. Hegel hat in zahlreichen seiner Schriften, wie der Deutsche Idealismus insgesamt, den Umbruch von der objektiven, substantiellen Vernünftigkeit des Allgemeinen zu der erwachenden, nur auf sich selbst reflektierenden Subjektivität als »Sündenfall« schlechthin betrachtet[8]. Mit gewissem Recht, denn die Bewußtwerdung des Individuums ist ipso facto eine Verlagerung des geistigen Schwerpunktes aus dem Sittlich-Allgemeinen in das Persönliche und Individuelle. Das Erwachen des Selbstbewußtseins ist identisch mit der Forderung, selber entscheiden und bestimmen zu können, mithin Herr seiner selbst zu sein. Damit ist gegeben, daß die Bestimmungen der Moral fortan *nicht mehr an sich* Gültigkeit haben, indem sie unreflektiert als selbstverständliche Verpflichtung hingenommen werden können, sondern daß sie vor dem Tribunal der subjektiven Vernunft des Einzelnen sich *rechtfertigen* müssen. Ein Individuum, das seiner selbst bewußt wird, will nicht einfach mehr gehorchen, sondern als Persönlichkeit respektiert werden; es will und muß

[8] G. W. F. Hegel, Die Vernunft in der Geschichte (Vorlesungen von 1822, 1828, 1830, sowie Zusätze aus dem Wintersemester 1826/27), hrsg. v. J. Hoffmeister; [5]1955; Philosophische Bibliothek Bd. 171 a, Hamburg (Meiner) 1963; 69–71; 91–92; 155–156; ders., Wissenschaft der Logik: 1. Band: Die objektive Logik, Nürnberg 1912; 2. Bd.: Die subjektive Logik oder Lehre vom Begriff, Nürnberg 1816; hrsg. v. G. Lasson; Philosophische Bibliothek Bd. 56/57; [2](erw.) 1934; Neudruck: Hamburg 1963, Bd. I., 117; 163; Bd. II, 55–56; ders., Vorlesungen über die Philosophie der Religion (Vorlesungen von 1821, 1824, 1827, und 1831); Einf. v. Ph. Marheineke; hrsg. v. H. Glockner; in: sämtliche Werke in 20 Bänden, Bd. 15/16, Stuttgart – Bad Cannstatt 1965; Bd. I 252–254; ders., Phänomenologie des Geistes, Bamberg u. Würzburg, 1807; hrsg.: v. J. Hoffmeister, 1937; Philosophische Bibliothek Bd. 114; [6]Hamburg 1952; 371; 554–555; ders., Enzyklopädie der philosophischen Wissenschaften im Grundriß, [3]Heidelberg 1930; hrsg. v. F. Nicolin u. O. Pöggeler; Philosophische Bibliothek Bd. 33; [6]Hamburg 1959; 113; ders., Grundlinien der Philosophie des Rechts, Berlin 1821; hrsg. v. J. Hoffmeister, [4]1955; Philosophische Bibliothek Bd. 124 a; Hamburg 1962, 125.

verstehen, welch ein Sinn einer bestimmten moralischen Norm zukommt, und es wird diesen Sinn mit seiner eigenen Lebenssituation vergleichen und von daher beurteilen. Die Frage ist deshalb jetzt nicht mehr, ob eine bestimmte Satzung »an sich« gilt, sondern ob sie auch »für mich« gilt. Um diese Gültigkeit für mich zu erweisen, müßte die moralische Norm selbst ihre allgemeine und unabdingbare Notwendigkeit aufzeigen, eben damit aber muß sie selbst mit Reflexionsargumenten ausgestattet werden; sie gilt jetzt nicht mehr aufgrund ihres Inhaltes, sondern nur noch aufgrund der demonstrierbaren Plausibilität für den Einzelnen. M. a. W.: Anstatt ein Gegenstand bedingungslosen Gehorsams zu sein, ist die moralische Norm nunmehr ein Gegenstand der Diskussion, und zwar nicht nur eine bestimmte Norm, sondern infrage steht die Normativität des Moralischen insgesamt. Es gibt fortan kein einziges Gesetz mehr, das nicht im Zweifelsfalle erst durch einen verständigen Diskurs seine Unbezweifelbarkeit zurückerlangen müßte. Und je länger die Debatte dauert, je mehr Argumente für eine bestimmte Norm geltend gemacht werden, desto mehr tritt zutage, wie nötig eine solche Vielzahl von Argumenten ist, wie morsch also die moralische Norm ist, sein muß, wenn sie nur noch durch die Masse argumentativer Stützpfeiler vor dem Zusammenbruch bewahrt werden kann.

Jede moralphilosophische Diskussion steht mithin vor der eigenartigen Dialektik, daß alle Rechtfertigungen für eine moralische Norm stillschweigend die Rechtfertigungsbedürftigkeit dieser Norm eingestehen, also im Grunde ihre Nicht-Selbstverständlichkeit, ihre nur von Bedingungen und Gründen abhängige Gültigkeit zutage treten lassen. Eine ethische Norm zu rechtfertigen, ist immer ein dialektisches Unterfangen und bedeutet stets, im Grunde die Unbedingtheit ihrer Geltung zu untergraben. Die einzige »Rechtfertigung« einer moralischen Norm bestünde darin, die Frage nach der Gültigkeit selbst a limine als illegitim abzuweisen und die Norm als das keiner Rechtfertigung Bedürftige aufzurichten. Denn so ist es in der Tat: Entweder ist schon die Infragestellung einer moralischen Norm selbst etwas Unmoralisches, oder der Zweifel wird die unmittelbare Gültigkeit der Moral über kurz oder lang zerstören. Das bloße Faktum der Diskutierbarkeit einer ethischen Norm ist daher von vornherein ein Indiz für ihre schwindende Gültigkeit. Die wichtigsten und am meisten bindenden Werte der Moral sind stets diejenigen, die zwar nicht bewußt sind, dafür aber den Hintergrund und die Basis aller bewußten Reflexion bestimmen: die durch Denktabus geschützten Zonen des Geistes sind die Räume eigentlicher Verbindlichkeit[9].

[9] A. Gehlen, Mensch und Institutionen (1969), in: Anthropologische Forschung. Zur Selbstbegegnung und Selbstentdeckung des Menschen, Hamburg (rde 138) 1961, 73–76.

Aber gerade solche Zonen kann nun das erwachende Selbstbewußtsein nicht gelten lassen. Es verlangt danach, nichts ungeprüft hinzunehmen, und es wird sogleich in die Dialektik eintreten, daß, mit Fichte gesprochen, ein bloßer Dogmatismus in Wahrheit ein Skeptizismus ist[10], der im Grunde nur deshalb das Denken und reflektierende Zweifeln untersage, weil er seine eigene geistige Haltlosigkeit fürchte. Es ist das Bestreben des Geistes der Subjektivität, sich ins Unendliche auszudehnen und vor nichts haltzumachen. Jede Analyse, jedes Selbstbewußtsein, jeder Akt der reflektierenden Selbstvergewisserung ist daher ein Stück Unmoral, eine fortschreitende »Umwertung der Werte«, eine Entleerung verbindlicher Inhalte. Dabei ist, wie Hegel meinte, dieser »Sündenfall« der Subjektivität *notwendig*, um überhaupt ein eigenständiges Subjekt zu werden. Freilich, wer meint, dieses Erwachen des Geistes zu sich selbst, diese mutwillige Zerschlagung der vorgegebenen Bindungen sei eine Art dionysischer Tollheit und rauschhafter Lust, irrt gründlich. Mit ungleich größerer Berechtigung als F. Nietzsche hat Hegel dieses sich von allem auferlegten Inhalt entleerende Bewußtsein als das »unglückliche Bewußtsein«[11] bezeichnet – eine Charakterisierung, der man von seiten der psychotherapeutischen Erfahrung nur zustimmen kann.

Denn die psychotherapeutische Erfahrung zeigt und bestätigt unzweifelhaft die Richtigkeit der Hegelschen Phänomenologie. In dem Maße der Klient (oder Patient) zu sich selber findet, stellt sich ihm die Alternative immer sichtbarer, ob er sich von den anderen bestimmen und dirigieren läßt oder nicht. Keinesfalls macht diese Alternative vor irgendwelchen Satzungen der Moral oder Religion, soweit sie den unmittelbaren persönlichen Bereich tangieren, halt. Ob man des Sonntags zur Kirche geht, ob man am Wochenende die alleinstehende Mutter besucht, ob man einer neu entstandenen Liebe zu einem Bekannten auf Kosten der bestehenden Ehe nachgibt oder nicht, ob man an der Seite eines Alkoholikers in der Ehe weiterlebt oder nicht – all diese Fragen können und dürfen zunehmend nicht unter der Perspektive des sittlich Richtigen und des moralisch Gebotenen betrachtet werden, sondern *der Form nach* allein unter dem Gesichtspunkt dessen, was für das eigene Ich am tragbarsten, angemessensten und passendsten ist. Ja, je stärker zugespitzt die voraufgegangenen Konflikte waren, je tiefer die seelische Abhängigkeit wurzelte, je behandlungsbedürftiger m. a. W. der einzelne Patient ist, desto mehr wird man die zunächst vielleicht übertrieben scheinenden Sätze Hegels

[10] J. G. Fichte, Grundlage der gesamten Wissenschaftslehre (1794); hrsg. v. F. Medicus (1922); Hamburg 1961 (Philos. Bibl. 246) 40.

[11] Hegel, Phänomenologie des Geistes, 158–171; vgl. die Analyse des sich entfremdeten Geistes in: Phänomenologie, 347–422.

bestätigt finden, daß das Selbstbewußtsein nur in Form eines *Kampfes* auf Leben und Tod zu erwerben ist und nur durch das Wagnis der eigenen Vernichtung gewonnen werden kann[12]. Man kann sich nur schwer seelische Kämpfe vorstellen, die grausamer sind als die Kämpfe gegen ein Überich, das mit seinen sadistischen Dressaten aufgrund von tausendmal geübten und mechanisierten Vorwürfen das bis dahin ohnmächtig preisgegebene Ich terrorisiert, wie es insbesondere bei Depressiven und Zwangsneurotikern der Fall zu sein pflegt. Um der eigenen Selbstachtung willen ist es im Verlauf einer Behandlung nötig, vielleicht zum ersten Mal im Leben sich gegen die Allmacht des Überichs zur Wehr zu setzen; um selbst ein eigenes Leben zu beginnen, steht man jetzt buchstäblich vor der Notwendigkeit, die Mächte zu *töten*, die das eigene Leben bisher verhindert bzw. vernichtet haben. Diese Mächte aber sind die verinnerlichten Gestalten von Vater und Mutter bzw. deren Autoritätsnachfolger, gegen sie richtet sich jetzt die bewußtgemachte Aggressivität aus all den Szenen des Unverständnisses, der Erniedrigungen und Entmündigungen, in denen man sich damals als Kind nicht wehren konnte, gegen deren Wiederholung heute aber man sich wehren muß und möchte. Diese inneren Gestalten müssen *umgebracht* werden, und es können Wochen und Monate in dem Gefühl vergehen, *alles* ringsum, die ganze Welt, nämlich die gesamte Welt der Außenlenkung und der Fremdbestimmung *ermorden* zu müssen. Unvermeidbarerweise wird man natürlich gerade für diese Regungen sich besonders *schuldig* fühlen, und man wird sogar *gegen dieses Schuldgefühl angehen* müssen: so unbedingt muß jetzt das Recht auf ein eigenes Leben erfahren und gefestigt werden.

Dies ist eine Zeit, in welcher der Geist in der Tat, wie Hegel meinte, als das rein Negative in Erscheinung tritt, als eine Kraft leerer Freiheit, die nur im Verneinen ihre Wirklichkeit finden kann. Der Kampf, der hier stattfindet, wird ausdrücklich nicht um Wahr und Falsch oder Gut und Böse geführt, sondern ganz allein um Frei und Unfrei, Außengelenkt und Selbstbestimmt. Heiligste Lehren der Moral oder tiefste Weisheiten der Religion werden jetzt wie aus Übermut verworfen, nicht weil sie an sich falsch wären, sondern gerade weil sie an sich richtig sind, aber in ihrer an sich seienden Richtigkeit für das Subjekt den Charakter zwangsweiser Unfreiheit annehmen. Eben deshalb ist dieser Kampf um die Selbstfindung, den die Psychotherapie sich zum Ziel setzt, *der Form nach* eine zutiefst amoralische Insinuation, und zwar sogar dann, wenn vielleicht in einem Einzelfall materiell gar kein einzelner Verstoß gegen ein moralisches Gesetz eintritt.

[12] Hegel, System der Philosophie; eingef. v. L. Boumann, Berlin 1845; 3 Bde.; hrsg. v. H. Glockner; in: sämtliche Werke in 20 Bänden, Bd. 8; 9; 10; Stuttgart – Bad Cannstatt [4]1965, Bd. 10 (3. Teil) 283.

Man wird unter diesen Umständen allerdings durchaus nicht von Zufall sprechen können, wenn immer wieder auch materielle moralische Übertretungen den Weg der Psychotherapie, gerade wenn sie erfolgreich wird, markieren. Aus dem Gesagten folgt: *Der Weg der Selbstfindung, der Herausbildung der Subjektivität selbst ist amoralisch; und nicht anders ist das Verfahren zu kennzeichnen, das diesem Zwecke dient.*

III. Hegels teleologische Rechtfertigung des Bösen innerhalb des Moralischen

Wie aber ist dann die Psychotherapie überhaupt zu rechtfertigen? Ist nicht das Gewissen, das moralische Bewußtsein das Höchste am Menschen? Müßte daher nicht gerade die Herausbildung der Persönlichkeit, deren die Psychotherapie, gleich welcher Provenienz, sich rühmt, einhergehen mit einer ebensolchen Herausbildung des sittlichen und religiösen Empfindens? Und was soll man von einer Moral halten, die, in der bisher beschriebenen Weise, die Person des Einzelnen gewissermaßen ausklammert und an der gemessen die Individuation selbst bereits, wie in den Hebbelschen Dramen[13], eine tragische Schuld darstellt? Hat man es nicht bei einer solchen Entgegensetzung von Moral und Freiheit, so muß der berechtigte Einwand lauten, mit einer Polarisierung von Elementen zu tun, die eigentlich zusammengehören und die zu trennen gerade einen Grund oder doch mindestens eine Folge seelischer *Erkrankung* darstellt? Wir werden sogleich sehen, daß ein solcher Einwand, der sofort auf der Hand liegt, vollkommen zutrifft und dennoch das moralische Dilemma der Psychotherapie nicht auflöst, sondern nur vertieft.
Es ist wahr, daß Hegel in den Antinomien seiner Dialektik im Grunde nicht so sehr eine »Phänomenologie des Geistes« an sich entwirft als die Phänomenologie eines Geistes, der in neurotischer Weise sich als das ganz Andere seiner selbst erschaffen muß, um sich in dem Anderssein seines Bewußtseins, psychologisch also in den verdrängten, unbewußten Inhalten seiner selbst wiederzufinden[14]. Die Hegelsche Dialektik verfolgt die Selbstentfaltung einer Geistigkeit, die unter der Zuchtrute des Allgemeinen zu sich selbst erwacht

[13] F. Hebbel, Mein Wort über das Drama 1843, in: T. Poppe (Hrsg.): Hebbels Werke in 10 Teilen; 8. Teil: Ästhetische und kritische Schriften, Berlin–Leipzig–Wien–Stuttgart, Deutsches Verlagshaus Bong & Co.) o. J., 35–62 (Eine Erwiderung an Professor Heiberg in Kopenhagen).

[14] Vgl. E. Drewermann, Strukturen des Bösen. Die jahwistische Urgeschichte in exegetischer, psychoanalytischer und philosophischer Sicht; Paderborn (Schöningh) 1977/78; Bd. III: Die jahwistische Urgeschichte in philosophischer Sicht, 143–144.

und – nach dem Modell der französischen Revolution – im *Kampf* die eigene Freiheit durch den Sturz der etablierten Ordnung zu verwirklichen sucht. Ist das Allgemeine die Unfreiheit, so ist es in der Tat unerläßlich, seine Freiheit gegen dieses Allgemeine geltend zu machen. Eben diesen Fall aber erhebt die Hegelsche Dialektik – unter Rückgriff auf die christliche Erbsündenlehre – zum geistigen Entfaltungsgesetz, indem sie die widersprüchlichen Wege aufzeigt, auf denen das Bewußtsein seine eigene Entfremdung rückgängig macht. Man mag seine Zweifel haben, ob diese Verallgemeinerung geistiger Konflikthaftigkeit in der Hegelschen Dialektik zutreffend und berechtigt ist, aber man wird Hegel zugeben müssen, daß er mit großer Hellsicht die inneren Widersprüche aufzeigt, in denen ein Geist zu sich selbst kommt, der sich zunächst im Zustand der Unfreiheit und Entfremdung vorfindet. Gerade dies aber ist der geistige Status, den in psychologischer Hinsicht die Psychotherapie antrifft. Für ein entfremdetes, psychologisch gesprochen: neurotisches Bewußtsein gilt in der Tat der kühne Satz Hegels, daß die Bewußtwerdung in ihrer einseitigen Polemik gegen die Fremdbestimmung des Sittlichen *an sich selbst* unsittlich, also »böse« sei, indem darin die subjektive Willkür des Einzelnen in dem richtigen Bewußtsein der absoluten Würde des Individuums ohne jeden festen Inhalt *rein formal* ins Unendliche gesetzt werde. Psychotherapeutisch ist diese Verunendlichung des Subjektiven, die sich immer wieder beobachten läßt, vor allem an der Heftigkeit zu erkennen, mit der ein Mensch, gerade unter psychotherapeutischer Anleitung, beginnt, sich auf sich selber zu besinnen, nur auf die Gesetze seines eigenen Inneren zu horchen und sich dabei alles äußere moralisierende Dreinreden zu verbitten, stets unter der Devise: »Ich will kein Heiliger (mehr) werden, aber ich will jetzt endlich selber leben.«

Damit freilich stellt sich nun die eigentliche Frage: *Wie, wenn es so steht, läßt sich die Psychotherapie rechtfertigen?*

Hegel, der den Gegensatz von Moralität und Bewußtwerdung, von objektivem Geist und subjektiver Reflexion am klarsten begriffen und formuliert hat, ist zugleich darangegangen, aus der dialektischen Spannung von an sich seiender Sittlichkeit und dem für sich seienden Bewußtsein des Einzelnen ein Prinzip der *Versöhnung* abzuleiten. Hegels Dialektik geht wesentlich in zwei Richtungen: Einerseits lobte Hegel die Athener dafür, daß sie den Sokrates hinrichteten[15], denn sie hätten richtig erkannt, daß dieser, auch ohne etwas materiell Böses zu tun, dem geistigen Prinzip nach ihr Recht und ihre Sittlichkeit untergrub, indem er sein persönliches Gewissen, sein eigenes

[15] Hegel, Philosophie der Geschichte, nach der Ausg. v. F. Brunstäd; eingef. v. T. Litt; Stuttgart (Reclam 4881–85) 1961, 375–380.

Denken zur Grundlage seines Handelns erhob – gegen den Willen des Allgemeinen; andererseits aber lag Hegel zugleich daran, das Allgemeine mit dem Individuellen zu *vermitteln* und nicht nur als Gegensatz zu verstehen. Er tat das mit Hilfe folgender Überlegung.

Das Sittliche, so meinte Hegel, *ist* das Allgemeine, und es hängt durchaus nicht davon ab, inwieweit der Einzelne es versteht; es *ist* auch wenn es sich subjektiver Vernunft nicht erschließt. Damit ist es zunächst an sich polemisch gegen die Selbstbewußtwerdung und die Reflexion auf subjektive Vernunftgründe. Wüßte man nur dies, so wäre in der Tat das Dilemma von Moral und Individualität nur in tragischem Sinne zu vermitteln: der Mensch muß und soll, um als Mensch, als Geist, bestimmt zu sein, seiner selbst bewußt werden; aber indem er dies tut, entfernt er sich von dem Standpunkt des Sittlich-Allgemeinen und setzt seine Individualität als *Schuld* . Hierbei stehengeblieben, gibt es keine wahre Vermittlung zwischen dem Einzelnen und der Sittlichkeit des Allgemeinen.

Indessen: Wenn auch die objektive, an sich bestehende Moralität des Allgemeinen zunächst ohne jede Rücksicht auf die subjektive Vernunft einfach nur »ist«, so ist es doch zugleich die tiefere Bestimmung des Sittlichen selbst, daß es nicht nur äußerlich vollzogen, sondern bewußt gelebt werden soll. Solange die Moral ihrer selbst noch unbewußt ist, wird sie zwar faktisch vollzogen, aber doch auf eine höchst äußere, ungeistige Weise, die in einem tieferen Sinne dem Wesen des Sittlichen selbst widerspricht. Das Wesen des Sittlichen besteht in der geistigen Zurechenbarkeit und Verantwortbarkeit des Tuns, und es ist daher der tiefe Widerspruch des Sittlichen, daß es selbst danach verlangt, *bewußt* vollzogen zu werden, während es doch gerade seine Gültigkeit darin hat, daß es *an sich ist* und nicht erst durch das Subjekt gültig *wird,* an dessen Bewußtsein es vielmehr sogar notwendig zerschellen muß[16].

Im Sittlichen selbst also stellt es eine Unvollkommenheit, ja Wesenswidrigkeit dar, wenn es nur im Status der geistigen Unreflektiertheit, also der veräußerlichten, zwanghaften Geistlosigkeit, wie sie sich psychologisch am deutlichsten in der finsteren Schuldmechanik des Überichs manifestiert, verbleiben sollte. Die Sittlichkeit selbst drängt mithin danach, daß sie *nicht nur an sich ist,* sondern vom Subjekt für sich selbst gesetzt wird. Insofern verlangt die Sittlichkeit nach einer erfüllten Subjektivität, so wie man in der Philosophie Kants die Freiheit, mithin die Personalität gerade im Namen der Sittlichkeit *postulierte.* Von daher ließe sich auch die Psychotherapie in ihrem Bemühen um die Entfaltung der Person des Einzelnen sogar vom Anspruch der Moral

[16] Hegel, Phänomenologie des Geistes, 27–28; ders., Enzyklopädie der philosophischen Wissenschaften im Grundrisse, 45; ders., Die Vernunft in der Geschichte, 66.

her, mit teleologischen Argumenten also, rechtfertigen, ungeachtet der Notwendigkeit, daß das erwachende Selbstbewußtsein, wie gezeigt, *der Form nach* unmoralisch ist. Besonders Hegel, der wie kein anderer die geistige Notwendigkeit des Bösen im Akt der Bewußtwerdung betont hat, sah zugleich eine geistige Rechtfertigung des Bösen darin, daß er es als Teil einer integrativen Bewegung des Geistes, als ein Durchgangsmoment der synthetischen Rückbeziehung des Individuellen zum Allgemeinen hinzustellen suchte. Er sah den Geist notwendig schuldig werden, aber er hob die Schuld damit wieder auf, daß die reflektierende Individualität in dem geistigen Akt der Bewußtwerdung im Grunde auf einer höheren Stufe zu den Inhalten der objektiven Vernunft zurückfinden müsse und diese dann nicht mehr in unreflektierter Selbstgegebenheit, sondern vermittelt durch die eigene Freiheit, also überhaupt erst in eigentlicher Moralität, bejahen und vollziehen könne. Von diesem Resultat her meinte er den auftretenden Widerspruch des erwachenden Selbstbewußtseins zum Sittlich-Alllgemeinen sowohl als notwendig als auch im tieferen Sinne als moralisch gerechtfertigt erweisen zu können.

Derselbe Gedankengang läßt sich nun, wie man sieht, rein logisch ohne Schwierigkeiten auch auf die moralische Problematik der Psychotherapie übertragen, die es ja wesentlich mit den Widersprüchen der Bewußtwerdung zu tun hat; und wirklich gibt es vorderhand manches, das von seiten der psychotherapeutischen Erfahrung die Hegelsche Rechtfertigung des Bösen in der Bewußtwerdung durch eine *moralische Teleologie* unterstreichen kann.

Oft, wenn eine Behandlung an ein gutes Ende gelangt, wird man erleben, daß der Betreffende wirklich in einer Art dialektischen Dreischritts zu seinem Ausgangspunkt zurückfindet. Wenn die Phase der Negation, die Hegel als die Phase des »unglücklichen Bewußtseins« bezeichnete, wenn die Zeit der Auseinandersetzung und des Kampfes abklingt und eine ruhigere Form von Selbstgewißheit und Sicherheit an ihre Stelle tritt, so verliert die Frage, was man *nicht* mehr will, zunehmend an Gewicht, und das Augenmerk richtet sich nach vorn in der Suche nach neuen Zielen und eigentlichen Inhalten. Das so aufgegriffene »Neue« ist jedoch in der Regel inhaltlich identisch mit dem zuvor abgestreiften »Alten«, und die Patienten erklären am Ende auch immer wieder, daß sie jetzt zu ihrer Überraschung und mit einer gewissen Dankbarkeit wieder dort stehen, wo sie zuvor waren, nur jetzt nicht mehr gezwungen, äußerlich und sich selbst entfremdet, sondern freiwillig, von innen heraus und mit sich im Einklang; sie betonen, daß sie eigentlich jetzt wieder dort anknüpfen, wo sie stehengeblieben waren, indem sie das ehemals von außen Auferlegte nun selber bejahen und als sinnvoll mitvollziehen können; ja, sie sagen oft, daß sie jetzt erst begreifen, was ihre Eltern oder Lehrer damals als Überbringer der geistigen Inhalte der Allgemeinheit gewollt haben. Sogar die

Härten und Kämpfe der inneren Auseinandersetzung erscheinen jetzt als sinnvoll und verlieren den Charakter des Bedauernswerten. Das objektiv Gültige und das subjektiv Erkannte bilden, wenn es so endet, eine Einheit, in der sich das äußerlich Gesetzte und innerlich Gewollte nicht mehr widersprechen. In dieser Einheit, die sich in der Psychotherapie tatsächlich oft genug herstellt, liegt nach Hegel das eigentliche moralische Ziel der geistigen Bewegung. Geschickter läßt sich das moralische Dilemma der Psychotherapie – die Notwendigkeit des Bösen bei der Bewußtwerdung eines sich selbst entfremdeten Geistes – nicht auflösen. Eine bessere Rechtfertigung als das Argument Hegels von der Teleologie des Sittlichen gibt es für die Psychotherapie nicht.

IV. Die Unmöglichkeit, die Psychotherapie ethisch zu rechtfertigen

Um so entscheidender ist, daß gerade an dieser zentralen Stelle sich erweist, wie wenig die Hegelsche Versöhnungsphilosophie in Wahrheit die moralische Problematik der Psychotherapie aus der Welt schaffen kann. Der Bruch besteht zwischen der logischen Notwendigkeit und der faktischen Gegebenheit. Es mag ein logisches Ziel der geistigen Bewegung sein, sich zu jener aufgezeigten Harmonie hinzuentwickeln – aber, so paradox es klingen mag, ein Ziel der Psychotherapie kann es nicht sein, wenn man nicht, wie Hegel, ohne weiteres die Erfahrungswirklichkeit mit der Logik identifizieren will. Zwar möchte man an sich jedem wünschen, daß er in seinem Leben zu einer gewissen Einheit des Individuellen und des Allgemeinen hinfindet, wie sie soeben geschildert wurde; oft genug aber ist diese Möglichkeit nicht gegeben, und die wichtigste Hilfe der Psychotherapie besteht dann darin, den Einzelnen zu einer geschlossenen Einheit mit sich selbst *gegen* die Allgemeinheit zu befähigen. Ganz offen zeigt die Psychotherapie, gerade indem sie keine bloße Anpassungsdressur ist noch sein will, daß sie jene Phase der Selbstfindung nicht als eine bloße teleologische Zwischenphase zur Vertiefung der an sich bestehenden Moralität auffassen kann, sondern daß sie dieser Phase einen absoluten Wert zumißt, der von jeder moralischen Zwecksetzung weit abweicht. Wenn aber dies so ist, wenn die Rückbindung an die herrschende Moral durchaus kein garantiertes, ja nicht einmal ein unmittelbar intendiertes Ziel der Psychotherapie sein kann, dann ist die Hegelsche Dialektik mit ihrer gleichzeitigen Begründung und Aufhebung des moralischen Widerspruchs im Akt der Bewußtwerdung zu einer moralischen Rechtfertigung der Psychotherapie überhaupt ungeeignet. Nun war aber die Hegelsche Philosophie die einzige Denkweise, die sich bisher zugunsten der Psychotherapie moralisch ins Feld führen ließ. Indem sie abgewiesen wird, fällt die Psychotherapie daher aufs neue und jetzt erst recht in ihre vollkommene moralische Ungerechtfertigtheit zurück. Die ganze Frage stellt sich daher noch einmal ganz von neuem, woher der Einzelne eine Berechtigung erlangen kann, sich im Verlauf einer Behandlung auf sich selber zu besinnen und sich von dem gegebenen Sittlich-Allgemeinen zu trennen. Diese Frage muß, wie man jetzt sieht, die Psychotherapie *um ihrer selbst willen* unbedingt beantworten, und sie muß darauf nicht zuletzt um der Patienten willen eine Antwort geben, die in ihren Schuldgefühlen gerade dieses Problem immer wieder zur Sprache bringen, und zwar nicht als bloßen »Behandlungswiderstand«, sondern offenbar als deutlichen Hinweis auf ein außerordentlich schwer zu beantwortendes philosophisches Problem.

Dieses stellt sich nach dem Gesagten folgendermaßen. Die Psychotherapie setzt voraus, ja, sie besteht darin, daß der Einzelne in sich selbst ein unvertauschbares und unveräußerliches Recht auf die Entfaltung und Herausbildung seiner eigenen Persönlichkeit besitzt und dieses für wichtiger zu nehmen hat als die Forderungen des Sittlich-Allgemeinen. Woher aber stammt dieses Recht, das die Psychotherapie stillschweigend in all ihren Bemühungen anspricht? Der Patient trägt zwar gewisse Tendenzen zur eigenen Entfaltung in sich, auf welche die Psychotherapie sich berufen kann; wenn aber diese im Namen der Moral gerade niedergehalten werden, wenn diese nur entwickelt werden können, indem der Gesichtspunkt der Moral vor der Frage nach dem eigenen Lebenwollen mehr oder minder beiseite gestellt wird, woher gewinnt der Einzelne dann die Berechtigung zu seiner Partikularität und Individualität? Die Hegelsche Dialektik der Moral hat in dieser Frage bezüglich der Psychotherapie, wie wir sahen, nicht sehr weit geführt. Hegel erkannte aber immerhin sehr richtig, daß der Schritt zum Abfall vom Allgemeinen, eben weil er in sich selbst *Schuld* ist, unbedingt einer Rechtfertigung bedarf; nur, welch eine Rechtfertigung gibt es für die Psychotherapie, wenn diese Rechtfertigung sicher *nicht moralisch* zu begründen ist? Hegels Auskunft lautete: die Moral, die allgemeine Vernunft, der objektive Geist bedürfe zu seiner Selbstverwirklichung des Abfalls des Individuums, um sich durch dessen Freiheit als wahrhaft geistig zu setzen; aber der Psychotherapie ist es gerade nicht um die Verwirklichung des Geistes an sich, sondern um die Verwirklichung des Individuums zu tun, und dem Individuum geht es gerade nicht darum, auf einem Umweg am Ende doch noch dem Allgemeinen zu dienen, sondern es will endlich dazu kommen, die Wahrheit des eigenen Lebens zu verwirklichen; und bei all dem ist es keinesfalls von vornherein ausgemacht, daß der Schritt der Selbstfindung zu einer neuen Übereinstimmung mit dem Allgemeinen führen wird. Der Geist Hegels kann den Abfall vom Allgemeinen im Namen des Allgemeinen rechtfertigen, weil er im Grunde das Individuum überhaupt nicht in sich selber meint[17], sondern letztlich nur sich selbst im Individuum verwirklicht; er bedarf des Individuums, aber er meint es nicht. Damit wird, je nachdem, die Diskrepanz wieder verwischt oder der Konflikt zwischen dem Individuellen und Allgemeinen ins geradezu Zynische getrieben, wie es in Hegels bekannter Meinung geschieht, daß die Vernunft in der Geschichte allemal ihre Zwecke erreiche, gerade wenn die Individuen unbekümmert ihren Leidenschaften und Egoismen frönten, da deren Erfüllung ja der Motor sei, um ein Volk oder eine Epoche in die von der Vernunft vorgezeichnete Richtung des Aufstiegs oder Untergangs zu treiben[18]. Weder kann der Einzelne sich so sehr zurücknehmen, wie Hegel es fordert, noch auch kann er derart frivol denken, wie es Hegels Weltgeist mit dem Konzept von der »List der Vernunft« verlangt, in dem das moralische Problem gänzlich ausgeklammert wird. Um den Mut zum Bruch mit dem Sittlich-Allgemeinen zu bekommen, den die Psychotherapie fordert, bedarf der Einzelne einer vorgängigen Rechtfertigung, und diese kann nach dem Gesagten logischerweise nicht in dem Geist des Allgemeinen, der Moralität selbst liegen, gegen den der Einzelne sich im Akt seiner Selbstfindung gerade stellt; zugleich mit dem Einzelnen bedarf mithin die gesamte Psychotherapie jetzt einer Rechtfertigung.

Praktisch verfährt die psychotherapeutische Behandlung zumeist so, als ob eine solche Rechtfertigung das Selbstverständlichste von der Welt wäre, ermuntert sie doch den Einzelnen indirekt ständig, sich selbst in seiner Eigenart als unproblematisch-selbstverständlich hinzunehmen. Aber die Psychotherapie selbst befindet sich jetzt zugleich mit dem Einzelnen gewissermaßen im Zustand der Anklage. Worauf gestützt legitimiert sich das psychotherapeutische Vorgehen? Wie kann die Psychotherapie in einer reflektierten, in sich begründeten Gewißheit ihre eigene Berechtigung finden, von der aus sie auch dem Patienten die ständigen Zweifel an der Erlaubtheit seines Tuns nehmen kann?

Man kann diese Frage, die jetzt als alles entscheidend zur Debatte steht, auch so stellen: Worauf eigentlich vertraut die Psychotherapie, wenn sie den Einzelnen anhält, sich selber zu vertrauen? Das, worauf sie vertraut, kann, wie sich gezeigt hat, nicht die Moral sein. Was aber ist es dann? Aus der Praxis der Psychotherapie selbst muß sich diese Grundlage aufweisen lassen.

[17] Hegel, Die Vernunft in der Geschichte, 76.

[18] Hegels Lehre von der »List der Vernunft«, in: Die Vernunft in der Geschichte, 82; 105.

Was die Psychotherapie im Grunde tut, ohne es sich im einzelnen vielleicht deutlich vor Augen zu führen, besteht eigentlich nur darin, daß sie durch die Zuwendung des Therapeuten den Klienten dahin führt, sich selber gegenüber dem Allgemeinen für wichtig genug zu nehmen; sie bestätigt ihn in der Berechtigung, sich selbst, seiner Persönlichkeit ein Recht zum Leben zu geben. Damit setzt sie im Grunde früher an, als alle Moral es zu tun vermag. Längst vor der Frage nach der Richtigkeit des *Tuns,* stellt sie die Frage nach der Berechtigung des *Seins.* Sie setzt damit voraus, daß diese Frage sich gerade bei dem psychisch kranken Menschen vorrangig stellt, und so ist es in der Tat. Von Haus aus ist der Neurotiker ja ein Mensch, der sich über die Maßen bemüht, den Gesetzen der Moral zu folgen. Zutiefst in seinem Selbstwertgefühl verunsichert und stets in dem Gefühl, unberechtigt und abgelehnt zu sein, möchte er gerade durch eine möglichst untadelige und korrekte Einhaltung aller Gesetze vor sich und den anderen den Nachweis führen, daß er, trotz allem, berechtigt und akzeptabel ist. Für ihn ist die Moral geradezu ein Mittel zur Rechtfertigung seiner Existenz. Insofern besteht ein Gutteil der Psychotherapie in der Vermittlung des Gefühls, zunächst einmal leben und sein zu dürfen – *ohne* die Vorleistung einer makellos erfüllten Moralität.

Die Frage nach der Rechtfertigung der Psychotherapie wird damit zu der Frage nach dem Grund der Berechtigung des Einzelnen, seine eigene Existenz als in sich gerechtfertigt anzunehmen; und das eigentliche Problem lautet daher: Woher kann sich ein Mensch das Recht nehmen, zu sagen: »Es darf mich geben?« Er kann es gerade innerhalb der zugespitzten Selbstzweifel der Neurose auf gar keinen Fall in der unreflektierten Selbstverständlichkeit eines quasi tierischen Egoismus, der einfachhin in roher Brutalität sich selber will und darin sein Genügen findet. Ein Neurotiker hat gerade aufgrund seiner hohen Moralität zu dem Faktum seines triebhaften Verlangens keinen unverstellten Zugang; und um so mehr bedarf er zum Einverständnis mit seinen primären Wünschen einer Rechtfertigung, als er insgesamt nie erlebt hat, daß es ihn mit seiner Person geben darf. Damit er davon läßt, sich und anderen mit Hilfe moralischer Korrektheit zu beweisen, daß er *doch* gerechtfertigt ist zu sein, bedarf er unbedingt eines vorgängigen Vertrauens, in sich selbst, in seinem *Sein,* nicht erst aufgrund seines *Tuns,* berechtigt und gewollt zu sein. Mithin müßte er es als eine Grundgegebenheit voraussetzen, vorweg im Grunde seines Daseins selbst als eine eigene Person, die es geben soll und darf, gemeint und berechtigt zu sein. Nur dann kann er sich selber wollen, wenn er jenseits der Angst seines moralischen Perfektionsstrebens sich von dem Gefühl

und der Überzeugung tragen läßt, daß er im voraus gewollt ist, und zwar nicht erst aufgrund von bestimmten Eigenschaften und Leistungen, sondern in einem absoluten Sinn, der seinem ganzen Dasein gilt. Nur in einem solchen Rekurs auf einen absoluten, vorgängigen Willen, in dem die Existenz des Einzelnen selbst ihre Rechtfertigung besitzt, kann der Einzelne die Legitimation gewinnen, seine eigene Persönlichkeit zu entfalten, selbst wenn diese Entfaltung den Bruch mit dem Sittlich-Allgemeinen einschließt. Nur von daher kann auch die Psychotherapie ihre Legitimation gewinnen.
Somit steht man vor einer eigentümlichen Konsequenz. Die Psychotherapie *entbehrt*, wie sich gezeigt hat, einer moralischen Rechtfertigung, ja, indem sie die Frage der Sittlichkeit (»was muß ich tun«) zunächst ganz ausklammert und das Augenmerk auf die Frage lenkt: »Wer bin ich selbst?« und: »Wer möchte ich sein?« – ergreift sie in einer Weise für den Einzelnen Partei, daß sie sich mit keinem noch so dialektischen Vermittlungsargument gegen den Vorwurf formaler – und immer wieder auch inhaltlicher – Amoralität verteidigen kann. Um so deutlicher aber zeigt sich nun, worin der *Sinn der Amoralität des psychotherapeutischen Vorgehens* liegt.
Indem die Psychotherapie darauf verzichtet, die Einhaltung bestimmter Normen zur Bedingung der Anerkennung und Akzeptation des Patienten zu erheben, indem sie sich also mit Vorsatz und Absicht der Sphäre der Moral begibt, eröffnet sie jenseits der Ethik einen Raum vorbehaltlosen Seindürfens, einen Raum bedingungsloser *Gnade*. Dazu besitzt sie, moralisch gesehen, keinerlei Recht. Wenn die Psychotherapie gleichwohl sich rechtfertigen will, so kann sie dies nur, indem sie die Ethik insgesamt in ihrer Alleinwesentlichkeit suspendiert und ein neues Prinzip in die Betrachtung einführt, das im Grunde *theologisch* ist. Denn die Rechtfertigung der Psychotherapie, die moralisch nicht gelingen konnte, hängt jetzt daran, daß ein Grund benannt wird, durch den die Existenz des Einzelnen in sich selbst gewollt und berechtigt ist. Absolut gewollt sein aber kann die Existenz des Einzelnen nur durch die Bindung an einen absoluten, selbst personhaften Willen, der die Person des Einzelnen in ihrer Partikularität rechtfertigt und meint; und der Sinn der moralischen Verweigerung der Psychotherapie liegt offensichtlich in der Eröffnung dieses theologischen Erfahrungsraumes. Die Entfaltung des Einzelnen, die von der Moral, vom Sittlich-Allgemeinen her keine Rechtfertigung besitzt, bedarf jenseits der Ethik eines *theologischen Fundamentes*, das früher und grundlegender ist als alle Fragen der Moral nach dem richtigen Tun; zunächst geht es um die Rechtfertigung des Seins des Einzelnen in dem Sein der absoluten Person Gottes. Anstelle einer teleologischen Rechtfertigung der Amoralität der Psychotherapie durch die Finalität des Ethischen bedarf es vielmehr insgesamt einer Suspension des Ethischen. Das psychotherapeutische

Bemühen rechtfertigt sich selbst nur als das Erschließen eines gnädigeren Seinkönnens und -dürfens.

Das Problem, vor dem die Psychotherapie damit steht, ist im Grunde das gleiche, vor dem Paulus im Römerbrief und Galaterbrief (Röm 5–8; Gal 3) stand. Als die fundamentale Frage des Menschen erkannte Paulus die Angst um die Möglichkeit einer Rechtfertigung im Dasein, und ihm stand deutlich der Zwang vor Augen, mit dem der Mensch, auf sich selbst gestellt, versuchen muß, sich durch eigenes *Tun* jene Rechtfertigung zu verschaffen, die er so sehr in seinem *Sein* vermißt. Es läßt sich – über Paulus hinaus – zeigen, daß das Verständnis der sog. »Erbsündenlehre« der Kirche in der Tat erst beginnt, wenn man die Allgemeinheit der menschlichen Angst vor der eigenen Kontingenz, mithin vor der eigenen Unberechtigtheit und Überflüssigkeit anerkennt[19] und begreift, daß der Mensch ohne Gott gar nicht anders kann, als in einer verzweifelten Anstrengung sich die fehlende Berechtigung des Seins durch eigene »Werke« zu »verdienen«. Der nur auf sich selbst zurückgeworfene Mensch muß in einem verzweifelten Übermaß des Richtigsein-Wollens auch die an sich guten Weisungen der Moral, auch die an sich wahren Gesetze Gottes, wie Paulus meint, in einer Form aufgreifen, die ihn selbst nur vernichten, die ihm selbst nur den »Tod« bringen kann.

Mit dem Scharfsinn des selbst an sich Verzweifelten erkannte Paulus, daß jedes Gesetz, jede Moral zu früh ansetzt, wenn es auf einen Menschen im Zustand der Gottesferne (der paulinischen »sarx«) trifft; denn sie muß den Menschen dann in die Irre führen: dieser will im Strudel der Angst eine Berechtigung seines Daseins bekommen, das Gesetz, die Moral aber gaukeln ihm vor, er könne sich seine Berechtigung durch die Anstrengung eines perfekten Gutseins erwerben; und augenblicklich wird damit die Moral zu einer neurotischen Zwickmühle[20]. Solange nämlich das Gutsein die Bedingung der Daseinsberechtigung ist, bricht auf der Stelle bei jeder Gesetzesübertretung die furchtbare Angst wieder auf, ins Bodenlose zu stürzen; der Zwang aber, nur gut sein zu dürfen, drängt mit Notwendigkeit so viel an eigentlich berechtigten Lebensinteressen und Wünschen ins Unbewußte ab, daß sich das Gesetz selbst zu etwas Tödlichem, zu einem Prinzip rigoroser Selbstabschaffung verformt. Vor allem muß alsbald die aus der Neurosenlehre bekannte und von Paulus so quälend richtig beschriebene Spaltung der Persönlichkeit einsetzen, indem die aus angstgetriebenem Übermaß an gutem Willen verdrängten und unterdrückten psychischen Anteile ihre eigene Dynamik entwickeln und das erzeugen, was Freud in der Frühphase der Psychoanalyse sehr sprechend als den

[19] Vgl. E. Drewermann, Strukturen des Bösen, III, 288–291.
[20] Vgl. E. Drewermann, Strukturen, III, 508.

»Gegenwillen« bezeichnet hat. Das Paulinische: »Nicht das Gute, das ich will, tue ich« – diese furchtbare Erfahrung eines Menschen, der nur das Gute will, um dadurch in seiner Existenz berechtigt zu sein, diese abgründige Verzweiflung daran, überhaupt nicht moralisch sein zu können, wenn die Moral dazu dienen soll, dem eigenen Leben eine Berechtigung zu verleihen, diese außerordentliche Entdeckung des Paulus bedeutet nichts mehr als die Aufhebung der Moral zugunsten des Glaubens. Sie beantwortet damit zugleich die Frage nach der Legitimation der Psychotherapie gegen die Moral.
Psychotherapie ist, so besehen, nur eine Methode, an die Stelle der Rechtfertigung durch das Tun die Überzeugung von der vorgängigen Rechtfertigung im Sein treten zu lassen und damit die Erfahrung des Paulus in die Praxis der Selbsterfahrung zu übersetzen.

VI. Was Psychotherapie und Theologie voneinander lernen müssen

Mit dieser Feststellung freilich steht man auf eine bizarre Weise mitten zwischen zwei im Grunde verkehrt gestellten Fronten; denn sonderbarerweise fällt es der Kirche schwer, an die Gnade zu glauben statt an die Moral, und der Psychotherapie fällt es schwer, als Grund der Bestätigung, die sie praktiziert, Gott anzuerkennen.
Wenn ein Dogmatiker darauf hinweist, daß die Ethik ihre Kompetenz vor der Frage verliert, wie ein Mensch dazu kommt, in seinem Dasein berechtigt zu sein, wenn er – durchaus im Sinne S. Kierkegaards und gegen die Hegelsche Aufhebung des Einzelnen im Allgemeinen – angesichts der Daseinsnot des Menschen, wie sie sich in jeder Neurose offenbart, die Möglichkeit einer Suspension des Ethischen durch das Religiöse[21] vertritt, wenn er für möglich hält, daß jemand auf dem Weg zu sich selbst Gesetzen folgen muß und darf, die in ihm selber liegen und u. U. sich nicht mit den Forderungen des Sittlich-Allgemeinen decken, weil er in einem Bereich steht, in dem die Ethik ihre primäre Gültigkeit verliert, so wird er gerade von seiten der kirchlichen Theologie sogleich zur Ordnung gerufen werden. Es wird ihm gesagt werden, daß Gott der Urheber der sittlichen Verpflichtungen des Menschen sei und

[21] S. Kierkegaard, Furcht und Zittern. Dialektische Lyrik von Joh. de Silentio, Kopenhagen 1843; übers. u. mit Glossar u. Bibliogr. versehen von L. Richter; Hamburg (rk 89) 1961 (Kierkegaard: Werke, Bd. 3); 49–61; Kierkegaard vertritt hier zum ersten Mal die Möglichkeit einer teleologischen Suspension des Ethischen im Religiösen am Beispiel Abrahams: Ethisch war Abrahams Tat an Isaak ein Mord, religiös ein Opfer.

nicht das Böse wollen könne, daß Gott zwar die Gnade sei und willens, zu vergeben, aber daß doch die Gnade der Vergebung bereits rein logisch das objektive Richtmaß der sittlichen Norm voraussetze, da sonst der Begriff der Schuld (Normübertretung) entfalle, der überhaupt erst die Vergebung nötig mache. Dies ist nun zwar bekannt und richtig, rührt aber nicht an das zu behandelnde Problem; denn dieses besteht nicht darin, daß jemand bezüglich einer bestimmten Schuld, wenn er sie anerkennt und bereut, vor Gott Vergebung erhoffen kann, sondern es geht darum, daß die Moral nicht die Frage der Rechtfertigung des menschlichen Daseins beantworten kann, und daß, damit der Mensch zu leben vermag, das »Gesetz«, die Moral insgesamt aufhört, die absoluten und letzten Bestimmungsgründe des menschlichen Daseins zu geben, indem Gott nicht einfachhin identisch ist mit dem Inbegriff des Sittlichen.

Die Erfahrung der Psychotherapie ist es ja gerade, daß der Patient in den Verstrickungen seines Lebens immer wieder Dinge tun muß, die er selbst als Schuld empfindet und die es objektiv auch sind und die er dennoch in einem absoluten Sinne sich selber schuldig ist. Wenn man will, mag man hier davon sprechen, daß es vor Gott berechtigt sein muß, die *tragische Schuld* der Individuation auf sich zu nehmen; aber während in der Tragödie der Held am Sittlich-Allgemeinen untergeht, soll und muß sich in der Psychotherapie die Tragödie des Schuldigwerdenmüssens zu einem neuen Leben öffnen, und das setzt voraus, daß das Sittlich-Allgemeine nicht das letzte Richtmaß des Menschlichen darstellt.

Um des Menschen willen kommt daher alles darauf an, daß Gott – gegen Hegel und gegen die Philosophie des Deutschen Idealismus – *nicht* mit dem Sittlich-Allgemeinen verschmilzt, sondern dem Menschen als allein wesentlich ein Raum eröffnet wird, wo er Gott als seinem Schöpfer und nicht als Inbegriff des Sittlich-Allgemeinen gegenübersteht. Nur so ist die Anerkennung möglich, die die Psychotherapie erfordert, daß ein Mensch ein Recht haben *kann*, aus seinem Sein, aus dem Lebensweg, den *er* gegangen ist und gehen mußte, ein Handeln abzuleiten, das ihn nach dem Maßstab des Allgemeinen als ungerechtfertigt erscheinen läßt und das zu tun er dennoch in einem absoluten Sinne berechtigt und verpflichtet ist.

Nur wer diesen Gehorsam des Seins, der aus der Gnade erwächst, für etwas Selbstgemachtes und Willkürliches hält, wird glauben, es müsse hier, wie zur Zeit des Hl. Paulus, die Gefahr gnostischer Gesetzlosigkeit und Sittenverwilderung einsetzen. Der Einwand liegt zwar auf der Hand, daß jenseits der Grenzen der Moral »alles erlaubt« sei und mithin allem tollen Treiben Tür und Tor geöffnet werde. Aber mitnichten! Der Gegensatz zur Moral, zur »Tugend«, ist hier nicht das Laster, sondern ein tieferer *Gehorsam* dem eigenen, von Gott gesetzten Sein gegenüber, wie er nur im *Glauben* möglich ist. Es ist wahr, daß der Schritt der Selbstfindung in vielen Fällen anderen unrecht tut, weil Dinge gesagt werden müssen, die nie gesagt werden konnten und die jetzt, wo sie gesagt werden, eigentlich ganz anderen gelten, oder weil die eigene Person sich mit einemmal anders darstellt, als wie alle anderen sie bisher sehen mußten und sogar sehen sollten; und es ist bei solchen *notwendigen* Grausamkeiten nur ein schwacher Trost, wenn man versichert, daß all dies dem eigenen Ich im Grunde nicht mehr an Schmerz abverlangt als den anderen, oder auch, daß der Versuch, die Dinge beim alten zu belassen, vielleicht auf die Dauer noch schmerzhafter und teurer zu stehen gekommen wäre als die jetzige Veränderung. Derartige Versicherungen kommen nicht gegen das Faktum des Unrechts auf, das hier geschieht und an dem nichts zu beschönigen ist. Nur: Von *Willkür* sollte man nicht sprechen; es handelt sich gerade um das Gegenteil – daß nämlich das Ich des Neurotikers endlich aufhört, aus Angst sich selbst von den anderen gegen seine eigene Natur völlig willkürlich manipulieren zu lassen bzw. sich selbst ständig als einen anderen erschaffen zu wollen als man ist.

Nicht um Willkür – um Gehorsam geht es. Dieses Wort ist deshalb nötig, weil es sehr darauf ankommt, auch noch ein anderes Mißverständnis abzuwehren: als laufe alles nur darauf hinaus, dem neurotischen Patienten aufgrund einer krankhaften Unfreiheit eine Art moralischen Niemandslandes, eines sittlichen Eingeborenenreservates zuzuerkennen, außerhalb dessen die absolute Geltung der Moral nach wie vor unangefochten bleiben könnte. Eine solche Betrachtung würde dem Patienten in der psychotherapeutischen Behandlung bitter unrecht tun und das Problem durch unerlaubte Simplifikation verkürzen. Denn die Psychotherapie appelliert ja nicht an die Unzurechnungsfähigkeit und Unfreiheit des Patienten, sondern sie rechnet gerade mit seiner Zuständigkeit und Freiheit; der Patient ist daher nicht entschuldigt, sondern er muß verantworten, was er u. U. auch gegen die geltenden Regeln tut. Das Problem besteht nicht in einer Ausnahme aufgrund von Unfreiheit, sondern von Freiheit: Der Patient muß von irgendwoher berechtigt sein, zu tun, was jetzt für ihn – und nur für ihn – *notwendig* und richtig ist, um zu sich selbst zu finden. Diese innere Notwendigkeit zu befolgen ist weder Willkür noch Zwang; es ist ein Drittes, das man, wenn nicht als Gehorsam, dann nur als *Demut* bezeichnen kann. Statt einer neuen chaotischen Selbstvergewaltigung das Wort zu reden, geht es im Gegenteil darum, letztlich den alten scholastischen Satz therapeutisch aufzugreifen, daß das Handeln dem Sein folgt, und den Unterschied zu befestigen, daß jemand moralisch, d. h. in seiner Übereinstimmung mit den allgemeinen Gesetzen, ganz in Ordnung und doch ein Unmensch, ein Pharisäer, eine Unperson vor lauter Allgemeinheit sein kann, während ein anderer seine Menschlichkeit erst gerade dadurch findet, daß er die Satzungen des Allgemeinen für sich in einem bestimmten Falle bricht. Die Frage des Neuen Testaments z. B., ob es erlaubt ist, am Sabbat zu heilen (Mk 3,4), dieser neutestamentliche Präzedenzfall der Frage von Gesetz und Evangelium, beantwortet sich durch die göttlichen Gebote selbst nur negativ; ja, eine solche Frage überhaupt zu stellen, ist bereits im Sinne des Sittlich-Allgemeinen todeswürdig (Mk 3,6); aber kraft des eigenen Seins vor Gott und um der Heilung eines Menschen willen muß es erlaubt sein, das Gesetz zu durchbrechen – und der Sabbat ist nur *ein* Gesetz.

Von daher steht jetzt nicht ein Abgleiten in Beliebigkeit und Handlungswillkür auf dem Spiel, sondern ein Aufsteigen zu einer wichtigeren Bestimmung vor Gott in einer getreueren Anerkennung des eigenen Seins, wenngleich freilich die Verpflichtungen und Grenzen dieses Seins von außen nicht auszumachen und für den Einzelnen selbst oft nur schwer und nur in Anspannung äußerster Ehrlichkeit einzuhalten sind. Der Mensch gelangt, wie die Psychotherapie immer wieder zeigt, zu einem richtigen Sein, wenn er die *Angst* seiner mangelnden Seinsberechtigung verliert, und man darf im Interesse der gesellschaftlichen Moral als Theologe hoffen, daß Gott im allgemeinen die Menschen so gemacht hat, daß ihr Sein zueinander paßt, daß also auch die Gesellschaft durch die Selbstfindung des Einzelnen am Ende eher profitiert als Schaden leidet, nur kann, wie gesagt, keine Psychotherapie versprechen, daß ein einzelner Mensch in dem, was er geworden ist, auch in jedem Einzelfalle mit dem übereinstimmen wird, was das Ethisch-Allgemeine will. Damit diese Differenz möglich ist und aufrechterhalten bleibt, darf der Begriff Gottes nicht aufgehen im Moralisch-Allgemeinen; eben deshalb muß die Theologie vorrangig Glaubenslehre und nicht Ethik sein.

Im Grunde weist der Neurotiker daher durch sein Dasein und durch die ganze Art seiner Heilung die Kirche wie die Psychotherapie auf etwas außerordentlich Wichtiges hin. Er weist die Kirche hin auf Gott. Das mag paradox klingen, ist es aber nicht. Seit nunmehr 200 Jahren sieht man philosophiegeschichtlich den Ansatz der Aufklärungsphilosophie in der Kirche wie in der Gesellschaft um sich greifen, daß die Religion im Grunde sich auf die Sittlichkeit reduzieren lasse, so als sei es ein und dasselbe, sich zum Sittlich-Allgemeinen und zu Gott zu verhalten. In dem Maße der Glaube an Gott in der Gesellschaft, entsprechend der Prophezeiung der Aufklärung, schwindet, scheint die Kirche zunehmend nur noch als ideologischer Garant gewisser sittlicher Grundwerte und bestimmter moralischer Handlungsanweisungen gefragt zu sein, und so steht sie mehr und mehr in der Gefahr, in ihrem Selbstbewußtsein und in ihrer Verkündigung auf die Positionen einer bloßen Moralphilosophie tradierter Normvorstellungen zurückzufallen und damit, ohne es zu wollen, in ihrem

Sprechen von »Gott« das aufklärerische Programm der Reduktion des Religiösen auf das Sittliche[22] selbst an sich zu vollziehen. Die Erfahrung des Neurotikers, die immer wiederkehrende Einsicht der Psychotherapie ist es nun, daß es gewissermaßen eine *ontologische Grenze, eine Leerstelle des Moralischen* geben muß, um den Menschen leben zu lassen, weil der Mensch zum Guten nicht fähig ist ohne die Beruhigung seiner Daseinsangst in dem Glauben an eine absolute Berechtigung seines Daseins vorab und zunächst völlig unabhängig zu seinem Tun. Nichts erinnert daher die Theologie so sehr an die Notwendigkeit der Gnade, mithin an die Differenz von Ethik und Gotteslehre, wie die Psychotherapie im Umgang mit Menschen, die in dem Erleben gnadenloser Unberechtigtheit in ihrem Sein bis zur Krankheit hin zerstört sind durch ein verzweifeltes Nur-gut-sein-Wollen im Sinne der Moral.
Umgekehrt aber wird die Psychotherapie in ihrer gegenwärtigen Gestalt sich wohl sehr wundern, von seiten der Theologie am Beispiel der Heilungserfordernisse des Neurotikers darauf hingewiesen zu werden, daß sie zu dem, was sie tut, rein menschlich, d. h. vom Sittlich-Allgemeinen her, keine Rechtfertigung besitzt und erst durch die Anerkennung einer absoluten, religiösen Dimension des Glaubens ihre Legitimation »jenseits von Gut und Böse« erhält. In ihrer gegenwärtigen Gestalt trägt die Psychotherapie, z. T. gerade wegen der überaus engen Verfilzung von Religion und Moral im Raum der Kirche, ein durchweg atheistisches und antikirchliches Gepräge, sind doch die Sprechzimmer des Therapeuten mit Opfern »ekklesiogener« Neurosen randvoll. Aber wie nun, wenn es gerade der offensichtliche Atheismus der meisten psychotherapeutischen Richtungen ist, der dazu treibt, die Dimension der Gnade wiederzufinden und anzuerkennen? Wie, wenn gerade die furchtbare Gnadenlosigkeit des Daseins in der Neurose förmlich danach drängt, den Bereich des Menschlich-Vernünftigen zu überschreiten in Richtung auf ein Absolutes über alle »Moral« hinaus? Es scheint, als bewahre die Psychotherapie inmitten einer gottlos gewordenen Welt einen Rest der Erinnerung daran auf, daß es Asyle der Gnade gibt und geben muß, die sich menschlich nicht rechtfertigen lassen, ja der Moral scheinbar ins Gesicht schlagen – so wie im alten Israel der Tempel des Herrn ein Asyl war, in dem niemand getötet werden durfte, solange er den Altar des Herrn umklammert hielt (1 Kön 2,28).
Die Not, die der Neurotiker durchleidet, zwingt die *Theologie,* von der Psychotherapie neue oder doch oft vergessene Lektionen der Gnade nachzu-

[22] Vgl. I. Kant, Die Religion innerhalb der Grenzen der bloßen Vernunft, Königsberg 1793 (A); 1794 (B); hrsg. v. W. Weischedel; Werke in 12 Bänden, Frankfurt (Suhrkamp) 1960–1964, Bd. VIII, 645–879; insbes. S. 742–747; 764–767; 787; 847–854; 870–877.

holen, und nötigt die *Psychotherapie,* sich von der Theologie eine letztlich rein religiöse Berechtigung zu borgen. Wenn S. Freud mit Recht befand, daß die meisten seiner neurotischen Patienten in ihrer Krankheit kulturell besonders wertvolle Menschen seien, so kann man heute vielleicht noch mehr sagen, daß sie in einer geistig und seelisch zerrissenen Zeit der Gottlosigkeit durch ihr Leid und die Ungesichertheit ihres Weges zu sich selbst auch »nützlich«, ja schier unentbehrlich darin sind, daß sie vor aller Augen zeigen, wovon die Menschen leben und woran sie zugrunde gehen.

»Schaffen wir also das Gesetz ab? Nein, wir richten es vielmehr auf« (Röm 3,31). Die Psychotherapie ist nichts anderes als ein Verfahren, von dem abzusehen, was man aus Angst meint sein zu sollen und machen zu müssen; sie ist eine Form, den Einzelnen zu seinem wahren Sein zu führen. Ist dies erreicht, so wird sich allerdings auch im Sinne landläufiger Moral erweisen, daß die Gründe nachlassen, die den Menschen im Getto einer Moral ohne Gott geradezu zwingen, böse zu sein. Beruhigt im Sein, am Ende des ewig verkrampften Machen-Müssens, wird eine Freiheit wachsen, die in die Weisheit des chinesischen Philosophen Laotse einmündet: »Durch das Nichttun ist alles gemacht«[23], indem die Art des rechten Handelns dann wie von selber aus dem folgt, was jemand ist. Sogar die Sätze der Bergpredigt und die sog. evangelischen Räte können dann die asketische Zerrform neurotischer Rationalisierungen bloßer Triebgehemmtheiten verlieren, wenn ein Mensch vor Gott in seiner Daseinsangst beruhigt ist. Wenn jemand in Gott steht, so braucht er nicht erst den Besitz, die Anerkennung anderer, die Größe seiner Taten, um zu wissen, daß er leben darf; was ohne die Erfahrung eines absoluten Dasein-dürfens nur zu einer vollendeten Form äußerster Selbstentfremdung führen kann, das wird dann zu dem, als was Christus es gemeint hat: zu Beispielsformen einer Freiheit, die allein von innen wächst. Der Weg dahin aber ist lang, und ehe er von innen her wahr und ohne Wichtiges an der eigenen Person zu verdrängen, beschritten werden kann, wird es wohl niemandem erspart bleiben, für sich in Irrtum und in Schuld, wie Israel in den 2000 Jahren seiner mühsamen Geschichte, zu lernen, was es heißt, daß Gott auf unserer Seite steht und uns vorgängig zu aller Schuld, die in uns liegt, bejaht. Die moralisierende Vorstellung der Gnade ist es, daß Gott vergibt, wenn jemand seine Schuld bereut; viel richtiger jedoch – und sehr in Übereinstimmung zur psychotherapeutischen Erfahrung – ist die alte Lehre der Dogmatik, daß man

[23] Laotse, Tao te king. Das Buch des Alten vom Sinn und Leben; übers. u. erl. v. R. Wilhelm (1910); Neudruck: Düsseldorf-Köln (Diederichs) 1957; Kap. 48; 91; vgl. a. a. O. Kap. 38, 81; vgl. Lin Yutang, The Wisdom of Laotse, New York 1948; dt.: Laotse, Frankfurt (Fischer Tb 89) 1955; übers. v. G. Coudenhove, 155.

nur fähig ist zur Umkehr *aufgrund* von Gnade. Nichts ist innerhalb der Selbstrettungsversuche der ständigen Angst vor der eigenen Unberechtigtheit schwerer, als zu merken: »Es genügt dir meine Gnade« (2 Kor 12,9). Die Gnade einer grundlosen Berechtigung im Dasein erweist allein die Überflüssigkeit des Bösen, und sie muß früher sein als alle Fragen der Moral.

Schuld und Schulderfahrung in der heutigen Zeit oder: die schizoide Unfähigkeit, selber zu existieren.

»Es kam ihm im ersten Moment vor, als sei er aus sich selber herausgefallen. Er bemerkte, wie er in einem Bett lag. Nicht transportfähig! dachte Bloch. Ein Auswuchs! Er nahm sich selber wahr, als sei er plötzlich ausgeartet. Er traf nicht mehr zu; war, mochte er auch noch so still liegen, ein einziges Getue und Gewürge; so überdeutlich und grell lag er da, daß er auf kein einziges Bild ausweichen konnte, mit dem er vergleichbar wäre. Er war, wie er da war, etwas Geiles, Obszönes, Unangebrachtes, durch und durch Anstoßerregendes; verscharren! dachte Bloch, verbieten, entfernen! Er glaubte sich selber unangenehm zu betasten, merkte dann aber, daß nur sein Bewußtsein von sich so heftig war, daß er es als Tastsinn auf der ganzen Körperoberfläche spürte; als ob das Bewußtsein, als ob die Gedanken handgreiflich, ausfällig, tätlich gegen ihn selber geworden seien...ekelhaft das Innere nach außen gestülpt; nicht fremd, nur widerlich anders. Es war ein Ruck gewesen, und mit einem Ruck war er unnatürlich geworden, war er aus dem Zusammenhang gerissen worden. Er lag da, unmöglich, so wirklich; kein Vergleich mehr. Sein Bewußtsein von sich selber war so stark, daß er Todesangst hatte.«
So beschreibt Peter Handke in der Erzählung »Die Angst des Tormanns beim Elfmeter«[1], den Zustand Blochs, der nach seiner Arbeitsentlassung und dem Mord an einer Kinokassiererin gänzlich die Verbindung zum gewohnten Leben verloren hat und nun entdeckt, daß er nicht nur von der Gesellschaft, sondern ebenso von sich selbst getrennt ist. Denn er selbst war das Funktionieren in Gesellschaft, und er hatte nie ein eigenes Ich besessen. Solange alles gutging, blieb diese Leere freilich unter dem Anschein sozialer Integrität verborgen. Erst als die Beziehungen zur Gemeinschaft und zum gewohnten Leben abgebrochen werden, zeigt sich, daß Blochs ganze Art zu existieren von vornherein nichtig und sinnlos war. Er ekelt sich über sich selbst und findet sich unerträglich und abschaffungswürdig, gleichwohl ist er außerstande, den Abscheu vor seinem nicht zu rechtfertigenden Dasein mit bestimmten Inhalten und wirklichen Verhaltensalternativen zu versehen. Er lehnt sich undifferenziert als Ganzes ab; kein Gedanke, irgend etwas zu verändern, kann sich daraus ableiten. Er kommt sich als vollkommen unannehmbar vor, als restlos unbrauchbar und draußenstehend; am liebsten möchte er sich verkriechen,

[1] Suhrkamp Taschenbuch 27, Frankfurt 1970, 70–71.

zugleich aber ist er in seiner ganzen veräußerlichten und entfremdeten Daseinsweise sich wirklich offenbar geworden. Das Unerträgliche an ihm selbst ist er selbst, diesmal ohne die Rückzugsmöglichkeiten in die Anonymität, die Vertauschbarkeit einer fremden Existenz. Das Organ seiner Eigenwahrnehmung ist das Bewußtsein, das sich selbst noch an die Stelle der Sinneseindrücke setzt. Desgleichen sind Blochs Gefühle von den Gegenständen abgelöst und ersetzt durch beziehungslose, gleichgültige Gedanken, die sich zu einer magischen Eigenexistenz verselbständigen. Es ist unsicher geworden, welche Bedeutung den Dingen und ihren Wahrnehmungen zukommt. Neben »Scham und Ekel« (98) hat Bloch das ohnmächtige Gefühl, »er müsse alles fallen lassen« (99). Alles entgleitet.

Im Grunde ist das eher ein Daseinsgefühl als ein ausgesprochenes Schuldgefühl, aber es ist die einzige Art, in der Bloch fähig ist, auf seine Mordtat zu reagieren: Ganz und gar passiv stellt sich bei ihm das Empfinden der Abgetrenntheit und des Ekels ein, und er entdeckt die Leere, in der er immer schon gewesen ist, ehe er den Mord beging. Einerseits hat er die Maßstäbe der Gesellschaft verinnert, die ihn »transportfähig« sehen möchte, andererseits haßt er sich als »ausgeartet« und »anstoßerregend«, eben weil er seit jenem »Ruck« nicht mehr in die Abläufe und Prozesse der anderen eingeschaltet werden kann; damit bleibt die Flucht vor sich selbst als Bewegungsrichtung erhalten, nur daß sie sich jetzt in der Isoliertheit als Selbsthaß geltend macht. Die Frage, wieso es eigentlich kommt, daß Bloch sich selbst als unerträglich empfindet, wird nicht mehr gestellt. Die Zerstörung des eigenen Ichs, die vollständige Hohlheit der eigenen Person, die perfekte Veräußerlichung aller inneren Beziehungen wird zwar ständig vorausgesetzt, aber nicht selbst zur Sprache gebracht. Infolgedessen kann auch der Maßstab der »Transportfähigkeit« nicht weiter von Bloch selbst in Frage gestellt werden.

Natürlich ist die Behauptung unbeweisbar, daß dies *die* Struktur *der* »Schulderfahrung in der heutigen Zeit« sei; dennoch wird hier etwas ausgedrückt, was wohl für jedermann einfühlbar und also von allgemeiner Bedeutung ist. Es ist das Empfinden, daß eigentlich subjektiv gar keine Schuld für irgend etwas vorliegt; selbst ein Mord ist nicht geeignet, wirkliche Schuldgefühle auszulösen; und dennoch gibt es irgendwo das Gefühl, daß mit einem selbst etwas nicht stimmt. Es wird aber mit Eifer vermieden, dieses Etwas zu bestimmen, und man tut gar nicht so unrecht daran; denn würde man näher hinsehen, so würde man finden, daß nicht irgend etwas, sondern die ganze Existenz nicht in Ordnung ist, daß sie im Grunde versäumt, ein eigenes Ich zu werden und lieber in der entlastenden Anonymität des Apparates aufgeht. Auf der Flucht vor sich selber wendet man sich dem Betrieb zu, und alles kann so laufen, bis ein Sprung, ein Unglücksfall, die Verbindung mit dem sozialen Kontext abreißen läßt. Dann bricht mit Vehemenz der Selbsthaß und die Selbstablehnung des ganzen ungelebten und vertanen Lebens über das eigene Ich herein, freilich ohne eine Änderung zu bewirken; denn aller Inhalt kommt durch gerade die Funktionen und Beziehungen zustande, die die Inhaltslosigkeit des Ichs mit zu begründen und vertuschen halfen. Der Teufelskreis wird so nicht aufgebrochen.

Die Schulderfahrung besteht in Handkes Novelle letztlich darin, Schuld eigentlich gar nicht zu empfinden. Es gibt Augenblicke der Einsamkeit, der Isoliertheit und der Nach-außen-Gekehrtheit, in denen wir uns total bis in unser Dasein hinein als schuldig, d.h. als unannehmbar, unausstehlich, obszön und als nicht zu rechtfertigen vorkommen; diesem Gefühl entspricht aber keinerlei Sensibilität einer konkreten Verantwortung, vielmehr herrscht in der Welt der Alltäglichkeit eine Art Unschuld aus Fremdheit, eine Verantwortungslosigkeit aus Ohnmacht und subjektloser Anonymität vor. Es ist ein gelebtes Leben, innerhalb dessen es keine Schuldgefühle gibt und das sich erst dann als schuldig zu erkennen vermag, wenn die Fäden des vertrauten Zusammenhanges reißen.

In manchen Filmen der letzten zehn Jahre ist dieses Gefühl der Ohnmacht, der latenten Angst und der Ausweglosigkeit eines sich selbst entfremdeten Daseins auf beklemmende Weise zum Ausdruck gebracht worden. Vor allem der italienische Filmregisseur Michelangelo Antonioni hat immer wieder die handlungsunfähige und angstblockierte Scheinexistenz des gegenwärtigen Lebensstils herausgearbeitet, in der sich die Frage nach der Schuld im Grunde schon deshalb nicht mehr stellen läßt, weil sich unter dem Zwang individueller und kollektiver Ängste von Anfang an kein Zugang zur Wirklichkeit mehr eröffnet und alles in magischen Träumen versickert. Schuld und Verantwortung werden ebenso wie das eigene Handeln zu surrealen Trugbildern. Das Leben ist z.B. in »Blow up« zu einem Tennisspielen ohne Ball geworden. Mußte man schon bei Handke den Eindruck gewinnen, daß Blochs Mord eigentlich ein Mord ohne Täter sei, so verschwindet in Antonionis »Blow up« zugleich mit dem Mörder auch die Leiche; zwar zeigt eine vergrößerte Aufnahme unwiderleglich, daß ein Mord passiert sein muß, aber es gibt in der Wirklichkeit kein greifbares Korrelat, das dem aufgenommenen Detail entsprechen würde.

In »Zabriskie Point« begeht ein Student ein Attentat auf einen Polizisten und flieht in dem Glauben, einen Mord begangen zu haben, in die Wüste; selbst diese bescheiden anmutende Widerstandsaktion gegen »das System« ist jedoch eine Fiktion: Der Polizist ist nicht von dem Studenten umgebracht worden, auf ihn selbst aber eröffnen bei seiner erzwungenen Landung auf dem Flughafen die Polizeistreitkräfte sofort ein tödliches Feuer. Die wahren

Aktionen liegen also in den Händen des allmächtigen Apparates. Der einzelne bringt es nur zu illusionären Taten, er ist ohnmächtig und ausgeliefert, und das einzige für ihn bewohnbare Terrain ist der Raum seiner Innenwelt: Immer wieder läßt Antonioni am Ende von »Zabriskie Point« einen Bungalow von Großindustriellen in der Vorstellung eines Mädchens in einem erträumten Overkill mehr als ein Dutzend mal zersprengt werden. Die Heftigkeit des Zerstörungswunsches steht in direktem Kontrast zu der Unfähigkeit, auch nur irgend etwas wirklich zu tun und zu bewirken.

Der Film »Die rote Wüste« zeigt vielleicht am dichtesten die angstbedingte Starre und handlungslose Ohnmacht inmitten einer perfekten Apparatur der Industrielandschaften auf: Am Bett ihres Kindes sitzt eine Frau und erzählt ihm ihre eigenen Jungmädchenträume, wie sie sich auf eine einsame Insel wünscht, auf der sie gänzlich allein ist und in der Sonne am Strand auf ein weißes Schiff wartet, das sie abholen wird. Passivität, Flucht, der Wunsch nach privater Einsamkeit und Stille sowie die Reduktion des Lebens auf eine unerfüllbare Traumwelt vermischen sich mit den Hoffnungen auf eine magische Erlösung. Während der Erzählung der Mutter wird das Kind ganz starr und bewegungslos; es stellt sich jedoch heraus, daß es nicht krank ist, sondern nur die Welt der Erwachsenen in ihrer Handlungslosigkeit und Bewegungsohnmacht kopiert hat. Das Gefühl, daß »alles entgleitet«, das auch Handkes Bloch auszeichnet, kehrt in einem Alptraum wieder: die Vorstellung, an einer Schutthalde zu hängen und immer tiefer und unaufhaltsamer bergab zu rutschen.

Erkennt man, was sich hier nur vermuten läßt, die Kennzeichnungen Handkes oder Antonionis als wirklich charakteristisch für unsere Zeit an, so lassen sich folgende Verallgemeinerungen treffen: Ein eigentliches Schuldgefühl mit klaren moralischen Inhalten und den Voraussetzungen der Freiheit und Verantwortung kann nicht mehr aufkommen, weil die Menschen aufgehört haben, sich als Personen zu behaupten. Ihr Inneres hat sich in ein ängstigendes Vakuum verwandelt, vor dem sie in eben das Herdendasein flüchten, das dieses Vakuum erzeugt hat. Geblieben ist das dumpfe Gefühl der Angst, der Unbehaglichkeit, ja des Selbsthasses, verbunden mit einer aussichtslosen Ohnmacht und Unterlegenheit angesichts des kollektiven Apparates. Die Schuldgefühle sind ebenso anonym wie die Existenz selbst. Niemand hat schuld, trotzdem weiß jeder, daß seine Existenzweise nicht zu rechtfertigen ist.

Man kann noch einen Schritt weiter gehen. An die Stelle eines Schuldgefühls ist eine Art negativen Existenzgefühls getreten, ein Gefühl des Ichverlustes und der Ichverlorenheit, der Unverantwortbarkeit, so zu leben, wie »man« lebt, und dennoch der Ohnmacht, etwas daran ändern zu können, der resignierten

Bestandsaufnahme, daß irgend etwas schuld sein müsse, ohne die Möglichkeit, dieses Etwas (die Gesellschaft, der Apparat, das System, die Wirtschaft, irgendein kollektives X) benennen, kontrollieren oder gar in Dienst nehmen zu können, ein Bewußtsein, daß vieles geschieht, was nicht richtig ist und das doch zugleich jenseits der eigenen Einflußmöglichkeit liegt. Daher ist das Schuldgefühl ebenso total wie wirkungslos, und man könnte es auf die Formel bringen: Wir sind an allem schuldig, aber wir können doch nichts ändern; alles, was wir machen, ist nicht richtig, deshalb ist es aber auch schon ganz egal, was wir machen. Wir können unser Dasein nicht rechtfertigen, aber wir brauchen uns auch nicht zu rechtfertigen, denn wir tragen für uns selbst nicht die Verantwortung. Wir protestieren, zu bloßen Funktionen erniedrigt zu werden, zugleich aber bestätigen wir mit dem Protest, daß wir nur noch bloße Funktionen sind.

Alles ist mithin zwiespältig. Es gibt ein öffentliches Leben, das nicht das eigene Leben ist, und es gibt ein eigenes Leben, das außerhalb der Wirklichkeit in einer illusionären Innenwelt der Träume und ungelebten Sehnsüchte dahintreibt. In beiden Fällen gibt es keine eigentliche Schuld oder Verantwortung. Man kann an den Formen des gesellschaftlichen Lebens im Konsum partizipieren, zugleich aber entwerten sich alle Dinge, weil keine Mühe aufgebracht werden muß, um sie zu erreichen; die Flucht in die Quantität des Konsums bis hin zu den Formen der Süchtigkeit zwingt zu einer endlosen und sinnlosen Kette von rauschhaften Erweiterungen der Innenwelt, die nie imstande ist, die Befreiung und Befriedigung der Wirklichkeit eines verantwortlich gelebten Lebens zu kompensieren. So wenig es einen persönlich Schuldigen gibt, so wenig gibt es einen Kläger, so wenig aber auch einen Erlöser. Das weiße Schiff Antonionis legt nicht an der Insel an. Es gibt kein Gegenüber der Verantwortung und also auch kein Gegenüber der Verzeihung. Alles bleibt anonym, die Schuld wie die Vergebung, alles bleibt ungeklärt und unbewältigt.

Es wäre daher viel, wenn man sich einmal dazu aufraffen könnte, wie der Prophet unter den Hippies, Leonhard Cohen, zu sagen:

»Ich weiß nicht, ob die Welt gelogen hat
Ich habe gelogen
Ich weiß nicht, ob die Welt sich gegen die Liebe verschwor
Ich habe mich gegen die Liebe verschworen
Die Atmosphäre von Folterung ist kein Trost
Ich habe gefoltert
Auch ohne Pilzwolke
hätte ich gehaßt
Hört zu
ich hätte dieselben Dinge getan

auch wenn es keinen Tod gäbe
Ich lasse mich nicht wie ein Betrunkener
unter den kalten Wasserhahn der Fakten halten
Ich lehne das universelle Alibi ab.«[2]

Es wäre ein erster Schritt aus der Welt der anonymen Unverantwortlichkeit zu der Behauptung eines eigenen Lebens in einer eigenen Welt mit einer eigenen Zuständigkeit und Verantwortung. Selbst von dort aber wäre es noch ein langer Weg bis zur Verstehbarkeit des Glaubens, daß nicht ein Kollektiv, nicht einmal eine menschliche Person, sondern nur Gott die Schuld unserer Existenz vergibt.

[2] Blumen für Hitler, 1968 New York, übers. v. A. v. Cramer-Klett u. A. Hauptmann; Frankfurt 1971, 107.

Von Angst und Schuld und ihrer Überwindung

Einführung in eine Theologie von Sünde und Erlösung

Dieser Beitrag bildet die Vorrede zur 2. Auflage des 3. Bandes der »Strukturen des Bösen« Schöningh, Paderborn, 1980. Der vollständige Titel des dreibändigen Werkes lautet: E. Drewermann, Strukturen des Bösen. Die jahwistische Urgeschichte in exegetischer, psychoanalytischer und philosophischer Sicht. – Darauf beziehen sich die Querverweise in den Anmerkungen.

> »Vielleicht werden wir von allem Anfang an wieder da beginnen müssen, wo der Cromagnon-Mensch aufgehört hat...
> Der Seher weiß, wie, warum und wo wir vom Pfad abgewichen sind. Er weiß ferner, daß sich nicht viel dagegen tun läßt, soweit es sich um die große Masse der Menschheit handelt.
> Die Geschichte muß ihren Lauf nehmen, sagen wir.
> Richtig, aber warum?
> Weil die Geschichte der Mythos, der wahre Mythos des sich in der Zeit offenbarenden Sündenfalls des Menschen ist.«
>
> *(Henry Miller: Plexus, 259)*

I. Das Ende des ethischen Optimismus und die jahwistische Urgeschichte

»Das Leben ist ein Krankenhaus, in dem jeder Kranke vor Lust vergeht, das Bett zu wechseln. Der möchte beim Ofen leiden, und jener glaubt, er würde am Fenster gesunden.« Das menschliche Leben als rasende Unerträglichkeit, als unablässige Flucht zwischen Heiß und Kalt, zwischen kühler Vernunft und glühender Sinnlichkeit, als verzweifelte Suche nach Ruhe, während man doch unter dem Druck des Leids die bloße Abwechslung bereits wie eine Wohltat begrüßt, das ganze Dasein als ein Selbstbetrug, als nicht endendes Unglück unter der ständigen Phantasmagorie alsbaldiger Wonne, – so sah es wenige Jahre vor seinem Tode Charles Baudelaire[1].

Ist es zu pessimistisch, so zu denken?

Mancher Leser der *»Strukturen des Bösen«* wird diesen Eindruck gewinnen, allen anderslautenden Versicherungen zum Trotz. Er wird sich dagegen wehren, das menschliche Dasein in dem vorliegenden Buch als einen pathologischen Fall beschrieben zu finden, der nur durch den Glauben an Gott Heilung finden könne. Gott, wird er sagen, erscheine in dieser Darstellung wie ein letzter Ausweg aus dem Elend des Lebens – damit vergewaltige man den freien Willen des Menschen, an Gott zu glauben oder nicht. Ferner: wenn die Angst den Menschen böse mache, könne doch der Mensch nicht schuldig sein. Und außerdem: gibt es nicht viele Menschen, die nur Böses tun, weil sie keine Angst haben, und geschieht nicht viel Böses einfach durch Unwissenheit, Dummheit, Faulheit und vor allem: durch Müdigkeit und Trägheit des Herzens?

Gewiß, es scheint zunächst weit optimistischer, zu denken, die Menschen fügten sich und anderen Leiden zu, weil sie es nicht besser wüßten oder weil sie zu dem, was sie als richtig erkannt haben, sich dann doch nicht aufraffen könnten. Entsteht das Böse nur durch Willens- oder Charakterschwäche oder dadurch, daß man von sich selbst, von den anderen oder von den äußeren Gegebenheiten zu wenig weiß, so läßt sich immerhin noch etwas »machen« – das Problem des Bösen stellt den Bereich des Ethischen noch nicht in Frage. Die Menschen mögen Böses tun, aber man kann sie doch lehren, aufklären, ermahnen, ja notfalls mit Nachdruck veranlassen, das Gute zu tun.

Alle großen Ethiker haben so gedacht.

Für *Sokrates* bestand das Böse allein darin, daß die Menschen die Wahrheit, die in ihnen lag, nicht zur Kenntnis nahmen, sondern sich ironischerweise anders verhielten, als sie es an sich für richtig wissen konnten (Platon: Gorgias, 490a). Ähnlich meinte der *Buddha*, die Wurzel alles Bösen liege in der avidya, der Unwissenheit[2]. Wenn die Menschen aufhörten, sich mit Dingen zu identifzieren, die sie nicht selber sind, wenn sie umgekehrt sich selbst, ihr eigenes Wesen in allen Gestaltungen des Daseins, in allen Dingen und Lebewesen wiedererkennen würden, so könnten sie die trishna, den Daseinsdurst, die Lebensgier abstreifen, die sie zu Gefangenen immer wiederkehrender Kreisläufe der Leere und der Sinnlosigkeit werden ließen; sie würden dann eines grenzenlosen

[1] Ch. Baudelaire, Gedichte in Prosa, in: F. Blei, Ausgewählte Werke, 260.
[2] H. Oldenberg, Buddha, 223–232; H. v. Glasenapp, Die Philosophie der Inder, 312.

Mitleids zu allen Kreaturen fähig und hätten einfach keinen Grund mehr, einander Böses zuzufügen[3].

Sehr viel robuster und direktiver, aber im Prinzip nicht anders, gingen die israelitischen *Propheten* zu Werke: das Reich Gottes, der Messias werde kommen, wenn Israel die Gebote seines Gottes halte, und umgekehrt: Gott werde züchtigen und strafen, wenn sein Wille weiterhin mißachtet werde.

In all diesen Fällen bestand zwischen Ethik und Religion kein Widerspruch; im Gegenteil: die Ethik konnte, wie bei Buddha und Sokrates, als die eigentliche Wahrheit der Religion erscheinen, die selbst dann noch erhalten blieb, wenn der Glaube an die Götter durch Kritik und Aufklärung zugrunde gegangen war. Ähnlich dachte in der Neuzeit *I. Kant* und mit ihm die gesamte Aufklärung[4].

Für diese ethisch-optimistische Einstellung bedeutet es zweifellos eine Herausforderung ohnegleichen, daß die Texte am Anfang der Bibel, die wir in dieser Arbeit zugrunde legen, es so darstellen, als sei alles Böse im Menschen unvermeidlich, wenn der Mensch sich nicht mehr in Gott gehalten wisse. Abweichend von allen anderen Autoren des Alten Testamentes, aber in einer erstaunlichen Nähe zu den Weisheitslehren des Fernen Ostens[5] war der Jahwist der Ansicht, ohne einen absoluten Rückhalt in seinem Schöpfer könne dem Menschen seine bloße Kreatürlichkeit: seine Vergänglichkeit, seine Kontingenz, seine Unvollkommenheit, ja das bloße Faktum, nur ein Mensch, kein absolutes, göttliches Wesen zu sein, nur wie ein ungeheuerer Fluch, wie eine unerträgliche Zumutung erscheinen, und er müsse sich in allen Triebbereichen: in seinem Verlangen nach Nahrung (Gn 3,1–7), nach Macht (Gn 4,1–16. 23.24) und nach Liebe (Gn 6,1–4) durch unendliche Überforderungen zugrunde richten; ohne Gott halte es ein Mensch nicht aus, nur Mensch zu sein; ein Wesen, das imstande sei, seine radikale Nicht-Notwendigkeit, seine absolute Überflüssigkeit, den metaphysischen Mangel seines in sich völlig belanglosen Daseins zu begreifen, müsse zugleich, wenn es nicht aus seiner Ordnung herausfallen wolle, glauben und erfassen können, daß es zwar nicht von seiten der Natur, wohl aber von seiten eines absoluten Willens und einer absoluten Vernunft jenseits und im Ursprung aller Natur sich als Geschöpf mit einer eigenen und unveräußerlichen Würde betrachten und anerkennen dürfe. Wenn der Mensch, wie der Jahwist behauptet, schlechterdings nicht gut sein *kann* ohne Gott, so ist es in der Tat um die ethische Anschauung des Bösen geschehen. Keinesfalls ist dann die Ethik der eigentliche Inhalt, die substan-

[3] K. Schmidt, Buddhas Reden, 109–110.
[4] E. Drewermann, Strukturen des Bösen, III 17.
[5] E. Drewermann, Strukturen des Bösen, I 320–321.

tielle Wahrheit des Religiösen, sondern gerade umgekehrt: einzig das Verhältnis zu Gott entscheidet darüber, was für ein Mensch jemand ist, und das Ethische ist lediglich etwas Abgeleitetes, eine bloße Funktion des Religiösen. Die erste Frage des Menschen lautet darum nicht: was soll ich tun, sondern: wer darf ich sein, wie darf ich mich betrachten?

Was die Moral vermag bzw. wie alle Moral notwendig scheitert, zeigt die jahwistische Urgeschichte in der berühmten Erzählung von Kain und Abel (Gn 4,1–16). Kain hat gerade das Beste, das er Gott zu geben wußte, als Opfer dargeboten – und trotzdem fühlt er sich nicht angenommen; denn neben ihm gibt es einen anderen, seinen Bruder, der vor Gott ein »Ansehen« genießt, das er selber nicht besitzt. – Ohne Gott, will der Jahwist mit dem Motiv der Bruderfeindschaft sagen, können Menschen einander nur mit der einen Frage begegnen, wer von ihnen mehr Ansehen besitzt;[6] ohne das Gefühl, in einem absoluten Sinne vorweg zu allen zwischenmenschlichen Beziehungen in Gott akzeptiert zu sein, zerfällt das menschliche Dasein notwendig in ein Feld frontaler Konkurrenz; es verformt sich zu einem mörderischen Kampf um die eigene tödlich bedrohte Anerkennung. Angesichts der eigenen Nichtakzeptiertheit erscheint der andere prinzipiell als möglicher Todfeind, der mir das Ansehen raubt, das ich selbst zum Leben brauche. – In diesem Moment nun, wo sich Kains Antlitz verfinstert in Anbetracht des Glücks seines Bruders, erhebt Gott in der jahwistischen Erzählung mahnend seine Stimme und sagt zu Kain, was alle Moral zu sagen versucht: er solle des Bösen, das sich in ihm regt, Herr werden, er solle sich beherrschen (Gn 4,7). Es ist mithin nicht so, als ob Kain etwa nicht wüßte, was gut ist; es gebricht ihm auch nicht an gutem Willen. Ja, es scheint sogar, als versuche Kain wirklich, Gott zu gehorchen und mit seinem Bruder ins Gespräch zu kommen (Gn 4,8), – nur: es findet kein Gespräch mehr statt: denn »dann wars, als sie auf dem Felde waren: aufstand Kain gegen Abel, seinen Bruder, und ermordete ihn« (Gn 4,8).[7]

Auch Gott selbst also kann mit Geboten und Weisungen nicht verhindern, daß das Böse in dem Menschen, der sich von ihm getrennt hat, die Oberhand gewinnt, und mit seinem besten Bemühen und guten Willen scheint der Mensch den mörderischen Konflikt in seinem Herzen eher zu verschlimmern als zu beruhigen. Bei einem Menschen, der, ohne Gott, verzweifelt um seine Berechtigung und Anerkennung kämpfen muß, verhindert demnach die Moral das Böse nicht, sondern sie fördert sogar die latente Feindseligkeit gegen sich selbst und gegen den anderen. Die Moral und der gute Wille sind mithin in der jahwistischen Darstellung etwas äußerst Zweideutiges: in der Hand eines

[6] E. Drewermann, Strukturen des Bösen, III 277–278.
[7] E. Drewermann, Strukturen des Bösen, I 131–132.

Menschen, der mit sich selbst in Widerstreit liegt, verwandeln sie sich leicht in Instrumente der Zerstörung. Die Kräfte des Ichs: Verstand und Wille, setzen zu spät an, wenn der Mensch in der Tiefe seiner Seele in Unordnung geraten ist.

II. Die »Erbsündenlehre« als Diagnose der Angst im Feld der Gottesferne

Es ist sehr wichtig, daß das Christentum ganz genauso denkt. Die Auslegung der jahwistischen Urgeschichte in den »Strukturen des Bösen« macht zwar deutlich, daß die christliche »Erbsündenlehre« sich sehr zu Recht auf die Erzählungen am »Anfang« der Bibel berufen kann, ja, es zeigt sich, daß die jahwistische Urgeschichte in ihrem Bilderreichtum und in ihrer gesamten Entwicklung weit reicher an Aussagekraft und Stringenz ist als all die bisherigen dogmatischen Traktate zur Erbsündenlehre. Aber die Texte von Gn 2–11 (J) sind (außer im Spätjudentum in 4 Esra 7,118) in der jüdischen Religion nie realisiert worden, so daß erst das Christentum mit der Lehre von der »Ursünde« im Erbe der jahwistischen Erzählungen die schärfste Kampfansage an jede Art einer ethisch-optimistischen Weltanschauung darstellt, besagt doch der Glaubenssatz von der »Ursünde« nichts anderes, als daß der Mensch nicht gut sein *kann,* weil und solange er von Gott getrennt ist.
In gewissem Sinne wird man A. Schopenhauer Recht geben müssen, daß die Lehre von der »Ursünde« den Geist des Christentums am deutlichsten offenbare,[8] jedenfalls gibt gerade durch diese Anschauung das Christentum sich als eine echte Erlösungsreligion zu erkennen: es setzt voraus, daß die Menschen *krank* sind, ohne die Nähe Gottes. Wer diese Diagnose als zu »pessimistisch« ablehnt, kann ehrlicherweise nicht anders, als das ganze Christentum mitsamt seiner Erlösungslehre abzulehnen. Innerhalb des Christentums sollte der vermeintliche »Pessimismus« der Erbsündenlehre also eigentlich eine selbstverständliche Denkvoraussetzung bilden, und es sollte lediglich die Frage sein, wie sich diese Lehre verstehen und begründen läßt. Aber eigentümlicherweise liegen die Dinge heute offenbar längst nicht mehr so einfach.
Lange Zeit hindurch hat nämlich die Lehre von der »Ursünde« nicht als eine Diagnose über die Verfassung des Menschen gegolten, sondern sie hat eher die Form einer historischen Hypothese angenommen. Die Frage, ob irgendein »Adam« am Anfang der Menschheit »gesündigt« habe, wie man von diesem Ereignis Kunde haben könne, ob und wie ein solches »Ereignis« sich mit der Evolutionslehre, mit dem Polygenismus oder Monogenismus, vereinbaren

[8] A. Schopenhauer, Parerga und Paralipomena, II 404.

lasse – derartige Probleme haben die »Erbsündenlehre«, und zwar auch innerhalb der Kirche, als ein Konglomerat absurder Theoreme erscheinen lassen, das zusätzlich noch mit der uralten Paradoxie behaftet war: wie kann Gott für die Schuld eines einzelnen alle späteren Geschlechter bestrafen. Besonders dieses Problem der Gerechtigkeit Gottes hat zu den scharfsinnigsten Puzzeleien geführt, aber alle Theorien konnten natürlich nicht erhellender ausfallen als die rein historisierend gestellte Ausgangsfrage. Schließlich blieb überhaupt nur der Eindruck übrig, gerade das Dogma der Erbsünde sei so recht dazu angetan, den Menschen zu verteufeln und ihn in neurotischen, vor allem sexuell bedingten Schuld- und Strafängsten gefangen zu halten und seine Abhängigkeit zum Zwecke klerikaler Machtentfaltung auszubeuten. Es scheint also fast, man würde von einer christlichen Peinlichkeit erlöst, wenn neuerdings auch die alttestamentliche Exegese daran geht, den Schlüsselttext der »Erbsündenlehre«, Gn 3,1–7, sowie die folgenden Abschnitte der jahwistischen Urgeschichte so auszulegen, als sei hier nur von einer allgemeinen »Fehlsamkeit« des Menschen die Rede bzw. von bloßen »Möglichkeiten« der Verfehlung[9].

In der vorliegenden Arbeit wird die jahwistische Lehre von der »Ursünde« rein diagnostisch gedeutet. Es geht nicht um die Tat eines fremden »Adam«, sondern um mein eigenes Dasein. Der »Sündenfall« wird nicht als fernes zurückliegendes Ereignis verstanden, sondern als eine Darstellung der Art und Weise ausgelegt, wie der Mensch lebt und leben muß, ehe er zum Glauben an Gott zurückgefunden hat. Statt ein Geschehen der Prähistorie beschreibt die jahwistische Erzählung vom »Anfang« der menschlichen Schuld das *Wesen* der Sünde, wie es in jedem Menschen und in der gesamten menschlichen Geschichte sich zeigt[10]. Man muß die jahwistische Urgeschichte mithin so lesen, daß in ihr nicht das Leben anderer, sondern das eigene Leben auf dem Spiele steht. Im eigenen Dasein muß sich bewähren, was die Lehre von der »Erbsünde« zu sagen hat – oder sie hat schlechterdings nichts und niemandem etwas zu sagen. Diese Auffassung verbindet die vorliegende Arbeit mit den Traktaten S. Kierkegaards[11], dessen Schriften das klassische Vorbild für jeden Versuch darstellen, die Lehre von der Erbsünde mit dem Material psychologischer Erfahrung auf dem Boden der Bibel existentiell neu zu begründen. Daß ein solcher Versuch in der Gegenwart unbedingt unternommen werden muß, steht nicht nur bzgl. des Christentums außer Frage, es geht vor allem darum,

[9] C. Westermann, Genesis 1–11, S. 73; 377; 378; vgl. E. Drewermann, Strukturen des Bösen, I 4–7.

[10] E. Drewermann, Strukturen des Bösen, I, S. XVIII–XXXI.

[11] S. Kierkegaard, Der Begriff Angst, 1844; ders., Die Krankheit zum Tode, 1849.

wie der Mensch aus seiner inneren Zerrissenheit befreit werden kann. Denn, weiß Gott, nicht, um den Menschen mit Hilfe einer machthungrigen Ideologie zu verleumden, hat das Christentum die Lehre von der »Ursünde« aufgestellt, sondern um sich selber, um den Menschen besser zu verstehen.

Sicher hatten der Buddha und Sokrates in gewisser Weise recht: wenn die Menschen ihre eigene Wahrheit gefunden hätten, verlören sie die Gründe, böse zu sein. Aber darin irrte vor allem Sokrates groß, daß die Menschen die Wahrheit einfach nicht wüßten und man sie ihnen nur zu zeigen brauchte. Die eigentliche Schwierigkeit liegt nicht in der bloßen Unwissenheit, sondern darin, daß die Menschen sehr wohl die Wahrheit über sich wissen können, aber sie aus lauter *Angst* nicht wissen wollen[12]. Das Problem des Bösen ist nicht intellektuell oder willentlich zu lösen, die Kernfrage lautet vielmehr: woher rührt die Angst des Menschen und wie beantwortet er sie. Ohne die Angst und das Leid zu begreifen, die in allem Bösen stecken, wird man nie verstehen, was in Menschen vor sich geht, wenn sie sich selbst und anderen so viel an Leid zufügen. Ohne den Hintergrund der Angst zu sehen, verurteilt man sich selber nur zu sinnlosen Anschuldigungen und verständnislosen Vorwürfen. Demgegenüber stellt die Lehre von der »Ursünde« eine Sichtweise dar, die den Menschen in den Verstrickungen des Bösen gütiger und gerechter zu sehen lehrt, als es alle moralischen Betrachtungen zu tun vermögen. Das jedenfalls ist die These dieser Arbeit.

Bereits bei einer biblischen Betrachtung der sog. »Sündenfallerzählung« wird der Faktor der Angst und das Bemühen des Jahwisten um Verständnis für die Verstrickung des Menschen ins Böse deutlich. Man muß in der Erzählung von Gn 3,1–7 nur einmal darauf achten, wie hilflos der Jahwist die Menschen dort schildert. Gerade noch hat die Frau versucht, sich gegenüber den Einflüsterungen der Schlange zur Wehr zu setzen und Gott gegen ihre Verdächtigungen in Schutz zu nehmen,[13] da dringt im gleichen Augenblick eine solche Angst in sie ein, daß sie das Gebot Gottes nur in verzweifelt übersteigerter Form nachzusprechen vermag, und auch Gott selbst erscheint ihr mit einem Mal durchaus nicht mehr als Ursprung des Lebens, sondern nur noch als Quelle von Todesangst: für eine Handbewegung schon wird Gott den Menschen hinrichten.[14] Alles, was eigentlich zum Schutz des Menschen und zu seinem Wohl bestimmt ist, wird im Felde der Angst zu einer unerträglichen Belastung. Das Motiv, gut zu sein, liegt jetzt allein in der Furcht vor Gott, und um die Angst zu verlieren,

[12] E. Drewermann, Strukturen des Bösen, III 449; S. Kierkegaard, Philosophische Brocken, 17.

[13] E. Drewermann, Strukturen des Bösen, I 58–62, zu Gen 3,2.3.

[14] E. Drewermann, Strukturen des Bösen, I 61.

muß der Mensch, der eben noch auf der Seite Gottes stehen wollte, sich selbst zur Gottähnlichkeit aufwerfen: er muß selbst an die »Mitte des Gartens« rühren und einen Standpunkt suchen, der ihm zum Ersatz Gottes eine eigene Absolutheit verspricht. Aber die Schlange besitzt als ihr Hauptmerkmal das Kennzeichen der »List« (Gn 3,1), denn immer sind die Menschen in der Macht des Bösen letztlich Überlistete, Betrogene. Der Mensch, der nach seiner Gottähnlichkeit greift, fällt in Wahrheit aus seinem Maß, aus der Mitte der Welt und der Mitte seiner selbst heraus in eine Welt der Fremde, in ein Dasein der Scham und des Elends – und das einzige, was er fortan mit Gott gemeinsam haben wird, ist das unselige »Wissen um Gut und Böse«: die Erkenntnis, daß alle Dinge und er selber nur gut sind in der Einheit mit Gott, alles ihm aber zum Fluch gerät, wenn er als Geschöpf ohne seinen Schöpfer leben muß. Es ist die einzige »Erkenntnis«, vor der Gott den Menschen auf Leben und Tod schützen wollte.[15]

Was den Menschen also in Gn 3,1–7 böse macht, ist der jahwistischen Darstellung zufolge offenbar die unendliche Hilflosigkeit, mit der ein jeder aus lauter Angst, Gott zu verlieren, all seinen guten Willen anstrengt, bis er am Ende, um der Angst zu entgehen, selber »wie Gott« sein muß.

III. Das verständnisvolle Mitleid der Psychoanalyse mit dem Bösen als einer Selbstaufblähung aus Angst

Um den Menschen in dieser Ohnmacht wahrzunehmen, die der Jahwist beschreibt, ist es allerdings unerläßlich, die einseitige Reduktion des Menschen auf Verstand und Willen aufzugeben und sich als Theologe, als Exeget und Dogmatiker, auf lange Zeit zum Studium des Unbewußten im Menschen bei der Psychoanalyse in die Lehre zu begeben. S. Freud hat den Menschen fernab von all den erhabenen Überforderungen der Ethik und sogar der Religion so gütig sehen können: als ein krankes Tier, das vor Angst wie ein Kaninchen von unbekannten Treibern querfeldein gejagt und zu Tode gehetzt wird. Im einzelnen mag man sich um Freuds Theorien streiten; aber sein Mitleid, gepaart mit dem Bemühen um ein möglichst vorurteilsfreies, an der naturwissenschaftlichen Objektivität geschultes Verstehen ist etwas, von dem man ein Lebenlang gar nicht genügend lernen kann. Vor allem hat der Begründer der Psychoanalyse gesehen, wie ungeheuer stark die Menschen sich nach Liebe und Geborgenheit sehnen und welche Angst sie befällt, wenn ihnen der Halt, ihr »Libidoobjekt«, wie er nüchtern sagte, genommen wird. Selbst den Willen,

[15] E. Drewermann, Strukturen des Bösen, I 48–53.

gut zu sein, betrachtete Freud als eine bloße Spielart des Verlangens, angenommen und geliebt zu werden, und er wußte, daß ohne das Gefühl der Geborgenheit ein Mensch sich zwar verzweifelt bemühen mag, so akzeptabel wie nur möglich zu erscheinen, daß er aber in Wahrheit in der Angst nicht gut sein kann. Das Gefühl der Angst bläht alles auf; es zwingt den Menschen, seine Ansprüche an sich selbst höher und höher zu schrauben, und je haltloser sich jemand fühlt, desto reicher, mächtiger und potenter wird er sich zu geben suchen. Das Gefühl seiner Wertlosigkeit und Minderwertigkeit zwingt ihm immer dramatischere Formen der Überkompensation auf, bis daß es ihm aus lauter Angst so geht wie dem Frosch in der berühmten antiken Fabel, der es einem Stier an Macht und Größe gleichtun wollte und sich dabei so heftig aufblies, daß er platzte.[16]

Es ist erstaunlich, wie genau die Etymologie des deutschen Wortes »Böse« diesen Tatbestand wiedergibt. »Böse« ist identisch mit dem englischen boast – »prahlen«, »sich aufblähen«. Das Wort »böse« ist eine »s-Erweiterung der indogermanisch lautmalenden Wurzel bhou – ›aufblasen‹« und ist verwandt mit Bauch, Bausch, bausen und Busen.[17] »Böse« also ist der ursprünglichen Wortbedeutung nach der Selbstaufbläher, der Prahler. Dies entspricht der verbreiteten christlichen Lehre, der »Stolz« sei der Ursprung der Sünde.[18] Aber man muß im Hintergrund all des Großtuns immer wieder die Angst sehen. Stolz ist eine Reaktionsbildung auf das Gefühl der eigenen Minderwertigkeit, auf das ohnmächtige Erleben, an sich nicht liebenswert genug zu sein. Nur die Angst zwingt den Menschen dazu, sein Maß zu verlieren und mehr sein zu wollen, als er ist: aus Angst, ein Tier zu sein, muß er ein Engel werden, aus Angst, ein Nichts zu sein – ein Gott. Ein bloßer Mensch zu sein erlaubt die Angst niemals. Dieses Geflecht aus Objektverlustangst, Minderwertigkeitsgefühlen und verzweifelten Kompensationsversuchen, das zu jeder Neurose gehört, muß man von der Psychoanalyse vor Augen haben, nicht nur, um als Exeget die jahwistische Urgeschichte, sondern auch, um als Dogmatiker das Problem des Bösen und der sog. »Erbsünde« sinnvoll anzugehen.

Eine theologische Lehre vom Menschen, sollte man meinen, müßte mindestens so verständnisvoll dem Menschen begegnen wie die Tiefenpsychologie; es ist aber klar, daß die Ausklammerung, ja die krasse Verleugnung der Psychoanalyse durch die Theologie nach wie vor gerade die wichtigsten

[16] Phädrus, Äsopische Fabeln, Nr. 24, in: Fabeln von Äsop und Äsopische Fabeln, 110; zu dem Wechsel von Angst und Überkompensation in der Neurose vgl. E. Drewermann, Strukturen des Bösen, II 575.

[17] F. Kluge, Etymologisches Wörterbuch der deutschen Sprache, 93.

[18] E. Drewermann, Strukturen des Bösen, III, S. XXX.

Lehren des Christentums über Verfehlung und Umkehr, Unheil und Erlösung des Menschen in ein erfahrungsloses, rein von außen an den Menschen herangetragenes Gebilde verwandeln muß, in dem der Mensch sich nicht besser begreift, sondern weniger, in dem er nicht leichter zu sich selbst zurückfindet, sondern in dem er im Gegenteil sich mehr und mehr gedemütigt und entfremdet fühlen muß. Die jahrhundertelangen unseligen Debatten um »Glaube« und »Werke« in der »Rechtfertigung« des Menschen z. B. hätten sich zweifellos vermeiden lassen, wenn die Theologie von dem gefühlsmäßigen Erlebnis- und Erfahrungshintergrund ihrer eigenen Doktrin nicht vollständig isoliert und rein auf den Verstand und den moralischen Willen reduziert worden wäre; und dies ist nur ein Beispiel dafür, wie sehr die Theologie um ihrer selbst willen der Ergänzung durch die Tiefenpsychologie bedarf.

IV. Das Wissen der Theologie von der Angst des Bewusstseins

Umgekehrt muß man allerdings zugeben, daß die Psychoanalyse in ihrer weitgehenden Ablehnung des Religiösen notgedrungen in die Gefahr gerät, ihrerseits eine Form der Abhilfe menschlicher Not zu propagieren, die den Menschen gleichermaßen unter Umständen mehr verkürzt als reifen läßt. Wieder kann man dies am besten am Beispiel der Angst zeigen.

Alles Unheil der menschlichen Psyche entstammt in psychoanalytischer Sicht der Angst des Menschen; diese Einsicht allein ist überaus wertvoll; der Angstbegriff der Psychoanalyse aber kann sich nur an den empirisch faßbaren Formen der Angst orientieren und kennt daher, ausgehend von dem Begriff der »Realangst« aufgrund von »Objektverlust«, nur deren verinnerte Formen als »Triebangst« und »Überichangst«.[19] Die naheliegende praktische Folgerung aus diesem Konzept muß demnach darauf ausgerichtet sein, vor allem in der Kindheit eine möglichst angstfreie Umgebung zu schaffen.[20] Zwar hat gerade die Psychoanalyse gezeigt, daß jeder Reifungsschritt das Ich mit Angst heimsucht,[21] aber insgesamt wird besonders mit psychoanalytischen Argumenten in der Gegenwart immer wieder die Forderung erhoben, Angst im privaten und öffentlichen Leben soweit als möglich abzubauen oder am besten ganz zu vermeiden. Und diese Forderung, so selbstverständlich sie sich auch als pädagogische Konsequenz aus den Erkenntnissen der Psychoanalyse zu ergeben scheint, ist derartig verkürzt und einseitig, daß sie den Menschen eher

[19] E. Drewermann, Strukturen des Bösen, II 153–155.
[20] E. Drewermann, Strukturen des Bösen, III 141–142.
[21] A. J. Westerman-Holstijn, Verschiedene Definitionen und Auffassungen von »Angst«, in: Fortschritte der Psychoanalyse, II 176.

zerstört als fördert. Der Grund dafür liegt in der Verkürzung der menschlichen Angstproblematik selbst.

Anders nämlich, als es die Psychoanalyse und gleichermaßen die Verhaltensforschung sehen kann, tritt die Angst nicht nur von außen an den Menschen heran, sondern sie gehört *wesentlich* zum Menschen, sie ist der subjektive Reflex der Tatsache, Bewußtsein zu haben und frei zu sein. Zu jedem Menschen spricht im Akt der Bewußtwerdung, um mit dem Jahwisten zu sprechen, die »Schlange«, die in den Mythen das Nichtsein, den Abgrund in allem Geschaffenen verkörpert.[22] Alle Formen empirischer Angst sind bereits im Tierreich vorgeprägt und finden dort bestimmte biologisch vorgegebene Antworten. Der Mensch hingegen ist das einzige Wesen, das die Bedrohungen seines Daseins: Armut, Einsamkeit, Krankheit, Ausgestoßensein und Tod,[23] nicht nur als momentane, situationsbedingte Gefahren, sondern als prinzipielle und letztlich unausweichliche Gefährdungen der Existenz erkennen kann und muß. Sobald der Mensch seiner selbst bewußt wird, sobald er überhaupt in eigentlichem Sinn zum Menschen wird, stößt er in voller Härte auf das Faktum seiner Kontingenz, seiner Nicht-Notwendigkeit, seiner Überflüssigkeit. Ineins damit entdeckt er, daß ihm der Sinn seines Lebens nicht nach der Weise einer instinktiven Festgelegtheit vorgegeben ist, und auch das beunruhigt ihn zutiefst: seine Freiheit schließt die Möglichkeit ein, sich selbst vollkommen zu verfehlen. Und beides: die Angst vor der Kontingenz seines Daseins und die Angst seiner Freiheit, die Angst vor der Nichtigkeit und die Angst vor der Sinnlosigkeit, bedingen sich gegenseitig: das Wissen um die Tatsache, sterben zu müssen, wäre nicht so ängstigend und aufwühlend, bestünde nicht stets die Möglichkeit, angesichts des drohenden Todes auf ein Leben zurückblicken zu müssen, das unwiderrufbar verfehlt und leer ist. Furchtbar ist nicht der Tod an sich; furchtbar ist der Tod, wenn er die Tatsache besiegelt, eigentlich (noch) gar nicht wirklich gelebt zu haben. Aber gerade die Angst vor dieser Möglichkeit führt wie nichts anderes dazu, als Mensch sein Maß zu verlieren und die Mechanik der Neurosenpsychologie auf den Plan zu rufen.

Die entscheidende Bedeutung der sog. »Erbsündenlehre« liegt mithin offenbar darin, daß sie den Menschen unter Einbeziehung psychoanalytischer Erkenntnisse als ein Wesen verstehen lehrt, das an der *Angst seines Bewußtseins krank* werden muß, wenn es diese Angst, die es wesentlich kennzeichnet, nicht durch einen Akt des Vertrauens überwinden lernt. Wollte man dem Menschen nach

[22] E. Drewermann, Strukturen des Bösen, I. Bd., 2. Aufl., S. LXXIV–LXXVI; III. Bd., S. 236–237.

[23] E. Drewermann, Strukturen des Bösen, II 221–235.

dem Konzept einer nur äußerlichen Angsttheorie die Möglichkeit zur Angst nehmen, so müßte man ihm letztlich das Kostbarste nehmen, was er als Mensch besitzt: sein Bewußtsein und seine Freiheit. Ein Mensch ohne Angst wäre kein Mensch mehr. An dieser Stelle bedarf die Psychoanalyse ihrerseits dringend der Einsichten der Theologie.

Wissenschaftstheoretisch geht es infolgedessen darum, die Neurosenpsychologie der Psychoanalyse als ein hermeneutisches Verfahren der theologischen Erbsündenlehre zu benutzen und mit ihrer Hilfe zu zeigen, wie die Angst im Ursprung eines Daseins ohne Gott sich in den einzelnen Formen der Neurose auslegt.[24] Erst so versteht man, daß Freud nicht unrecht hatte, wenn er den Menschen als ein krankes Tier betrachtete. Ohne Gott, rein immanent, ist das Bewußtsein in der Angst des Daseins notgedrungen pathogen, und es ist nur die Frage, ob man den Menschen dazu oder davon erlösen will, ein Mensch zu sein.

Daß es bei einer solchen Sicht der Dinge »notwendig« sei, an Gott zu glauben, wie man vielleicht diesem Konzept vorwerfen möchte, trifft gleichwohl nicht zu. Zwar kann man zeigen – und die »Erbsündenlehre« behauptet es –, daß der Mensch sich selber ohne Gott ins Unglück stürzen *muß;* aber das geschieht mit solcher Selbstverständlichkeit und das Unglück, ohne Gott zu existieren, kann seinerseits für derart selbstverständlich und normal genommen werden, daß es in der Philosophie Hegels und Sartres, wie wir zeigen werden,[25] sogar ein und dasselbe sein kann, als Mensch zu existieren und die menschliche Existenz an die Stelle Gottes zu setzen. Es braucht schon eines tiefen Leidensdrucks, einer Bewußtwerdung der latenten »Verzweiflung«, wie S. Kierkegaard meinte,[26] um allererst den Willen zu bekommen, die Flucht in die neurotischen Selbstrettungsversuche der Angst aufzugeben, und es bedarf bereits des Glaubens, um jenseits der Angst die als ganz natürlich erscheinende Flucht in die Gottähnlichkeit als Unmenschlichkeit und Schuld erkennen zu können.[27]

V. Die »einfacheren« Theorien des Bösen: Skrupellosigkeit, Dummheit und Faulheit

Ein anderer Einwand mag lauten, es werde hier die Problematik des Bösen zu dramatisch und extrem gesehen. Religion als Heilung von der Krankheit des

[24] E. Drewermann, Strukturen des Bösen, III 469–479.
[25] E. Drewermann, Strukturen des Bösen, III 171; 234.
[26] E. Drewermann, Strukturen des Bösen, III 467.
[27] E. Drewermann, Strukturen des Bösen, III 550–555.

menschlichen Daseins, das Böse als die notwendige Struktur eines Daseins der Angst – sei das nicht zu theologisch, zu dogmatisch, zu ideologisch gedacht? Gehe das alles nicht auch einfacher? Die Antwort kann nur lauten: durchaus nicht.

Nur scheinbar läßt sich auf den Verbrecher mit den guten Nerven hinweisen, der die Angst noch nicht einmal als Begleitmoment, geschweige denn als Motiv seiner Tat zu kennen scheint. Als Jean-Pierre Melville, der in all seinen Filmen das Thema des Bösen, des »Moby Dick«, so dicht wie nur möglich darstellen wollte, die berühmte Gestalt des »Eiskalten Engels« schuf (1967), kam es ihm gerade darauf an, den Eindruck der Angstfreiheit des Verbrechers als bloßen Schein zu entlarven. Sein Typ des bezahlten Killers vereinigt in sich alle Merkmale emotionsloser Berechnung und gewissenlosen Kalküls; aber selten ist in einem Film die Angst als ständiges Begleitmoment so deutlich gezeigt worden wie in der Person des Jeff Costello (gespielt von Alain Delon): am spannendsten in der Szene, als Costello, dem die Verfolger auf den Fersen sind, eine Reihe Autoschlüssel ausprobiert, um mit einem gestohlenen Auto zu fliehen – am erschütterndsten, als Costello in seine leere Wohnung zurückkommt und an dem Piepen und unruhigen Flattern seines Vogels im Käfig (dieses uralten Symbols für die menschliche Seele in ihrer Angst) feststellen muß, daß man inzwischen offenbar in seinen Schlupfwinkel eingebrochen ist. Mit dem Bild des eingesperrten Vogels beginnt der Film Melvilles, und sein Vorspann zitiert aus dem japanischen Bushido, dem Buch des Kriegers: »Keine Einsamkeit ist größer als die des Samurai, es sei denn die eines Tigers im Dschungel.« In Costellos einsamer Welt existiert keine Liebe, kein Vertrauen, nur der Kampf, und was als Angstfreiheit erscheint, ist nur die Gewöhnung an das Grundgefühl einer ständigen Bedrohtheit, einer stets gegenwärtigen Angst.

Ein anderes berühmtes Beispiel für den Typ des scheinbar angstfreien, kaltblütigen Verbrechers hat Graham Greene in seinem ersten Erfolgsroman »Am Abgrund des Lebens« (Brighton Rock, 1938) in der Gestalt des 17jährigen Pinkie geschaffen, der sich an der Spitze einer Gangsterbande in verzweifelter Skrupellosigkeit gegen die Übermacht einer anderen Bande zu wehren sucht und dabei die Liebe eines Mädchens im Kampf ums bloße Überleben erbarmungslos ausnützt, bis er schließlich aus »Grauen vor der Welt«[28] und getrieben von der inneren Logik des Verbrechens nur noch den Weg in Mord und Selbstmord vor sich sieht. Die Hölle der Einsamkeit, des Hasses und des Neides, die G. Greene schildert, besteht im Grunde nur aus Angst; sie ist die Fortsetzung des panischen Schreckens eines gejagten und

[28] G. Greene, Am Abgrund des Lebens, 208.

gequälten Schulkindes, das stets in die angemaßte Sicherheit eines gefühllosen Verbrechers fliehen muß[29] und dessen Freiheit daher nur in der Zerstörung aller menschlichen Gefühle liegt[30]. – Weil es unerträglich ist, ständig Angst zu spüren, gibt es am Ende sogar das Monströseste von allem: den Anschein eines Verbrechers aus Angstfreiheit.

Die Angst als Wurzel des Bösen ist also gewiß nicht immer schon an der Oberfläche wahrnehmbar. Zumeist sogar ist sie nur psychoanalytisch (oder bei tiefer menschlicher Einfühlung) als der entscheidende Faktor hinter den psychischen Deformationen und krankhaften Entwicklungsprozessen sichtbar zu machen, die u. U. in einer einzelnen verbrecherischen Tat ihren Ausdruck finden. Aber bei genauer Betrachtung wird man sie stets dort antreffen, wo jemand nicht nur zufällig in diesem oder jenem Punkte gegen ein bestimmtes Gebot verstößt, sondern wo das Böse, das er tut, sich aus seiner ganzen Persönlichkeit als Ausdruck seines Wesens ergibt. Der Ableitungsweg zwischen der Angst im Ursprung und der einzelnen Endhandlung mag sehr verwickelt sein, aber alles Böse, das denjenigen wesentlich kennzeichnet, der es vollzieht, läßt sich letztlich immer auf den Kernfaktor der Angst zurückführen. Angst ist die entscheidende Macht, die den gesamten Lebensaufbau, die »Leitlinie«,[31] den Selbstentwurf der Existenz durch Überforderungen aller Art verzerrt.

Mitunter kann es womöglich so aussehen, als ob die Angst ein besonders tauglicher Zuchtmeister der Moral sei, indem sie von vielerlei Bösem abschrecke; aber Angst allein ist kein moralisches Motiv, und wird sie nicht mehr nur von außen her erzeugt, sondern ergreift sie von dem Innern eines Menschen Besitz, so wird gerade das scheinbar »Gute« zu einem Unterschlupf verunsicherter, lebensscheuer Charaktere, die all ihre spontanen Gefühle und Leidenschaften vernichten möchten; sie beladen sich dafür mit einem Haufen von Verdrängungen und Komplexen, die mit Sicherheit zum Bösen führen. Das sog. »Gute« muß dann in einer Weise überkompensiert werden, daß sich im Hintergrund drohend die Gestalt des Schattens, des »Hintergängers«,[32] des »feindlichen Bruders«[33] aufrichtet, die nur darauf wartet, im geeigneten Moment gewaltsam zum Durchbruch zu kommen. Mancherlei Böses, das in den asozialen Formen der Dekompensation überzogener Überichideale mit der Leidenschaft eines oft ungeheuer aufgestauten Nachholbedürfnisses nach

[29] A. a. O., 246.
[30] A. a. O., 234.
[31] A. Adler, Menschenkenntnis, 80–81.
[32] L. Szondi, Lehrbuch der experimentellen Triebdiagnostik, I 87–89.
[33] E. Drewermann, Strukturen des Bösen, III 278–299.

außen drängt, kommt einem Außenstehenden dann vielleicht wirklich so vor, wie wenn es gerade ungehemmt und ohne jede Rücksicht auf die möglichen Folgen, also in gewissem Sinne »angstfrei« geschehe, aber es handelt sich in Wahrheit nur um einen Zusammenbruch aus purer Angst, um eine Flucht in den Untergang, so wie ein Pferd aus Angst vor der brennenden Scheune sich mitten ins Feuer stürzt. Gerade das »angstfreie« Böse besteht *nur* aus Angst, wenn man einmal nicht bloß eine bestimmte Handlung mit bestimmten moralischen Normen vergleicht, sondern betrachtet, wie die Angst das gesamte Dasein dazu bringt, sich selber zu verfehlen bzw. an sich selber zu erkranken.

Noch einfacher erledigen sich die Einwände, die das Böse als eine bloße Form der Trägheit, also des mangelnden moralischen Willens oder der fehlenden Einsicht in äußere Tatbestände verstehen möchten. Es ist nicht zu leugnen, daß viel Unheil geschieht, weil Menschen aufgrund langer Gewöhnung auch dann noch ein bestimmtes Verhaltensmuster befolgen, wenn sich die Bedingungen ihres Handelns längst geändert haben. Die Neigung z. B., Konflikte durch äußere Gewalt auszutragen, oder der Wunsch, den Sinn des Lebens in der Aufzucht von (möglichst vielen) Kindern zu suchen, oder die Einstellung, die Vorräte an Wasser, Sauerstoff, Wald, Tierbestand, Rohstoffen etc. als praktisch unbegrenzt anzusehen,[34] haben unsere Zivilisation durch Überdehnung aller drei Triebansprüche (der Macht, der Sexualität und der oralen Aneignung) gerade in unseren Tagen an den Rand des Abgrundes gebracht. Dennoch sind auch hier nicht allein Trägheit und Unkenntnis am Werke, es ist vielmehr die Angst, die dazu führt, daß längst vorliegende Informationen nicht aufgenommen oder das Verhalten selbst viel zu spät an die neuen Gegebenheiten angepaßt wird. Jede Veränderung macht unsicher; und man will, solange es geht, davon nichts wissen. Auf Rüstung zu verzichten, heißt, schutzlos zu sein, und davor hat man Angst. Die Natur weniger auszubeuten, heißt, ärmer zu werden, und davor hat man Angst. Für sich allein einen Lebensinhalt zu suchen, heißt, einsam zu sein, und davor hat man Angst. Desgleichen ist auch im individuellen Bereich wirklich gefährlich nicht die angeborene Unfähigkeit, sondern das überforderte Unvermögen mit seinen Reaktionsbildungen bis hin zur Flucht in die Charaktermaske der Borniertheit aus Angst. Vor allem aber stellt sich die Frage, welch eine Betrachtungsweise dem Menschen mehr gerecht wird. Soll man wirklich denken, der Mensch sei von Hause aus dumm und faul, und eben dies mache ihn *wesentlich* böse? Dann muß man mit erzieherischer Gewalt einschreiten und die Menschen so behandeln wie ein

[34] F. Vester, Das Überlebensprogramm, 213; E. Drewermann, Der tödliche Fortschritt, 9–45.

Lehrer, der mit seinen Schülern nicht zurechtkommt: im Grunde verachtet er sie im Namen seiner Wahrheit. Oder sollte man nicht vielmehr denken, auch die scheinbare Trägheit sei das Symptom einer tiefliegenden Angst; der Mensch wolle eigentlich das Gute, und er sehne sich nach der Wahrheit, wenn nur die Angst in ihm zur Ruhe käme? In diesem Falle bestünde durchaus kein Grund mehr, vom Menschen niedrig zu denken; im Gegenteil, man müßte dann der Bergpredigt zustimmen, daß es letztlich keinen Sinn hat, dem Bösen mit Gewalt zu widerstehen (Mt 5,39). Dann ist der Sinn, das Ziel der Religion unschwer verstehbar, wenn sie sagt, einzig ein Glaube, der die Angst besiege, sei imstande, den Menschen, der vom Bösen krank sei, von der Wurzel her zu heilen.

VI. Gnade statt Verachtung

So unterschiedlich also wirkt jeweils die Diagnose. Der scheinbare Optimismus einer ethischen Betrachtung des Bösen verkehrt sich in Wahrheit zu Menschenfeindlichkeit und Menschenverachtung. Die scheinbare Aussichtslosigkeit der religiösen Diagnose aber, die Lehre von der »Erbsünde«, die in dem vorliegenden Buch, ausgehend von der »Sündenfallerzählung« des Jahwisten und den Einsichten der Psychoanalyse sowie der Existenzphilosophie, als eine Lehre von der Zwangsgesetzlichkeit der Angst im Feld der selbstverschuldeten Gottesferne gedeutet wird –, eine solche Theologie nicht der Macht, sondern der Ohnmacht des Menschen denkt letztlich zweifellos gnädiger, mitleidiger und würdiger vom Menschen.
Charles Baudelaire hat das gewußt, als er an der gleichen Stelle der eingangs zitierten Worte von den Menschen als »unschuldigen Ungeheuern« sprach und Gott um das einzige anflehte, was angesichts dieses Menschen möglich ist: um Erbarmen. »Herr«, schrieb er, »... Du, der Schöpfer und der Herr; Du, der Du das Gesetz und die Freiheit geschaffen hast; Du, der Herr, der geschehen läßt; Du, der Richter, der verzeiht; Du, der Du voller Gründe und Ursachen bist; Du, der Du vielleicht in meinen Geist den Geschmack am Grauenvollen geworfen hast, um mein Herz zu bekehren, es zu heilen wie durch einen Schnitt, Herr, erbarme Dich! Erbarme Dich der Tollen! O Schöpfer!«
Und er fügte hinzu: »Kann es Ungeheuer in den Augen jenes geben, der weiß, warum sie es sind, wie sie es wurden und wie sie es nicht hätten zu werden brauchen?«[35] Es gibt keine Lehre, die den Menschen so im Unrecht zeigt, wie die Ansicht des Christentums von der »Ursünde«; aber es gibt auch keine

[35] Ch. Baudelaire, Gedichte in Prosa, in: F. Blei, Ausgewählte Werke, 259–260.

Lehre, die ihn so sehr als bedürftig der Gnade zeigt. Es ist eine Lehre, die in sich selbst nur möglich und erträglich ist in dem Vertrauen, daß Gott des Menschen ganzes Dasein rechtfertigt und annimmt. Nur auf dem Hintergrund einer vollständigen Begnadigung ist alles, was die Menschen ohne Gott an Bösem sein und tun *müssen,* Schuld – Ursünde eines jeden Menschen, nicht der Gesellschaft, eines jeden einzelnen. Das Ziel, das Paradies, der Ursprung aber, ist nicht ein Ort oder ein Zeitpunkt, nur eine Art, die Dinge und sich selber ohne Angst zu sehen, und sie liegt in jedem selbst. Der Weg dahin jedoch ist einzig die »furchtbare Macht« der »Sanftmut«.[36]

[36] F. M. Dostojewskij, Der Idiot, 385.

Sünde und Neurose

Versuch einer Synthese von Dogmatik und Psychoanalyse

I. Sünde als Krankheit zum Tode – als Verzweiflung vor Gott

Die wohl bekannteste und tiefsinnigste Definition der Sünde stammt vom Hl. Thomas aus der Summa theologica: Die Sünde sei eine Abkehr von Gott und eine Hinkehr zum Geschaffenen[1] (vgl. auch D 1525). Aber wie kommt ein Mensch dazu, sich von dem Ursprung seines Seins abzukehren, was bedeutet es für einen Menschen, nur noch im Geschaffenen leben zu wollen? Man kann nicht sagen, daß diese Frage außerhalb der Traktate der sog. Erbsündenlehre klar beantwortet würde. Eine sog. schwere Sünde bewirke einen Verlust der Rechtfertigungsgnade (D 1544) und einen Ausschluß vom Reich Gottes (D 835), heißt es. Aber wenn dies nicht rein forensisch gemeint sein soll, wie wird dann der Verlust der Rechtfertigung des Daseins in Gott erfahren und was bedeutet es, *ausgeschlossen* zu sein?

Es besteht eine gewisse Gefahr, die Sünde, den Abfall, ja sogar die Feindschaft mit Gott (D 1680) als etwas rein Moralisches zu verstehen, als ob der Gegenbegriff zur Sünde die Tugend bzw. das moralische Rechtverhalten wäre. In der Tat findet man etwa in Mausbachs »Katholische Moraltheologie« die Ansicht, daß zur Sünde überhaupt nicht die Vorstellung eines persönlichen Gottes gehöre, sondern nur die eines Guten im allgemeinen, die Idee eines ewigen Gesetzes[2]. Es wird dann fast unvermeidlich, das Verhältnis zu Gott, den Glauben, nach Art der Kantischen Reduktion des Religiösen aufs Sittliche, in vorwiegend ethischen Bereichen anzusiedeln und den Begriff der Sünde immer kasuistischer zu denken. Es soll an dieser Stelle daher der Versuch unternommen werden, die Sünde als Abkehr von Gott personaler und existentieller zu beschreiben, indem gezeigt wird, wie, ursprünglicher zu allen moralischen Verfehlungen, das Dasein des Menschen selber sich verformt, wenn es zu Gott in ein Mißverhältnis gerät.

Zu diesem Zweck lassen sich Gedanken aufgreifen, die S. Kierkegaard in der Studie »Die Krankheit zum Tode«[3] vorgelegt hat, in der er den Verlust der

[1] Thomas von Aquin, Summa theologica I q 94 a 1 c

[2] J. Mausbach, Katholische Moraltheologie, 3 Bde., Münster 1927; Bd. I., Die allgemeine Moral, 234.

[3] S. Kierkegaard, Die Krankheit zum Tode. Eine christliche psychologische Entwicklung zur Erbauung und Erweckung, von Anti-Climacus; Kopenhagen 1849; Hamburg 1962; übers. und komm. v. L. Richter, Werke in fünf Bänden, Bd. IV (rk 113).

Gnade, den Verlust der Rechtfertigung in Gott als Verzweiflung beschrieb bzw. umgekehrt darlegte, daß es vor Gott Sünde ist, verzweifelt zu sein. Die Gedanken Kierkegaards sind bis heute von größtem Interesse geblieben, weil seine Darlegung über die Verzweiflung unmittelbar, nur vom anderen Ende her, vorwegnimmt, was in der Psychoanalyse als Neurose beschrieben wird. Wir können also, indem wir von Kierkegaard sprechen, zugleich ein Modell erstellen, um Psychoanalyse und Dogmatik miteinander in Beziehung zu setzen und die Neurosenlehre der Psychoanalyse als ein theologisches Erkenntnisorgan der dogmatischen Sündenlehre zu instrumentalisieren. Dies ist nicht nur theoretisch, sondern vor allem praktisch von größtem Interesse.

Es ist gerade hundertdreißig Jahre her, siebzig Jahre vor S. Freud, dreißig Jahre vor Dostojewski, daß S. Kierkegaard – selber am Rande der Verzweiflung – in wenigen Wochen sich das eindringlichste Lehrstück über die Verzweiflung von der Seele schrieb, das bisher im Druck erschienen ist, betitelt: »Die Krankheit zum Tode«. Denn das ist ja Verzweiflung: am liebsten tot sein zu wollen und das Leben leid zu haben, aber nicht sterben zu können, lebendig tot zu sein und erstickt zu werden im Untotsein, um mit dem Dracula-Visionär Bram Stoker[4] zu sprechen, verstummen zu müssen im Unweinen, wie die berühmte Horrorautorin Patricia Highsmith[5] gemeint hat. Wenn dieses Unweinen, dieses Untotsein Verzweiflung ist, woher rührt sie dann und was ist ihr Wesen? Das soll zunächst untersucht werden.

1. *Verzweiflung als Mißverhältnis zu sich selbst*

Als die Stadt Korinth von Philipp von Mazedonien mit Belagerung überzogen wurde, waren alle Einwohner in hellem Aufruhr, und jeder suchte sein Möglichstes zu tun, die drohende Katastrophe abzuwenden: einer putzte seine Waffen, der andere trug Steine zusammen, ein dritter besserte die Mauer aus. Jeder bemühte sich, das drohende Unheil zu verhüten, fühlte er sich doch wie *verzweifelt* über die drohende Eroberung der Stadt und die hereinbrechende Zerstörung all dessen, was er sich aufgebaut hatte. Solches sah und hörte

[4] B. Stoker, Dracula, New York 1897; dt.: Dracula; aus dem Engl. von H. W. Bergner, München [7]1970 (Heyne Tb. 526–527); 158–159; 163–164; 170; bes. S. 185–187; D. Sturm u. K. Völker (Hrsg.), Vom Erscheinen der Vampire. Dokumente und Berichte, München 1973 (dtv 945), S. 127–133.

[5] P. Highsmith, The Terrapin, in: Eleven Stories; dt.: Die Schildkröte, in: Gesammelte Geschichten; mit einem Vorw. v. G. Greene; übers. v. A. Uhde; Zürich (Diogenes) 1973; Neudruck: in: Als die Flotte im Hafen lag. Ausgewählte Erzählungen, Frankfurt 1976 (sv 491); S. 49.

Diogenes aus Sinope; er schürzte in Eile seinen Mantel und rollte mit großem Eifer seine Tonne in den Gassen hin und her. Als man ihn fragte, warum er dies tue, antwortete er: Auch ich bin beschäftigt und rolle meine Tonne, damit ich nicht der einzige Müßige unter so vielen Fleißigen bin[6]. Es muß letztlich offenbleiben, was Diogenes mit diesem vieldeutigen Bild hat sagen wollen, es entspräche aber ganz und gar dem Hauptanliegen der jüngeren Kyniker, wie Vorländer sie schildert[7], die Hoffnung ebenso wie die Verzweiflung der Korinther in ihrem Kern infrage zu stellen und sie zu der Überlegung zu nötigen, worüber sie eigentlich verzweifeln.

Einem Menschen brennt sein Haus ab; und nun ist er verzweifelt. Aber ist das Abbrennen seines Hauses die Ursache oder nur der Anlaß seiner Verzweiflung? Das ist die eigentliche Frage.

Wenn ein Mensch alles verliert oder wenn ihm alles genommen wurde, woran sein Herz hing, wenn ihm nichts mehr bleibt, verzweifelt er. Aber was war er denn, bevor sein Haus abbrannte? – Da war ich glücklich, wird er selber sagen. – Also war dein Haus dein Glück? – Ja, sicher, wird er sagen. – Und jetzt, wo dein Haus zerstört ist, erscheint dir dein ganzes Leben wie zerstört? – Geradeso ist es. – Und alles, was wir an Bestätigungen suchen können, wird nur auf die eine Feststellung hinauslaufen: dieser Mann, diese Frau lebte nur in ihrem Hause; ihr Leben wurde bedeutet von ihrem Hause; ihr Haus war das einzig Absolute in ihrem Leben; denn es gibt scheinbar nichts, woher jetzt noch Tröstung kommen könnte.

Man mag natürlich statt eines Hauses alles mögliche andere sich als Beispiel nehmen, woran jemand äußerlich sein Leben setzen mag: Der eine sucht sein Zuhause in Beruf und Leistung, ein anderer in Geld, ein dritter in der Beliebtheit und Wertschätzung einer bestimmten Person oder einer ihm stets zustimmenden Schar von Stammfreunden oder Parteigenossen, wie auch immer: Wenn etwas von all diesen Gütern für jemanden eine absolute Bedeutung erlangt, muß er verzweifelt sein, wenn er es verliert.

Jemand, der nur diese Bestimmtheit durch das Äußere kennt, wird dabei bleiben müssen: Jener mußte verzweifeln, weil er dieses oder jenes verlor. Oft genug wird dann an dieser Stelle die Resignation das letzte Wort haben. *Oder* es kommt gerade aufgrund oft des Schmerzes, den die ausgebrochene Verzweiflung mit sich bringt, zu einem eigenartigen Gesinnungswechsel, zu einer

[6] S. Kierkegaard, Philosophische Brocken oder Ein bißchen Philosophie, von Johannes Climacus; Kopenhagen 1844; Hamburg 1964; übers. und komm. v. L. Richter, Werke in 5 Bänden, Bd. V (rk 147); S. 9–10.

[7] K. Vorländer, Geschichte der Philosophie, 5 Bände; Bd. I: Philosophie des Altertums; bearb. v. E. Metzke, mit einem Anhang »Quellentexte«, ausgew. v. E. Grassi u. E. Keßler; Hamburg 1963 (rde 183–184); S. 73.

Vertiefung und Verinnerlichung der Lebenseinstellung insgesamt, und jemand erkennt, daß irgendetwas zuvor schon in seinem Leben nicht gestimmt haben kann, wenn er jetzt derartig niedergeschlagen und mutlos ist.
Warum, so muß er sich jetzt fragen, hat er eigentlich nur durch die Zuneigung einer bestimmten Frau, einer bestimmten Gruppe, aufgrund bestimmter Anerkennungen etc. gemeint leben zu können? Doch offenbar deshalb, weil er sich selber eigentlich gar nicht gekannt, weil er eigentlich gar nicht selber gelebt hat, sondern von außen gelebt wurde, und weil er selbst in seinem Leben ganz und gar veräußerlicht war. Was aber ist dann von seinem vermeintlichen vorherigen Glück zu halten? So eigenartig kann die Verzweiflung wirken, daß jemand sein bisheriges Glück jetzt für die eigentliche Krankheit zu halten beginnt und in der Verzweiflung erfährt, daß er im Grunde immer schon verzweifelt war – ganz ähnlich wie man in der Psychotherapie bei Ausbruch einer Aktualneurose schließen muß, daß der Patient immer schon eine prämorbide Persönlichkeitsstruktur besaß. Ja, am Ende wird es der Betreffende sogar für sein eigentliches Glück halten, durch jenen Schicksalsschlag, durch jenes Unglück endlich aus seiner latenten Verzweiflung aufgerüttelt worden zu sein.
Vielleicht war es dies, was Diogenes den Bewohnern von Korinth sagen wollte: Ihr betrachtet es als euere Verzweiflung, möglicherweise durch das Heer der Makedonier euer Hab und Gut zu verlieren. Aber eure Hast und Unruhe geht in die falsche Richtung. Ihr könntet gerade jetzt, gerade in eurer Hoffnungslosigkeit merken, daß eure Häuser und Höfe nicht euer Leben ausmachen, daß ihr mehr seid als Essen und Trinken. Ihr verzweifelt jetzt über die Gefahr, die eurem Besitz droht, aber eure wirkliche Gefahr ist, daß ihr auch jetzt noch nicht merkt, daß ihr in Wahrheit seit eh und je verzweifelt seid, daß ihr keine wirklichen Menschen seid und überhaupt nicht wirklich lebt, solange ihr meint: mein Haus, mein Hund, meine Frau, mein Kind, das ist mein Leben – um an Rilkes Stundenbuch[8] zu erinnern.

[8] R. M. Rilke, Das Stundenbuch (1905), in: Sämtliche Werke, hrsg. vom Rilke-Archiv; in Verbindung mit R. Sieber-Rilke besorgt durch E. Zinn; 1. Bd., Frankfurt am M. 1955; S. 338:
»Sie sagen *mein* und nennen das Besitz,
wenn jedes Ding sich schließt, dem sie sich nahn,
so wie ein abgeschmackter Charlatan
vielleicht die Sonne sein nennt und den Blitz.
So sagen sie: mein Leben, meine Frau,
mein Hund, mein Kind, und wissen doch genau,
daß alles: Leben, Frau und Hund und Kind
fremde Gebilde sind, daran sie blind
mit ihren ausgestreckten Händen stoßen.«

In diesem Sinne kann die Verzweiflung ein ungeheuerer Vorzug sein: nämlich endlich zu merken, daß man im Grunde immer schon verzweifelt war, und sich auf ein wirkliches eigentliches Leben zu besinnen. Kann jemand dies zugeben, dann ist er vorbereitet für die wichtigste These Kierkegaards zum Thema Verzweiflung: daß niemals jemand an etwas Äußerem verzweifelt, das er nicht selber ist, sondern immer an sich selber; anders ausgedrückt, daß die *Verzweiflung* im Grunde immer *ein Mißverhältnis zu sich selber ist.*

Man kann diese These nur akzeptieren, wenn man überhaupt anerkennt, daß es die Aufgabe des Menschen sei, ein Selbst zu werden; wem dies kein wesentliches Ziel ist, der wird ein Epikureer[9] bleiben müssen und in den Bahnen von Lust und Unlust, Besitz und Verlust, Haben und Nichthaben weiterleben müssen; er wird die Frage gar nicht zulassen dürfen, wer er denn selber sei, und sein Leben wird also da zu Ende sein müssen, wo ihm seine Frau an Krebs starb, sein Hof von den Russen 1945 besetzt wurde, der Gatte sich vor fünfzehn Jahren scheiden ließ oder ihm eine bestimmte Karriere versagt blieb. Aber um des eigenen Selbst willen hängt alles davon ab, wenigstens intellektuell Kierkegaard zuzustimmen: Wenn jemand an etwas Äußerem verzweifelte, zeige sich, daß er immer schon verzweifelt war; Verzweiflung, das sei ein Mißverhältnis zu sich selbst.

In seelsorglichen Gesprächen wird dieser Schritt oft Monate und Jahre in Anspruch nehmen und mitunter nie erfolgen, und wir selber werden für unser eigenes Leben kaum garantieren können, wie wir uns verhalten, wenn es ernst wird; aber es wäre doch schon viel gewonnen, wenn wir – mindestens in der Theorie – zugeben könnten, daß die Verzweiflung innerlich im Menschen wohnt und nicht äußerlich nach Schicksalslaune ihn überfällt. Denn nur dann lassen sich Wege der Heilung finden und erörtern, die im Inneren des Menschen ansetzen und überhaupt erst auch die Frage nach Gott sinnvoll und notwendig machen.

2. *Die Angst als Ursprung der Verzweiflung*

Verzweiflung ist ein Mißverhältnis zu sich selbst. Setzen wir dies einmal als gegeben. Dann ist die Frage erneut zu stellen: Woher kommt die Verzweiflung; oder jetzt präziser: Woher kommt das Mißverhältnis zu sich selbst und in welcher Gestalt tritt es auf? An dieser Stelle bedarf es für einen Augenblick

[9] »Epikureer« im Sinne dessen, was S. Kierkegaard das »ästhetische Individuum« genannt hat; der Philosoph Epikur wurde erst durch die frühchristliche Apologetik als Vertreter eines bloßen Hedonismus interpretiert; ähnliche Mißverständnisse aber auch schon z. B. bei Cicero.

eines gewissen Abstraktionsvermögens, um die folgende These Kierkegaards zu verstehen.

Kierkegaard meinte, der Mensch könne nur dann ein Selbst werden, wenn er imstande sei, sich selbst als ein geistiges Wesen in seiner Geschöpflichkeit zu akzeptieren.[10] Daß der Mensch Geist hat, bedeutet, daß er ein menschliches Wesen ist; aber er ist nicht Gott. Sein Geist ist gebunden an die Sinne, an den Körper, an die *Endlichkeit,* und so ist der Mensch ein Widerspruchswesen, das sich selbst in seinen Gegensätzen als Synthese setzen muß. Der Mensch hat, um ein Selbst zu werden, die Aufgabe, das Endliche und *das Unendliche* gleichermaßen zu setzen. Eben darin liegt seine Freiheit. Wäre er nur die Endlichkeit, so wäre er nach der Art eines Steines, einer Blume oder eines Vogels einfach mit sich identisch und durch sich selbst bestimmt, und er hätte überhaupt kein reflektiertes Verhältnis zu sich selbst. Wäre er unendlich, so wäre in ihm, wie in Gott, seine Freiheit ganz eins mit seinem Wesen und er gehorchte nur sich selbst. Die Freiheit des Menschen aber ergibt sich gerade daraus, daß er als ein unendliches Wesen sich ins Endliche setzen muß, daß er selbst zu der Begrenztheit seiner Existenz kraft des Unendlichen in der Reflektiertheit seines Geistes Stellung nimmt und sich darin als verantwortlich setzt.

Zugleich ergibt sich daraus noch ein anderes Gegensatzpaar: das der *Notwendigkeit und der Möglichkeit.* Die Freiheit des Menschen wäre nicht, verbliebe der Mensch in der puren *Notwendigkeit;* sie wäre die bloße *Phantasterei,* verbliebe sie in der puren Möglichkeit. Der Mensch hat vielmehr die Aufgabe, die Synthese der Notwendigkeit und der Möglichkeit zu setzen, indem er seine Freiheit weder an die Notwendigkeit opfert noch an die Möglichkeit verspielt; er muß seine Freiheit zur *Wirklichkeit* bestimmen.

So steht die Freiheit des Selbst in der Synthese von vier Gegensatzpaaren:

Endlichkeit/Zeitlichkeit

Freiheit
Notwendigkeit ———— Wirklichkeit ———— Möglichkeit
Augenblick

Unendlichkeit/Ewigkeit

[10] Zum Folgenden vgl. E. Drewermann, Strukturen des Bösen. Die jahwistische Urgeschichte in exegetischer, psychoanalytischer und philosophischer Sicht. 3 Bde.; Bd. III: Die jahwistische Urgeschichte in philosophischer Sicht; Paderborn 1978; S. 460–479.

Indem der Mensch diese Gegensätze in sich vereinigt, wird er seiner eigenen Wirklichkeit gerecht und realisiert er sich als Selbst. Darin aber liegt auch die Erklärung dafür, wieso ein Mensch in ein verzweifeltes Mißverhältnis zu sich selbst geraten kann. Es gibt innerlich eine Macht, die den Menschen daran hindert, er selbst zu sein und die Synthese seiner selbst zu setzen, und darin besteht das eigentliche Geheimnis und die eigentliche Gefährdung der Freiheit: daß sie nämlich *Angst* ist.

Man ist gewöhnt an den Gedanken, daß die Freiheit das eigentliche und höchste Gut des Menschen sei, und das ist auch wahr. Aber man übersieht leicht, daß sie zugleich die größte Bürde des Menschen ist und daß es einer außerordentlichen Anstrengung bedarf, seine eigene Freiheit zu wollen. Es liegt in der Tat eine ungeheuere Sehnsucht im Menschen, sich als Individuum aufzugeben und in der Unfreiheit der Masse zu verschwinden, eben weil keine Angst dem Menschen innerlicher und tiefer ist als die Angst der Freiheit vor sich selbst. Dostojewskis Großinquisitor[11] hat in gewisser Weise recht, wenn er die Freiheit als eine zu große Gabe ansieht, die man dem Menschen nehmen müsse, um ihn das gehorsame Glück der unmündigen Kinder, die Unschuld der Unfreien zu lehren. In allen Mythologien und Ideologien, in allem Rausch und in aller Ekstase sehnt sich der Mensch nach der Überwindung seines subjektiven Bewußtseins, nach der Einheit mit der Kollektivpsyche und dem Vergessen seines eigenen verantwortlichen, unableitbaren Selbstseins, verlangt er nach der Preisgabe seiner Freiheit in der Kollektivität der äußeren Festlegung und der vorweg entschiedenen Richtigkeit aller.

Der Mensch besitzt also die Fähigkeit zur Freiheit, aber er hat zugleich die größte Angst davor, frei zu sein; und so liegt nichts näher, als daß er die Freiheit abschafft. Wie er das kann, ist aus dem angezeigten Schema leicht zu ersehen: Er braucht, statt die Synthese seiner Gegensätze zu bilden, nur einen der Spannungspole seiner selbst zu fliehen und sich an den anderen mit der Energie seiner Angst anzuklammern. Er kann sich sagen, daß er keine Angst zu haben braucht, wenn er nur das tut, was *notwendig* ist, und das Notwendige wird ja nie falsch sein; oder wenn er alles offen in der *Möglichkeit* hält: Auch solange noch alles offen ist, wird es ja nie falsch sein können; oder er denkt: Ich bin so lange unangreifbar, als ich jedes Tun und Wollen von vornherein ins *Unendliche* setze und für ein nie erfüllbares Sehnen, für eine nie zu realisierende Utopie erkläre, solange ich mich wie zum Pyramidenbau verschleiße und so meinen guten Willen demonstriere; oder er erklärt sich aller Aufgaben und Pflichten ledig, er verschanzt sich ins *Endliche*, hält sich an die

[11] F. M. Dostojewski: Die Brüder Karamasoff (1880); übers. v. K. Noetzel; München 1958 (GG Tb 478–79; 480–81); S. 307–328.

Fakten, wie sie sind, erklärt sie für allmächtig und gibt gleichermaßen seine Freiheit und sich selber auf. Er ist dann so, wie Diogenes seine Mitbürger sah: verzweifelt im Endlichen aufgrund des Fehlens jedes Gedankens an eine unendliche ewige Bestimmung und Würde des eigenen Lebens, und bis ins Aussichtslose identifiziert mit Dingen, die er selbst nicht ist.

Jede dieser vier Formen, die Spannung des Daseins durch Vereinseitigung aufzulösen, führt zu einem Mißverhältnis zu sich selbst, zu der verzweifelten Abschaffung eines wirklichen Lebens. Der Gewinn, der vordergründig dabei herausspringt, besteht in der momentanen Reduktion der Angst. So wie in einer Neurose durch die Verdrängung bestimmter ängstigender Erlebnisse der *Krankheitsgewinn* erzielt wird, daß die aktuelle Angst im Erleben beseitigt wird, so besteht der Gewinn eines verzweifelten Daseins darin, bestimmte Lebensbereiche auszublenden, sie für unmöglich zu erklären und also weniger Angst zu erleben. Andererseits wird natürlich, wie in der Neurose, fortan das ganze Leben unvermerkt um so eher ganz und gar von Angst durchzogen. Und eben dies möchte ich jetzt an den vier soeben abgeleiteten möglichen Formen der Verzweiflung zeigen.

Die späte Wirkung der Kierkegaardschen Gedanken in der *Sinnbildlehre* von J. H. Schultz[12], in der *Daseinsanalyse* von M. Boss[13], G. Condrau[14], L. Binswanger[15], V. E. v. Gebsattel[16] u. a. erlaubt es heute, die aus der Psychoanalyse bekannten vier »Grundformen« neurotischer Angst, wie Riemann sein berühmtes kleines Buch betitelt hat[17], mit den vier Verzweiflungsformen Kierkegaards zu parallelisieren. Und zwar wie folgt:

[12] J. H. Schultz, Grundfragen der Neurosenlehre. Propädeutik einer medizinischen Psychologie, Stuttgart 1955; München o. G. (Kindler, Geist und Psyche, 2074–75); S. 181–198.

[13] M. Boss, Grundriß der Medizin und der Psychologie. Ansätze zu einer phänomenologischen Physiologie, Psychologie, Pathologie, Therapie und zu einer daseinsgemäßen Präventiv-Medizin in der modernen Industrie-Gesellschaft, Bern-Stuttgart-Wien [2]1974.

[14] G. Condrau, Daseinsanalytische Psychotherapie, Bern 1963

[15] L. Binswanger, Drei Formen mißglückten Daseins, Tübingen 1956

[16] V. E. v. Gebsattel, a) Die anankastische Fehlhaltung, in: Handbuch der Neurosenlehre und Psychotherapie, Bd. II, S. 125–142; München-Berlin 1959; hrsg. v. V. E. Frankl, V. E. v. Gebsattel u. J. H. Schultz. b) Die depressive Fehlhaltung, in: Handbuch der Neurosenlehre und Psychotherapie, Bd. II, S. 143–156; München-Berlin 1959; hrsg. v. V. E. Frankl, V. E. v. Gebsattel und J. H. Schultz.

[17] F. Riemann, Grundformen der Angst und die Antinomien des Lebens. Eine tiefenpsychologische Studie über die Ängste des Menschen und ihre Überwindung, München 1961.

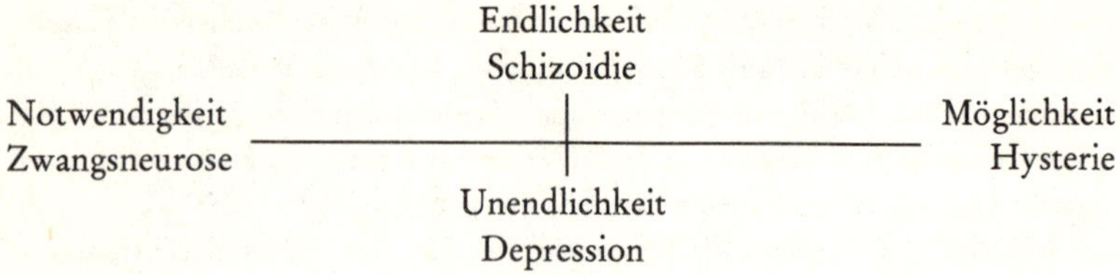

II. Die vier Neuroseformen als vier Formen der Fehlverarbeitung von Daseinsangst

1. Die Zwangsneurose

Von diesen vier Verzweiflungs- und Neuroseformen läßt sich zunächst die Verzweiflung der Notwendigkeit, die *Zwangsneurose* der Psychoanalyse, als erste herausgreifen, um zu zeigen, wie Psychoanalyse und Theologie in ihrem Verständnis menschlichen Leids zusammenkommen können. Und zwar empfiehlt es sich, zunächst gerade das Beispiel der Zwangsneurose zu wählen, weil hier historisch der Widerspruch von Theologie und Psychoanalyse am härtesten (gewesen) ist, hat doch S. Freud gemeint, daß die gesamte Religion, jedenfalls die, die er kennengelernt hat, eine durch und durch zwangsneurotische Veranstaltung sei.[18] An diesem Beispiel der Zwangsneurose ist es daher vielleicht am nötigsten, die Frage aufzugreifen, ob die Religion neurotisch ist bzw. macht, oder umgekehrt: ob das *Fehlen* der Religion den Menschen in die Krankheit zwingt, und entsprechend: ob die Heilung der Psyche gleichbedeutend sei mit einer Reifung in Gott.

1.1. Charakterisierung

Kierkegaard hat die *Verzweiflung der Notwendigkeit* als »Fehlen der Möglichkeit« beschrieben[19], in dem Sinne, daß dem Menschen aller Möglichkeitsspielraum genommen wird. Das Selbst des so Verzweifelten erstickt gewissermaßen in dem Zwang, immer nur das Notwendige atmen zu müssen und keinen Raum zu eigener Entfaltung zu besitzen. Indessen sind es nicht die Notwendigkeiten der Wirklichkeit an sich, die das Selbst ersticken, sondern es ist das Subjekt selbst, das die Wirklichkeit auf die Notwendigkeit reduziert. Ein

[18] S. Freud, Totem und Tabu (1912); Gesammelte Werke, 9. Bd., London 1940; S. 91.
[19] S. Kierkegaard, s. o. Anm. 3, S. 36.

solcher Mensch flüchtet in den Zwang, in das Alibi des notwendigen Erfordernisses.

Wenn man das Gestaltbild dieser Seelenerkrankung, dieser verzweifelten Existenzweise etwas verbreitert, so muß man bedenken, was es bedeutet, nur das Notwendige gelten lassen zu können. In der Welt der blanken Notwendigkeit gibt es kein Wünschen, kein Dürfen und kein Mögen. *Usque ad nauseam* hört man in Gesprächen den Zwangsneurotiker fragen, was er denn tun soll, was er denn machen muß; und er würde alles tun, er wird nur nie darin einwilligen, sich einmal auf etwas einzulassen, für das es keinen anderen Grund gibt, als daß er selbst Lust dazu hätte. Jeden Wunsch, den er spürt, verwandelt er, oft bis zur Kuriosität, in einen Zwang, in ein objektives Erfordernis. Er verhält sich so, als ob ein Kind zu seiner Mutter sagen würde: »Ich brauche jetzt 200 Kohlehydrate aus ernährungsphysiologischen Gründen«, statt: »Ich möchte gern ein Bonbon«. Die Folge ist natürlich, daß der Zwangsneurotiker zu nichts kommt; denn die 200 KH kann man auch in einer anderen Form zu sich nehmen, die dem Zahnschmelz besser bekommt, als in Form eines Bonbons.

Aber die Ablehnung der Möglichkeit am Grunde des Daseins bezieht sich nicht nur auf die Verdrängung der Wünsche, sondern führt, umgekehrt gewendet, zu einem endlosen Kampf gegen sich selbst im Namen vorgeblicher Pflichten. Unentwegt klammert sich der Zwangsneurotiker an den Buchstaben des Gesetzes, und wenn es für irgend jemanden gilt, daß der Buchstabe tötet[20], dann für ihn; alles muß bei ihm exakt und festgelegt sein. Man bestellt ihn zum Gespräch auf 17.00 Uhr, er aber geistert schon um 20 Minuten vor 17.00 Uhr um das Haus und steht auf der Matte so pünktlich, daß die Sonne ihren Gang danach bemessen könnte. Sein Anzug muß absolut sauber und korrekt sein; er setzt sich gerade hin, und schon sieht man ihn vermutete Flusen mit den Fingerspitzen vom Kleid entfernen, oder hört ihn die Besorgnis äußern, er habe vielleicht noch etwas Straßenstaub hereingetragen. Denn alles, was nicht dem Anstand, der Vorschrift entspricht, was auch nur den Hauch des Unkorrekten trägt, ist für ihn wie die eine Ausnahme, die einfach, weil sie möglich ist, das schönste Weltgesetz vernichtet.

Die Abwehr des Möglichen, die Verleugnung dessen, was man einfach mögen kann, führt zu dem, was sich als das Aber-Denken des Zwangsneurotikers[21] bezeichnen läßt. Ein Zwangsneurotiker kann gerade eben noch gesagt haben,

[20] 2 Kor 3,6

[21] Ein vom Vf. gebildeter Begriff, um die ständigen Selbstwiderlegungen des zwangsneurotischen Denkens zu kennzeichnen, das nicht dem Zweck des Planens und Handelns, sondern der Handlungsvermeidung durch »magischen« Denkersatz dient.

was für ihn wünschenswert ist und gut, er wird sich im nächsten Augenblick ins Wort fallen und erklären, daß er *aber* das gerade doch nicht könne, weil er zu alt sei, andere Verpflichtungen habe, etc. Besonders schwer ist, daß man im Beratergespräch immer wieder *Verneinungen als Bejahungen* hören muß: Ein Zwangsneurotiker wird oft gerade an der Stelle, wo er sich oder andere eigentlich loben und zugeben müßte, daß da etwas ist, das er mögen könnte, sich und andere tadeln oder wieder alles Erreichte mit einem Aber-Einwand zunichte machen.

Man versteht *diese Schutzstarre*[22] *gegen alle Mögliche* aber erst, wenn man die Flucht in die Notwendigkeit bis in den Kern der ganzen Existenz vortreibt. Die schlimmste Wahrheit unseres Lebens besteht für jemanden, der die Möglichkeit aus *Angst verleugnet, in der puren Tatsache, daß wir selbst mit unserem Dasein* in uns selbst durchaus *nicht notwendig* sind. Es gab vor 40 Jahren eine Zeit, da wir nicht waren, und es gibt in 40 Jahren wieder eine Zeit, wo wir nicht sind. Und wenn es uns nicht gäbe, so käme ohne weiteres niemand darauf, daß es uns geben müßte. Daß wir, in der Sprache der Metaphysik, ganz und gar kontingente Wesen sind, die durchaus nicht sein müßten – das ist die Tatsache, die den Zwangsneurotiker, den Verzweifelten der Notwendigkeit, am tiefsten bedroht. Unter Aufbietung aller Kräfte versucht er, seinem Dasein etwas Dauerhaftes abzuringen, und da er selbst vergänglich *ist,* muß er etwas *machen,* das unvergänglich ist: Er muß davon träumen, etwas Absolutes zu erschaffen bzw., noch präziser, sich selber als etwas Absolutes zu erschaffen.

J. P. Sartre hat in den »Wörtern« einmal dieses Erlebnis der Kontingenz mit dem verzweifelten Willen zum Absolutsein unnachahmlich klar geschildert. Als Kind wohnte er einem abendlichen Empfang bei; in den Hallen standen die Honoratioren, die Champagner-Gläser in den Händen, unter den schweren Kristall-Lüstern – nur er selber war ausgeschlossen, ihn brauchte niemand, ihn vermißte niemand, er fehlte niemandem, er war schlechthin überflüssig. In jenem Moment, schreibt Sartre, beschloß ich, den anderen notwendig zu werden wie Wasser und Brot.[23] Dies ist der eigentliche zentrale Wille am Grund einer so verzweifelten Existenz: Sie empfindet sich als zutiefst unberechtigt und überflüssig, und so muß sie, da sie nicht notwendig *ist,* sich notwendig *machen;* nur dann wäre sie existenzberechtigt; nur dann *dürfte* es sie geben. Auch der Wunsch, zu sein, kann nur akzeptiert werden als Notwendigkeit, zu sein. Und um diese zu erwerben, unternimmt der Zwangs-

[22] Begriff von J. H. Schultz, Grundfragen (s. Anm. 12), 293.

[23] J. P. Sartre, Les mots, Paris 1964; dt.: Die Wörter, übers. u. m. Nachw. vers. v. H. Mayer, Reinbek 1965; Neuausgabe: Reinbek 1968 (rororo Tb. 1000); S. 51; 53; vgl. E. Drewermann, Strukturen (s. Anm. 10), Bd. III 239.

neurotiker alles. Was immer er tut, muß in sich absolut sein, es darf keinerlei Fehler aufweisen, es muß hundertprozentig sein.
Die einzigen Maßstäbe sind daher für ihn sehr gut oder ungenügend – als ob er mit sich umgehen müßte wie mit einem Automaten, der nur ganze Markstücke zuläßt: für einen solchen Automaten ist es egal, ob man 50 oder 90 Pfennige einwirft, er kann nur die ganze Mark gelten lassen; alles nicht Hundertprozentige zählt für ihn gleich Null. Aber was ist unter Menschen hundertprozentig? Was ließe sich nicht verbessern?
Man stelle sich vor, jemand schreibt eine Seminararbeit oder gar eine größere Abhandlung mit eben diesem Anspruch: es muß perfekt und absolut in Ordnung sein. Und ein Kollege schreibt über ein ähnliches Thema. So entsteht natürlich sofort die Gefahr, daß der andere etwas entdeckt, auf das man selber nicht gekommen ist, und schon ist alles Eigene entwertet und nichtig, schon stürzt die Illusion eines absoluten Werkes ein. Was bleibt dann? Man kann versuchen, ja, man muß versuchen, sich gegen den anderen zu verteidigen, ihn fertig zu machen und ins Unrecht zu setzen. Der Zwangsneurotiker, der Verzweifelte der Notwendigkeit, kann den anderen stets nur als Konkurrenten wahrnehmen; seine einzige Frage ist: Bin ich überlegen oder unterlegen. Hört er von irgendeiner Leistung in der Umgebung seines eigenen Arbeitsfeldes, so fühlt er sich sofort bedroht und muß einen Vergleich mit sich selbst ziehen und Gründe suchen, die den anderen herabsetzen. Er wird selig sein, wenn er dem anderen einen Fehler, ein Detail nachweisen kann, das nicht stimmt. Denn der Fehler des anderen ist das, was ihm sein Recht gibt, in der Illusion seiner Absolutheit fortzufahren.
Wenn man sich dieses Schema tödlicher Konkurrenz in einem biblischen Bild verdeutlichen will, so muß man sich die Szene von Gen 4,1–16 vor Augen stellen, wo die Menschen als Vertriebene, als prinzipiell Ungerechtfertigte sich ihre Annahme, ihre Akzeptation oder Akzeptierbarkeit zu erwerben suchen; und es ist dieses mörderische Gefühl Kains, das den Zwangsneurotiker kennzeichnet: daß er machen kann, was er will, daß er das Allerbeste darbringen kann, was er besitzt, und es wird doch nie gut genug sein, nie ausreichend genug sein, weil es neben ihm einen anderen gibt, der besser abschneidet als er und durch dessen bloße Gegenwart er sich wie vernichtet fühlen muß[24]. Menschen, die im Prinzip ungerechtfertigt sind, müssen einander in tödlicher Konkurrenz eliminieren. 1 + 1 ist 1 – das ist unser »furchtbares Geheimnis«, sagt J. P. Sartre in den »Eingeschlossenen«.[25]

[24] E. Drewermann, Strukturen, III. 273.
[25] J. P. Sartre, Les séquestrés d'Altona, Paris 1960; dt.: Die Eingeschlossenen; übers. v. H. Liebmann u. R. Gerhardt; in: Gesammelte Dramen, Reinbek 1969; S. 713.

Der Wesenszug eines solchen Verzweifelten der Notwendigkeit ist ein derartig grenzenloser *Sadismus,* eine ewige untergründige Aggressivität, die den anderen gerade in dem, was an ihm gut ist, zerstören muß. Aus der Erniedrigung des anderen empfängt ein solcher Mensch ja allein seine Daseinsberechtigung. Und so geht es zu wie in Scheich Saadis Rosengarten: »Die deine Feinde sind, / sein werden oder waren, / mästen sich am Gram, / den sie von dir erfahren!«[26]

1.2. Genese

Natürlich ist zu fragen, woher denn nun solch eine Einstellung kommt und wie sie geheilt werden kann. Die Psychoanalyse hat seit S. Freuds Analyse des sog. »Rattenmannes«[27] viel unternommen, um die empirischen Faktoren der Genese einer Zwangsneurose zu ergründen.[28] Es handelt sich immer um das Gefühl und die Erfahrung, im Grunde nicht berechtigt und überflüssig zu sein bzw. nur aufgrund von Leistung sich eine Daseinsberechtigung verdienen zu können. »Wenn es dich schon gibt«, so kann man die zwangsneurotischen Mikrotraumen der Erziehung in der Kindheit zusammenfassen, »dann mußt du fleißig, gehorsam, tüchtig, ordentlich, ganz und gar anspruchslos, korrekt, ein Muster und ein Stolz deiner Eltern sein; und fange bloß nicht an, eigene Wünsche und Bedürfnisse zu haben! Dafür haben wir, deine Eltern, keine Zeit, kein Geld, kein Herz. Du darfst nur sein, wenn du tust, was du tun mußt, und du mußt, was die Großen dir sagen.« – Reden dieser Art sind die beste peristatische Bedingung einer Zwangsneurose.
Aber jenseits der biographischen Fakten ist deutlich, daß es eines ist, was Erwachsene so zu einem Kind sagen, und ein anderes, was man sich selber so sagt. Die Neurose ist perfekt, wenn die Erfahrungen aus dem Drill der eigenen Eltern verewigt werden; die *Verzweiflung der Notwendigkeit,* umgekehrt gesagt, ist gegeben, wenn das gesamte Lebensgefühl, das ganze Denken, die ganze Einstellung der Existenz von diesem einen Axiom beherrscht wird: Ich muß, um berechtigt zu sein, mir eine Daseinsberechtigung erarbeiten; wenn es mich geben soll, so muß ich machen, daß ich für irgendwas Notwendiges für

[26] Scheich Saadi (ca. 1250 n. Chr.): Hundertundeine Geschichte aus dem Rosengarten. Ein Brevier orientalischer Lebenskunst; aus dem Persischen übers. u. ausgew. v. R. Gelpke, Zürich 1967; S. 188.

[27] S. Freud, Bemerkungen über einen Fall von Zwangsneurose (1909); Gesammelte Werke, 7. Bd., London 1941; Frankfurt a. M. [4]1966; S. 378–463.

[28] O. Fenichel, The Psychoanalytic Theory of Neurosis, New York [1]1941; [2]1945; dt.: Psychoanalytische Neurosenlehre, 3. Bde.; übers. v. K. Laermann; Olten-Freiburg 1974–1977; bes.: Bd. 2, S. 109–168.

alle Zeit notwendig bin. Anderenfalls versinke ich im Pfuhl des Nichts, der Kontingenz, im Brei der Überflüssigkeit und der Vergänglichkeit.

1.3. Heilung aus dem Glauben an ein vorgängiges Daseindürfen

Es ist nun das Dritte und Entscheidende, was es von Kierkegaard zu lernen gilt, daß es, vor Gott betrachtet, eine *Sünde,* ja *die Sünde* schlechthin ist, verzweifelt zu sein. Wir können diesen wichtigen Gedanken am besten verstehen, wenn wir, in unserem Beispiel bleibend, uns fragen, was ein solcher Verzweifelter der Notwendigkeit lernen muß, um gesund zu werden. Seine Krankheit, seine Verzweiflung, das sehen wir, ist das Gefühl, nur sein zu *dürfen* aufgrund eines selbst erlangten *Seinmüssens.* Seine ganze Heilung besteht umgekehrt darin, daß er einmal denken, fühlen könnte, es dürfte ihn auch geben als nicht-notwendig. Es müßte also etwas geben, das am Grund seiner Existenz sein ganz und gar kontingentes Dasein rechtfertigen würde, und zwar vorweg, ohne erst etwas machen zu müssen; es müßte etwas geben, das sein zugegebenermaßen nicht-notwendiges Dasein vorweg zu allem eigenen Tun will und akzeptiert. Der Verzweifelte der Notwendigkeit müßte m. a. W. auf einen vorgängig bejahenden Willen treffen, der rechtfertigt und will, daß es so etwas wie ihn gibt. Ein anderer Mensch kann ihm das nicht sagen. Denn erst wenn er selbst an diese vorgängige Bejahung seiner selbst glauben kann, vermag er sich selbst in seiner Kontingenz, in seiner Nichtigkeit zu akzeptieren; dann auch erst wird er den anderen jenseits seiner permanenten Konkurrenzangst gelten lassen können und ihm zutrauen, daß der andere ihn gelten läßt.

Wir stehen hier bei einer Weisheit, die in der Bibel die jahwistische Urgeschichte am klarsten ausspricht, daß Menschen, die Gott aus den Augen verloren haben, einander in der Liebe erniedrigen (Gen 3,16) und sich in der Entfremdung und Verbannung ihres Lebens gegenseitig vernichten müssen.[29] Umgekehrt gilt, daß man erst zu sich selbst und anderen findet, wenn man mit Gott im Einklang ist. Die Erlösung der Zwangsneurose, der Verzweiflung der Notwendigkeit kommt in Worten und Bildern zum Ausdruck, die Jesus oft im Evangelium gebraucht: etwa in Mk 4: Von selber wächst die Saat – also nicht durch dein Tun; oder in Mt 6: Alles Sorgen und Mühen um Selbstvergrößerung und Außenprofil kann doch nichts nützen; alles läuft auf die Frage hinaus, ob wir vor Gott und in Gott gut genug sind. Oder im Gleichnis der unterschiedlichen Talente[30]: daß es kein Grund ist zum Verzweifeln, wenn

[29] E. Drewermann, Strukturen (s. Anm. 10), Bd. II 214–216; Bd. III 263–278.
[30] Mt 25,14–30

man nur *ein* Talent hat und ein anderer fünf; sieht man nicht Gott, so ist das zum Verzweifeln; in Gott aber ist es möglich, die eigenen Grenzen zu bejahen: Mehr braucht es nicht, und es darf uns als gerade diese Menschen geben. Das ist die Glaubensantwort auf die Frage der Notwendigkeitsverzweiflung: Es *muß* dich nicht, aber es *darf* dich geben, weil Gott schon möchte, daß du bist.

Zusammenfassung

Insofern läßt sich das Gesagte in den beiden Definitionen Kierkegaards zusammenfassen, die Theologie und Psychoanalyse am tiefsten miteinander verbinden[31]: *Verzweiflung* ist ein Mißverhältnis zu sich selbst aufgrund eines Mißverhältnisses zu Gott, und Glauben ist ein rechtes Verhältnis zu sich selbst aufgrund eines rechten Verhältnisses zu Gott. Freilich, diese theologische Definition existentiell zu vollziehen, bedeutet oft für lange Zeit im Leben eines Menschen, den Anfang der Bergpredigt zu bestätigen: »Selig sind die Weinenden« (Lk 6).

So sind es vornehmlich vier Dinge, die wir bisher haben lernen können:

1. Verzweifelt ist ein Mensch nicht über etwas Äußeres, sondern stets über sich selbst, und gerät er in Verzweiflung über etwas Äußeres, so zeigt dies nur, daß er immer schon verzweifelt war.
2. Der Formen der Verzweiflung sind nicht endlos viele, sondern nur vier Hauptformen. Diese vier Formen sind als deckungsgleich mit den vier Grundformen der Neurose zu betrachten, wobei die Psychoanalyse die empirischen Faktoren der Neuroseentstehung untersucht, die Existenzanalyse aber die kategoriellen Ängste des neurotischen Erlebens als Erscheinungsweisen der vier grundlegenden Ängste versteht, in welche die Freiheit des Menschen sich selbst gestellt sieht.
3. Am Beispiel der Zwangsneurose haben wir gesehen, wie ein Dasein an sich selbst verfällt, wenn es einen der Spannungspole des Daseins zur Vermeidung der Angst des Daseins absolut setzt (Charakterisierung der Zwangsneurose).
4. Die Überwindung von Verzweiflung und Neurose setzt einen Akt des Vertrauens zum Ursprung des Daseins insgesamt voraus. Gemessen an der Möglichkeit des Glaubens, erscheint die Verzweiflung und die Neurose als *Sünde;* aber seine Verzweiflung als Sünde erkennen heißt, die Gnade akzeptieren, sein zu dürfen.

Auf dem Gesagten aufbauend, ist es nun nicht schwer, die drei verbleibenden Verzweiflungs- und Neuroseformen zu erörtern. Das logische Schema der

[31] S. Kierkegaard, Die Krankheit zum Tode (s. Anm. 3), S. 13; 28; 78; vgl. E. Drewermann, Strukturen (s. Anm. 10), Bd. III 464.

Ableitung ist bereits gegeben, und so ist es erlaubt, unmittelbar vom Begriff in die anschaubare Wirklichkeit hinüberzugehen.

2. *Die Hysterie*

Am einfachsten stellt sich dieser Übergang jetzt am zweiten Beispiel, am Fall der Verzweiflung der Möglichkeit[32], der *Hysterie,* dar. Sie ist das genaue Gegenteil der Zwangsneurose, denn ihr Sinn und ihr ganzes Bestreben liegt gerade darin, den entgegengesetzten Pol der Existenz durch Vereinseitigung absolut zu setzen: Nicht die Notwendigkeit, wie in der Zwangsneurose, sondern die Möglichkeit wird in der Hysterie als Zufluchtsort gegenüber dem Schwebezustand der Angst in der Synthese der Gegensätze des Daseins gesucht. In allen Einzelheiten gibt sich die Hysterie als das spiegelbildliche Pendant der Zwangsneurose zu erkennen.

2.1. Charakterisierung

Man bestellt eine Hysterikerin auf 17,00 Uhr nachmittags; sie erscheint um 17,20 Uhr, dafür aber angetan mit einem Kleid in den ausgesuchtesten Mustern und Farben, einen Blumenstrauß im Arm, der einem zum Präsent verehrt wird, mit einer hinreißenden Schilderung über die Schönheit eines Spazierganges in den Flußwiesen und des Pfeifens der Pirole daselbst – kurz, man müßte als »Faschist« gelten, wenn man gegenüber soviel Lebenslust und Offenheit noch über die lächerlichen 20 Minuten Verspätung indigniert sein wollte. Und doch sollte man den Mut haben, sich den Verdacht eines Unmenschen zuzuziehen, indem man, auf die Uhr schauend, dabei bleibt, daß die Sitzung um 17.45 Uhr zuende sein *muß*. Denn eben: daß überhaupt etwas sein muß, ist jener Pol der Existenz, vor dem der Hysteriker in seinem ganzen Gehabe flieht. Er möchte jeden Zwang, jede Pflicht, jede Notwendigkeit vermeiden; er glaubt, seine latente Angst erst dann abschütteln zu können, wenn er sich ständig versichern kann, daß noch nichts entschieden und noch alles *möglich* ist; er braucht die Hintertüren der Nichtbestimmtheit, um in der Sphäre des Möglichen sich seiner Freiheit zu versichern. Freilich gerät der Hysteriker in seiner Flucht vor der Notwendigkeit auf der Stelle in eine ganz und gar phantastische und wirklichkeitsfremde Welt hinein. Ja, bei Lichte besehen, läuft die Haltung des Hysterikers in der Tat darauf hinaus, in der Ausschaltung

[32] S. Kierkegaard, Die Krankheit zum Tode (s. Anm. 3), S. 34–35; Vgl. E. Drewermann, Strukturen (s. Anm. 10), Bd. III 475–476.

des Notwendigen zugleich die Härte der Wirklichkeit mit ihren einengenden Bedingungen und Verpflichtungen zu vermeiden.
Das Verfahren zur Ausblendung der Wirklichkeit, zur Herstellung des Phantastischen ist das *Spiel*[33], das *Theater*, die Umwandlung des Lebens in ein großes Bühnenstück. Während der Zwangsneurotiker in seiner Flucht vor der Möglichkeit nur den »Ernst des Lebens« kennt, lebt der Hysteriker sozusagen nur in der »Heiterkeit der Kunst« – wenn nicht sein komisches Theater für ihn selbst stets zu einer bitteren Tragödie mißraten müßte. Indem es der Hysteriker nämlich vermeidet, sich in irgendeiner Weise festzulegen bzw. festlegen zu lassen, kommt er nie dazu, für die Aufführung seines Lebens ein eigenes Drehbuch zu verfassen. In dem Bestreben, sich alle Möglichkeiten offenzulassen, ist er stets darauf angewiesen, die anderen zu fragen, welches Drehbuch er in welcher Rolle spielen soll. Als geborener Schauspieler aus Angst, legt er sein Leben lang den ganzen Ehrgeiz darin, sich und den anderen zu beweisen, daß er ebenso Jago wie Othello, ebenso Shylock wie Antonio[34] sein kann; und der eigentliche Sinn seiner Anstrengung geht geradewegs darauf, buchstäblich *alles* sein zu können.
Gerade deshalb aber handelt der Hysteriker, der Verzweifelte der Möglichkeit in der Imagination seiner unbeschränkten Freiheit in Wahrheit völlig unfrei und von außen festgelegt. Das Drehbuch, das er sich von anderen vorschreiben läßt, ist niemals sein eigenes, es gilt niemals ihm selbst. Ihm selber geht es so, wie wenn er, gleich einem König Midas, alles, was er anfaßt, in Gold verwandeln müßte, selber aber dabei verhungern würde.[35] »Ich weiß«, sagte ein Hysteriker zum Verfasser, »wenn ich in eine Gruppe komme, stets sogleich, was die anderen wollen, und kann mich sofort darauf einstellen; aber was will ich eigentlich selber? Das weiß ich gar nicht.«
Eben darin zeigt sich die Angst des Hysterikers vor der eigenen Festlegung und Entscheidung, daß er niemals aus dem Spiel mit freien Möglichkeiten in die Verbindlichkeit des Seins hineinzutreten wagt. Er flieht in die Welt des Alles-Scheinens, um niemals selber wirklich zu sein; er versteckt seine eigene Person stets hinter einer Unendlichkeit von Masken. Statt durch sich selbst zu leben,

[33] W. T. Winkler, Die hysterische Fehlhaltung, in: Handbuch der Neurosenlehre und Psychotherapie, Bd. II, S. 180; 181 ff.; München-Berlin 1959; hrsg. v. V. E. Frankl, V. E. v. Gebsattel u. J. H. Schultz.
[34] Die jeweiligen Gegenspieler in den Dramen von W. Shakespeare, »Der Mohr von Venedig« und »Der Kaufmann von Venedig«.
[35] Ovid, Metamorphosen XI 90ff; Hyginus, Sagen 191, in: L. Mader, Griechische Sagen. Apollodoros, Parthenios, Antoninus Liberalis, Hyginus, eingel. u. neu übertr. v. L. Mader; aus dem Nachlaß hrsg. u. erg. v. L. Rüegg; Stuttgart-Zürich (Bibliothek der Alten Welt) 1963.

existiert er daher nur durch die Bestätigung und den Applaus der Menge. Buchstäblich alles, was der Hysteriker unternimmt, ist auf Beifall und Gefälligkeit berechnet.

Man hat daher zu Recht nicht nur von dem *Ausagieren* und dem *Bewegungssturm*[36] des Hysterikers, von seiner zentrifugalen Fluchttendenz[37] gesprochen, sondern zugleich von seiner *sexuellen Haltung.*[38] Tatsächlich besteht der Auftritt des Hysterikers in einer ständigen Koketterie; er möchte auffallen, gesehen werden, bewundernde Blicke auf sich lenken und die Attraktivität und Liebenswürdigkeit seines äußeren Eindrucks genießen; er ist gewissermaßen in ständiger Verführungsbereitschaft. Und dennoch würde ihn mißverstehen, wer dieses Spiel der Liebeswerbung für ein echtes Angebot halten wollte. Der Mann, der das Pech hat, eine Hysterikerin beim Wort oder, besser, beim Anschein zu nehmen, wird bald bitter enttäuscht erleben müssen, daß sie auf das heftigste sein Anerbieten fast empört zurückweist, um ihre volle Gunst scheinbar sogleich einem würdigeren und verdienstvolleren Caballero zu Füßen zu legen. Der ständig um Liebe buhlende Hysteriker bleibt daher gerade im Bereich der Liebe stets frustriert; denn Liebe, das wäre ja das Maximum an Bindung, das wäre die höchste Intensität dessen, wovor der Hysteriker am weitesten flieht.

2.2. Genese

Woher die hysterische Fehlhaltung psychogenetisch stammt, läßt sich von der Psychoanalyse her mit einem Wort erklären. Für die Psychoanalyse entstammt die Hysterie dem *Ödipuskomplex*[39], also einer Zeit, in der das Mädchen auf unglückliche Weise in seinen Vater bzw. der Junge in seine Mutter verliebt war. Indem der Hysteriker niemals wirklich von seinen Eltern loskommt, verlangt er von seinem späteren Partner, daß dieser ihm im wortwörtlichen Sinne Vater bzw. Mutter ersetzt. Der eigene Mann muß daher in dieselben Dimensionen einrücken, die der Vater früher für die vierjährige Tochter besaß; er muß somit nicht nur ein Mann, er muß förmlich ein Riese oder Halbgott

[36] J. Hirschmann, Primitivreaktionen, in: Handbuch der Neurosenlehre und Psychotherapie, Bd. II, S. 93; 95; München-Berlin 1959; hrsg. v. V. E. Frankl, V. E. v. Gebsattel u. J. H. Schultz.

[37] J. H. Schultz, Grundfragen der Neurosenlehre (s. Anm. 12), S. 203.

[38] W. Reich, Character Analysis ([1]1933; [3]1949); dt.: Charakteranalyse (1933; Neudruck 1961); Köln-Berlin 1970; Frankfurt 1973 (Fischer Tb. 6191); das letzte Kapitel aus dem Amerikanischen übers. v. K. H. Bömer; S. 197–199.

[39] H. Nunberg, Allgemeine Neurosenlehre auf psychoanalytischer Grundlage, Berlin-Stuttgart [2](verb)1959, mit einem Vorwort von S. Freud zur 1. Auf.; S. 88–91.

sein, ein Herakles, ein Supermann, ein großer Zampano, der morgens für die kleine Tochter die Sonne aufgehen und am Abend wieder untergehen läßt; und umgekehrt muß die Frau eines Hysterikers die Statur und das Format der Großen Göttin besitzen: Sie muß die Verkörperung allen Liebreizes und aller Schönheit, eine Hera, eine Aphrodite sein. Es bedarf nicht vieler Phantasie, um sich vorzustellen, daß derartige Erwartungen angesichts der Wirklichkeit nur in alsbaldigen herben Enttäuschungen enden müssen: Der eigene Mann entpuppt sich längst vor der Brautnacht als Schwächling, die Verlobte als unvollkommen an Schönheit, und so entwickelt sich der Hysteriker notgedrungen zum Don Juan, zu einem Nomaden der Liebe auf der Suche nach dem Idealbild des Männlichen bzw. des Weiblichen, ewig umhergetrieben, ewig sich verlierend, ewig unglücklich, aber ewig bereit, im erst-besten anderen für eine Stunde die Seligkeit der Welt zu wähnen.

2.3. Heilung durch den Glauben in der Freiheit von Menschenvergötterung

Was diese kurze Skizzierung mit Theologie zu tun hat, versteht man wohl am besten, wenn man wiederum von einer Bibelstelle ausgeht, in der das hysterische Syndrom eine zentrale Rolle spielt. In Joh 4, in dem Gespräch Jesu mit der Frau am Jakobsbrunnen, geht es eine ganze Zeitlang darum, was einen Menschen glücklich macht und wonach er sich wirklich sehnt; die Frau scheint eine Weile lang die Meinung zu vertreten, sie könne vollkommen zufrieden sein, wenn ihr jemand die Anstrengungen des äußeren Lebens nehmen könnte; und gerade in dem Moment, wo sie diese Erwartung wirklich ausspricht, fordert Jesus sie auf, ihren Mann zu holen.[40] Die Frau muß gestehen, daß sie keinen Mann hat, und Jesus, der diese Mitteilung mit Nachdruck unterstreicht, hebt hervor, daß sie bereits fünf Männer gehabt hat, aber ganz richtig sagt: »Ich habe keinen Mann.« »Du kannst«, will Jesus ihr offenbar sagen, »solange die Liebe, nach der du dich am meisten sehnst, nicht wirklich finden, als du von anderen Unmögliches verlangst; du wirst ewig auf der Suche bleiben müssen, solange du im anderen einen Ersatz für etwas Absolutes, ein Substitut für Gott suchst.« Umgekehrt: »Du wirst erst dann zum Menschen finden, wenn du einen absoluten Halt von Gott her in dir selbst gefunden hast; erst wenn du dich in Gott gefunden hast, kannst du den anderen als Menschen neben dir leben lassen, ohne ihn mit absoluten Erwartungen zu überfordern und dich selbst an deinen eigenen Enttäuschungen zu verschleißen.« Der Mensch wird also so lange ein hysterisch Verzweifelter sein, als er in einem anderen Menschen den Halt und die Geborgenheit sucht, die er nur in Gott finden kann.

[40] Joh 4,16

Bereits die Erwartungen, die ein Kind auf seine Eltern richtet, laufen auf ein Mißverständnis hinaus, wenn man in ihnen mehr als die erste Erscheinungsform einer absoluten Sehnsucht erkennen will. Im Gegensatz zu der Psychoanalyse S. Freuds besteht ein wichtiges Verdienst C. G. Jungs ohne Zweifel darin, daß er in »Vater« und »Mutter« nicht nur Gestalten, imagines, der individuellen Erinnerungseindrücke aus den Tagen der Kindheit sah, sondern archetypische Bilder, deren Komposition längst vor der individuellen Psychogenese aus dem Gedächtnis der menschlichen Art den einzelnen mit seinen Eltern verbindet.[41] So wie ein Webervogel das Gestaltbild seines komplizierten Nestbaus nicht in der Zeit in sich aufnimmt, wo er im Nest seiner Eltern sitzt, sondern es längst in sich trägt, ehe er aus dem Ei schlüpft, wie eine Mönchsgrasmücke die Sternbilder am Himmel und die Koordinaten ihres Flugs nach Süden nicht von den Elterntieren lernt, sondern fertig und abrufbereit in sich trägt[42], so besitzt auch der Mensch Vorbilder der Sehnsucht nach absoluter Geborgenheit und bedingungsloser Akzeptation, die er nur anfangsweise auf Vater und Mutter überträgt, um sie schon bald davon zu lösen. Gewiß versucht ein jeder, nach der Loslösung von den Eltern noch einmal in seiner Braut, in seinem Geliebten das Vorbild von Vater und Mutter zu erneuern. Aber es zeigt sich, daß die Liebe zum anderen nur das Versprechen einer Geborgenheit enthält, das sie selbst nicht halten kann und an dem sie zugrunde gehen müßte, wollte man es von ihr selber einfordern. Recht hat daher die katholische Kirche, wenn sie erklärt, daß erst wenn zwei Menschen von Gott her zu sich selbst gefunden haben, sie eine Gemeinschaft miteinander eingehen können, die sich auf Dauer stellen läßt und währt, bis daß der Tod sie scheidet. Nur in Gott ist Liebe unter Menschen möglich; ohne Gott geht sie an ihren eigenen neurotischen Überhöhungen zugrunde. Denn nur wenn *Gott schon ist, kann der andere aufhören,* Gott sein zu müssen.

2.4. Vergleich von Zwangsneurose und Hysterie

Somit kann man denn auf der polaren Achse von Notwendigkeit und Möglichkeit die beiden Neuroseformen der Zwangsneurose und der Hysterie als zwei Formen notwendiger Verzweiflung eines Daseins ohne Gott einander gegenüberstellen. Der Zwangsneurotiker lebt in einem Feld prinzipieller

[41] C. G. Jung, Die psychologischen Aspekte des Mutterarchetypus (1939); Gesammelte Werke Bd. IX, 1. Teil: Die Archetypen und das kollektive Unbewußte, Olten-Freiburg 1976; S. 89–123; ders.: Die Psychologie der Übertragung. Erläutert anhand einer alchemistischen Bilderserie (1946); Gesammelte Werke Bd. XVI: Praxis der Psychotherapie, Olten-Freiburg 1958; S. 178–194.

[42] vgl. C. G. Jung, Die Bedeutung des Vaters für das Schicksal des Einzelnen (1909); Gesammelte Werke Bd. IV: Freud und die Psychoanalyse, Olten-Freiburg 1969, 364.

Gnadenlosigkeit und versucht, seiner Angst Herr zu werden, indem er selbst von sich per Leistung und Perfektheit verlangt, wie Gott zu sein. Der Hysteriker hingegen versucht, der Haltlosigkeit seiner Existenz zu entrinnen, indem er in den anderen hineinflieht und ihn zum Gott erklärt. Beide Neuroseformen haben darin ihren Sinn, daß sie Gott zu ersetzen suchen in einem wahnhaften Wie-Gott-sein-Wollen.[43] Und man versteht erst die Prägnanz dieser alten biblischen Bestimmung des Bösen im Menschen, wenn man die konkreten Verformungen der menschlichen Psyche vor Augen hat, die das verzweifelte Wie-Gott-sein-Wollen in Gestalt der Neurose annimmt. Umgekehrt versteht man, daß zur Heilung einer Neurose Schritte der Einsicht getan werden müssen, die nicht anders denn als Glauben und Vertrauen bezeichnet werden können. Der Zwangsneurotiker müßte lernen, daß es genügen kann, ein Mensch zu sein, weil Gott schon ist; der Hysteriker muß lernen, daß er Halt in sich genug vor Gott besitzen kann, um den anderen nicht vergöttlichen zu müssen. Beide, der Zwangsneurotiker wie der Hysteriker, können in einem tieferen Vertrauen besonders voneinander lernen: Der Zwangsneurotiker kann lernen, daß zur Pflicht das Spiel, der Hysteriker, daß zum Spiel die Pflicht gehört. Denn sowenig der Zwangsneurotiker seinen *Wert* erst *machen* muß, wenn er ihn in einem absoluten Gegenüber bereits verwirklicht sieht, sowenig braucht der Hysteriker seine *Person* im Spiel der Liebe *aufzulösen,* wenn er sich von vornherein in einer absoluten Beziehung gefestigt weiß. Beide können im Lernen voneinander die Einseitigkeiten eines verzweifelten Gottähnlichkeitsstrebens aufgeben und zur Synthese der Wirklichkeit zurückfinden, in welcher man weder selbst auf dem Wege der Leistung sich zu einer fiktiven Absolutheit hocharbeiten muß noch die anderen auf dem Wege des Beifalls das eigene Dasein mit Berechtigung versehen müssen. Die Berechtigung des eigenen Daseins ruht vielmehr vor Gott in sich selbst. Man muß sie weder machen noch erbuhlen. Man hat sie in Gott – und das läßt den Menschen leben.

Auch auf dem anderen polaren Achsensystem von Unendlichkeit und Endlichkeit läßt sich der Zusammenhang eines verzweifelten Gottähnlichkeitsstrebens mit bekannten Formen der Neurosenlehre deutlich machen. Aufgrund theoretischer Überlegungen hat sich gezeigt, daß die menschliche Freiheit in einer Synthese aus Endlichkeit und Unendlichkeit besteht. Wird nun einer dieser beiden Pole aus Angst absolut gesetzt, so entstehen zwei weitere Formen der Verzweiflung, zwei weitere krankhafte Verzerrungen des Daseins.

[43] E. Drewermann, Strukturen (s. Anm. 10), III 253–263; 310–324.

3. *Die Depression*

Es kann, um mit der ersten Variante zu beginnen, ein Mensch in dem Sinne verzweifelt sein, daß er es mit allen Kräften vermeidet, das Endliche, Begrenzte, Zeitliche zu akzeptieren, und es läßt sich leicht nachweisen, daß diese *Verzweiflung der Unendlichkeit* (S. Kierkegaard) identisch ist mit der Neuroseform der Depression.[44] Bereits das Hauptmerkmal des Depressiven demonstriert überdeutlich diese Identität: das schier unendliche und uferlose Schuld- und Verantwortungsgefühl des Depressiven, gepaart mit einer unbegrenzten Bereitschaft, für andere dazusein und sich einzusetzen.

3.1. Charakterisierung

Ein wirklich Depressiver ist schon an der Art seines Auftretens zu erkennen. Er wird, meist freudestrahlend, versichern, daß er eigentlich den Arzt oder den Seelsorger nur ganz kurz in Anspruch nehmen möchte, daß er überaus dankbar dafür ist, daß man trotz all der knappen Zeit so freundlich ist, ihm eine Gelegenheit zum Gespräch zu geben, daß er im Grunde auch schon allein mit allem fertig wird und vor allem bestimmt nicht lästig sein will. Natürlich ist man gut beraten, wenn man sich bei solchen Ausführungen tief nach hinten in den Sessel lehnt und damit rechnet, daß ganz im Gegenteil noch allerhand auf einen zukommen wird. Denn tatsächlich verweist die Versicherung des Depressiven, er wolle *auf keinen Fall lästig* werden, nur auf den mit unendlicher Angst besetzten Wunsch, endlich einmal die unerträgliche Last seines Daseins irgendwo niederlegen zu können. Mit einiger Sicherheit sind von einem Gespräch noch keine 20 Minuten vergangen, da wird ein wirklich Depressiver auf die Uhr blicken und versichern, daß es jetzt genug sei; man habe ihm bereits so sehr geholfen; was er denn für solch wertvolle Unterstützung schuldig sei, kurz: es wird sich diese ungeheuere Angst, als lästig empfunden zu werden, wie ein roter Faden durch das ganze Gespräch ziehen. Verbreitert man diesen ersten Eindruck, so wird man hinter der Sorge, lästig sein zu können, ein ständiges Schuldgefühl bemerken, überhaupt auf der Welt zu sein. Buchstäblich fühlt der Depressive – anders als der Zwangsneurotiker – sich nicht erst durch ein fehlerhaftes Tun, sondern bereits durch den bloßen Umstand seines Daseins schuldig. Daß er da ist, daß es so etwas wie ihn gibt, bedeutet ja, daß er in gewissem Sinne lästig werden *muß:* Er braucht Kleidung,

[44] E. Drewermann, Strukturen (s. Anm. 10) III 469; S. Kierkegaard, Die Krankheit zum Tode (s. Anm. 3), S. 29–31.
[45] K. Schneider, Klinische Psychopathologie, Stuttgart ^{8}(erg.)1967; S. 22.

und das kostet Geld; er braucht Nahrung, und das kostet Geld; er braucht einen anderen Menschen, und das kostet Zeit. Es ist nicht möglich, zu leben, ohne irgendwie lästig zu sein. So verdichtet sich für den Depressiven der Eindruck, daß es am besten wäre, gar nicht auf der Welt zu sein, denn nur dann hätte man die Gewähr, niemandem beschwerlich zu sein. Wenn man aber schon lebt, so muß der ganze Lebensinhalt darin gesucht werden, die Schuld des eigenen Daseins wiedergutzumachen. Es steht dem Depressiven fest, daß er eigentlich gar nicht leben dürfte, sondern als etwas durch und durch Minderwertiges, Beschwerliches, Ekliges, Lästiges abgeschafft gehört; um trotzdem noch am Leben zu bleiben, gibt es nur das Mittel der Ziege im Stall, die man längst schon geschlachtet hätte, wenn sie nicht so viel Milch geben würde: Man muß sich *die Todesschuld des Daseins durch Übernützlichkeit abverdienen.*[46]

In dieser Übernützlichkeit nun erreicht ein Depressiver Fabelhaftes. Er, der selber niemals irgendeinen Wunsch äußern darf, um nicht als lästig zu erscheinen, erweist sich als ein Meister darin, anderen ihren Wunsch, womöglich noch ehe sie ihn selber bemerken, an den Augen abzulesen. Aus der Angst, selber dazusein, macht der Depressive in einer unendlichen Anstrengung das Leben des anderen zu seinem eigenen; er identifiziert sich vollständig mit jedem fremden Schmerz, mit jeder fremden Not,[47] und so muß ihm die Welt noch mehr in der Form erscheinen, daß er bei so viel Not eigentlich gar nicht existieren dürfte, es sei denn, daß er alles, was er hat und ist, für andere einsetzt. Die ganze Welt kommt ihm vor wie eine kannibalistische, vampirhafte Orgie von Fressen und Gefressenwerden;[48] er aber ist dazu bestimmt, sich von den Ansprüchen aller mit Haut und Haaren verschlingen zu lassen. Ja, er drängt sich förmlich danach, aufgeopfert und durch Nützlichkeit verbraucht zu werden, da er nur durch die Menge der Aufgaben beweisen kann, daß es so etwas wie ihn auf Erden geben darf. Nur als Arzt, als Mutter, als Sozialarbeiter, als ständig karitativ Tätiger erfährt er eine kurze Erlaubnis zum Leben, wenngleich gerade dieses Lebenskonzept wie kein anderes dazu beiträgt, das Leben zunehmend unerträglich zu machen.

[46] Vgl. dazu das Bild von Gen 3,17–19; E. Drewermann, Strukturen (s. Anm. 10), I 95–96; III 258–259; 471.

[47] Zu dem Abwehrmechanismus der Identifikation vgl. A. Freud, Das Ich und die Abwehrmechanismen (1936), München o. J. (Kindler Tb 2001), S. 85–94; Vgl. E. Drewermann, Strukturen (s. Anm. 10), II 184–185.

[48] Zu den kannibalistischen Vorstellungen des Depressiven vgl. K. Abraham, Versuch einer Entwicklungsgeschichte der Libido aufgrund der Psychoanalyse seelischer Störungen (1924), in: Psychoanalytische Studien zur Charakterbildung und andere Schriften; hrsg. v. J. Cremerius; Frankfurt a. M. 1969; S. 138–141.

Wie sehr der Depressive ein Verzweifelter der Unendlichkeit, ein Angstflüchtiger der Endlichkeit ist, erkennt man spätestens an den Stellen, wo es vernünftigerweise die höchste Zeit wäre, bestimmte Grenzen zu ziehen und etwa eine neue Aufgabe, einen zusätzlichen Termin, den Wunsch eines anderen mit einem klaren Nein zu beantworten. Nichts ist dem Depressiven – außer dem Äußern eigener Wünsche – so schwer wie das Aussprechen einer Absage, eines Neins.[49] Er hätte ja nur ein Recht, sich zu verweigern, wenn er in sich überhaupt ein Recht besäße, selbst dazusein; da er dies aber nicht hat, da er vielmehr erst durch die Nützlichkeit am anderen das Damoklesschwert seiner Verurteilung noch einen Augenblick aufhalten kann, stürzt er wortwörtlich bei einem Nein, dessen er sich getraut, in Todesangst. Wenn er nicht sofort gehorcht hat, fürchtet er buchstäblich, von den anderen vernichtet zu werden. Daher muß auch der Depressive in gewissem Sinne wie Gott selber sein: Er muß, wie Gott, allverantwortlich, allwissend, allgegenwärtig und allmächtig sein. Was irgend auf der Welt sich an Furchtbarem ereignet, erscheint ihm, bei Lichte besehen, als *seine* Schuld. Wo immer irgend jemand schimpft und flucht, und sei es drei Stockwerke über ihm, ist es sicherlich er, der gemeint ist. Ganz wie es Rilke in dem Gedicht »Ernste Stunde« geschildert hat[50], gilt für den Depressiven:

»Wer jetzt weint irgendwo in der Welt,
ohne Grund weint in der Welt,
weint über mich.
Wer jetzt lacht irgendwo in der Nacht,
ohne Grund lacht in der Nacht,
lacht mich aus.
Wer jetzt geht irgendwo in der Welt,
ohne Grund geht in der Welt,
geht zu mir.
Wer jetzt stirbt irgendwo in der Welt,
ohne Grund stirbt in der Welt:
sieht mich an.«

[49] H. Schultz-Hencke sprach von der »retentiven Gehemmtheit«, H. Schultz-Hencke, Lehrbuch der analytischen Psychotherapie (1951), Stuttgart 1965; S. 28–32; beim Depressiven ist aber nicht primär das anale Behaltenkönnen gehemmt, sondern die retentive Gehemmtheit ergibt sich bei ihm aus dem Grundgefühl, schon durch sein Dasein im Unrecht zu sein und *daher* erst recht nicht noch etwa Ansprüche auf Besitz und Eigentum haben zu dürfen; die anale Gehemmtheit ist hier die Folge der Angst- und Schuldgefühle.

[50] R. M. Rilke, Das Buch der Bilder (1902), in: Sämtliche Werke (s. Anm. 8), 1. Bd., S. 405–406.

In gerade dieser Weise muß der Depressive sich im Mittelpunkt der Forderungen aller Welt empfinden; und da es selbst ihm nicht möglich ist, »allen alles« zu sein[51] und allen alles recht zu machen, ist er trotz seiner gewaltigen Bemühungen nach wie vor grenzenlos schuldig, wie wenn all seine Anstrengungen in ihm nur die Gewißheit seiner Unzulänglichkeit bestärken würden. In psychotischen Formen der Depression kann es zu einem ausgeprägten All-Schuldwahn[52] kommen mit den Vorstellungen, einen Krieg ausgelöst zu haben, den Weltuntergang bereitet zu haben o. ä.
Wenn davon die Rede ist, daß der Depressive nur leben kann, solange er sich als nützlich erweist, so bedeutet das natürlich nicht, daß die Handlungsweisen des Depressiven objektiv wirklich immer nützlich wären. In Wahrheit stiften sie vielmehr nicht selten eher Schaden als Nutzen. Indem nämlich der Depressive, um selbst zu leben, nur in anderen lebt, engt er im Extrem mit seiner Fürsorge und Bemühtheit den anderen vollständig ein und raubt ihm jeden Platz einer eigenen Entfaltung. Es ist klar, daß eine depressive Mutter, die etwa ihrem Kinde jeden Wunsch vorweg erfüllt und zu jedem Nein unfähig ist, das Kind völlig unselbständig, abhängig und zu eigenem Handeln unfähig macht; mit all ihrem guten Willen macht sie am Ende objektiv wirklich alles falsch, und keine Erkenntnis ist natürlich für die Lebensbilanz eines Depressiven furchtbarer als die Entdeckung, gerade durch das Übermaß seines Einsatzes am anderen schuld geworden zu sein.

3.2. Genese

Auch bei der Depression sind die psychogenetischen Faktoren ihrer Entstehung aus der Psychoanalyse wohlbekannt.[53] Die Depression bildet sich mit Vorliebe unter Lebensumständen aus, in denen jemand als Kind wirklich bereits durch sein Dasein für seine Familienangehörigen eine schwere Belastung war: Die Geburt fiel z. B. in die Zeit der großen Evakuierungen Ende 1944 in Ostpreußen oder in die Nachkriegsjahre mit Hunger und Arbeitslosigkeit, oder in eine Zeit, da die Eltern gerade dabei waren, ein Geschäft zu eröffnen. Vor allem die Nervosität und jähzornige Explosivität des dominan-

[51] 1 Kor 9,22.
[52] L. Szondi, Triebpathologie, 1. Bd.: Elemente der exakten Triebpsychologie und Triebpsychiatrie, Bern 1952; S. 343.
[53] S. Freud, Trauer und Melancholie (1916), in: Gesammelte Werke, 10. Bd., London 1946; Frankfurt a. M. [1]1946; S. 427–446; K. Abraham, Versuch einer Entwicklungsgeschichte der Libido (s. Anm. 48), S. 113–183; M. Klein, Zur Psychogenese der manisch-depressiven Zustände (1935), in: Das Seelenleben des Kleinkindes und andere Beiträge zur Psychoanalyse; hrsg. v. A. Thorner, Stuttgart 1962; S. 44–71.

ten Elternteiles oder dessen traurig-schweigende Niedergeschlagenheit bei den geringsten Fehlern führt zu einem äußerst aggressiven, sadistischen Überich,[54] demgegenüber das Ich des Depressiven sich in völlig aussichtsloser Position befindet. Die ständige moralische Vergewaltigung, die beim Zwangsneurotiker stets noch eine gewisse Zone des Protestes, des Gegenwillens freiläßt, walzt beim Depressiven jeden Widerstand nieder. Der Zwangsneurotiker fühlt sich zwar angeklagt und Vorwürfen ausgesetzt, er sieht sich auch gezwungen, diesen Vorwürfen nach außen hin nachzukommen – innerlich aber ist er von seinem Recht nach wie vor überzeugt, er kann es lediglich wegen der Übermacht der anderen nicht durchsetzen. Der Depressive hingegen hält sich wirklich für schuldig, sieht alle anderen – außer sich selber – im Recht und ist im Grunde völlig davon überzeugt, nichts anderes als seine Hinrichtung zu verdienen.

So bleibt ihm als einziges nur die totale Anpassungsbereitschaft an die Forderungen der anderen. Diese geht oft so weit, daß sie schon eine äußere Ähnlichkeit zu der Scheinlustigkeit und Fröhlichkeit des hysterischen Gehabes gewinnt. Der Unterschied ist dennoch nicht zu übersehen: Während der Depressive sich nur anpaßt, um am Leben gelassen zu werden, und die Identifikation mit den Forderungen der anderen als Tarnmittel benutzt, um nicht gesehen zu werden, legt es der Hysteriker ja gerade darauf an, gesehen und für seine Auffälligkeit beklatscht zu werden. Es kann sein, daß auch ein Depressiver in schweren Formen der Resignation alles unternimmt, um aufzufallen; aber er tut es dann als einen letzten Hilferuf und meist in einer so negativen Form, daß sie, statt der erwarteten Hilfe, auf eine masochistische Selbstbestrafung hinausläuft.

Insbesondere sind es psychoanalytisch die oralen Gehemmtheiten,[55] die den Depressiven kennzeichnen, also die latente Angst bei allem, was mit eigenen Wünschen und Forderungen zu tun hat. Die Schuldgefühle des Depressiven bei allem, was er sich an Überflüssigem gönnt, zwingen ihn zu einer Anspruchslosigkeit, in welcher die Autarkie[56] eines Perpetuum mobile als Ideal gelten muß.

Religiös kann ein Depressiver mit seiner starken Sehnsucht nach Unendlichkeit oft gar nicht leben ohne Gott.[57] Das heißt jedoch nicht, daß seine

[54] vgl. E. Drewermann, Strukturen (s. Anm. 10), II 184–191.

[55] O. Fenichel, Psychoanalytische Neurosenlehre (s. Anm. 28), Bd. 2, S. 275–76.

[56] Besonders deutlich ist Autarkieneigung beim Anorexie-Kranken zu beobachten: vgl. H. Thomä: Anorexia nervosa. Geschichte, Klinik und Theorien der Pubertätsmagersucht, Bern-Stuttgart 1961; S. 265–266; E. Drewermann, Strukturen (s. Anm. 10), II 244.

[57] F. Riemann, Grundformen der Angst (s. Anm. 17), S. 72.

Religiösität unbedenklich wäre. Viele Forderungen des Christentums nach totaler Hingabe und Nächstenliebe scheinen nämlich in einer bestimmten Auslegung geradezu den Zweck zu haben, Menschen depressiv zu machen, indem sie einseitig das Sichverströmen heiligsprechen und die Aufgabe der Selbstverwirklichung förmlich mit unchristlichem Egoismus gleichsetzen. Zudem sind manche Formen des Religiösen offensichtlich nicht davor gefeit, aus dem Verhältnis zu Gott ein Verfahren der Weltflucht und der leeren Sehnsucht nach einer ganz anderen Welt zu machen.

3.3. Heilung durch den Glauben, als endliches Wesen berechtigt zu sein

Diese Einschränkungen können jedoch die Hauttatsache nicht verdunkeln, daß wirklich die Religion allein den Depressiven von seinen furchtbaren, alles menschliche Maß übersteigenden Schuldgefühlen heilen kann. Die fundamentale Angst des Depressiven, schon durch sein bloßes Dasein schuldig zu sein, kann erst verschwinden, wenn der Depressive am Grund seines Daseins eine Macht annehmen und erfahren lernt, die gerade ihn in seiner Endlichkeit meint und will.[58] Gerade der Depressive braucht mit seinem äußerst feinen Gespür für die Wertlosigkeit und Nichtigkeit von allem Nicht-Ewigen und Vergänglichen den Glauben an eine Macht, die gerade das Endliche und Zeitliche in seiner Begrenztheit mit Wert und Größe umkleidet. Zwar nicht in sich, aber vor Gott hat das Leben eine unveräußerliche Würde; dieser Gedanke allein kann den Depressiven davon befreien, durch die angstvolle Ableugnung aller Endlichkeit wie Gott sein zu müssen.

Es gibt in der Bibel keine Geschichte, die das depressive Erleben tiefer ausdrücken würde als die sog. Sündenfallerzählung des Jahwisten, die davon erzählt, wie die Menschen durch einen verbotenen oralen Akt mit ihrem ganzen Dasein in Schuld geraten und schließlich sich selbst nur noch als nichtig und todeswürdig erscheinen können.[59] Völlig zu Recht hat die Kirche an diese Erzählung daher die Lehre von der Schuldverfallenheit des ganzen menschlichen Daseins geknüpft, ein Dogma, das die depressive Welteinstellung außerordentlich gut wiedergibt.

Demgegenüber zeigt eine Stelle im Neuen Testament in vorbildlicher Weise, wie ein Depressiver Erlösung finden kann. Es handelt sich um die Geschichte von Lk 7/Mk 14, die von einer Frau erzählt, deren Namen man nicht kennt, deren Beruf aber im ganzen Dorf bekannt ist: Eine Sünderin ist sie, und offenbar genügt das, um genug von ihr zu wissen. Diese Frau, als sie von Jesus hört, will zu ihm gehen und ihn salben; alle Zärtlichkeit, deren sie fähig ist,

[58] E. Drewermann, Strukturen (s. Anm. 10) III 499–504.
[59] E. Drewermann, Strukturen (s. Anm. 10), I 95–96.

will sie ihm schenken, denn sie weiß und hat gehört: Er wird auch sie verstehen. So bereitet sie Nardenöl zu und begibt sich in das Haus des Pharisäers, bei dem Jesus zu Gast ist. Aber kaum hat sie die Schwelle übertreten, da entgleitet ihr alles. Sie hat nicht mit der Menge der Leute gerechnet, nicht mit den Blicken, die sie verurteilen, nicht mit dem Getuschel, das sofort anhebt. »Von hinten« sagt Lukas, trat sie heran und fällt Jesus zu Füßen. Statt sein Haupt zu salben, gießt sie das ganze Gefäß ihm über die Füße und bricht in Tränen aus. Wie um den Schaden wieder gutzumachen, löst sie ihre Haare auf und trocknet seine Füße; aber ihr ganzes verzweifeltes Betragen setzt sie nur noch mehr in den Augen aller ins Unrecht: Man löst sich nicht in Männergesellschaft die Haare auf; man kommt überhaupt nicht als eine Unanständige zu einem Gastmahl; in allem, was sie tut, zeigt sie nur wieder überdeutlich, wie und was sie ist: eine Dirne halt, zudringlich, würdelos, maßlos, ein haltloses Subjekt. Einzig Jesus selbst sieht die Frau anders; einzig er versteht, was sie will, worin sie Recht hat und was sie ins Unglück und in die Sünde treibt. Auf verzweifelte Weise sucht die Frau nach Liebe, und sie ist tief und wahr darin; nur tut sie sich selbst Unrecht damit, daß sie meint, erst wenn sie sich vor dem anderen in den Staub wirft, werde sie etwas von ihm an Zuwendung erhalten können; solange sie sich um der Liebe willen selbst entwürdigt, wird man nur weiter mit den Fingern auf sie zeigen und sie weiter schamlos ausnutzen. Daß sie im Angesicht aller anderen sich erheben kann, daß sie ihre eigene Würde besitzen und behaupten kann, daß sie endlich denken darf, von Gott her in sich selbst berechtigt zu sein, das eigentlich scheint der Kern des rätselhaften Jesus-Wortes zu sein, es sei ihr viel vergeben worden, weil sie viel geliebt habe. Gerade diese sich wie ein Nardengefäß Verströmende, gerade diese sich zu Füßen Werfende, gerade diese Weinende und Aufgelöste darf von sich denken, vor Gott besser dazustehen als alle anderen.
Eben darin besteht die entscheidnende Erfahrung, die einen Depressiven aus dem Irrgarten seiner Resignation und Niederlage herausführen kann: daß er sich selber von Gott her ein Recht zum Leben zuspricht und aufhört, sich bereits durch den bloßen Tatbestand seines Daseins als ein Schuldiger zu empfinden; und daß er anfängt, sich wieder vor Gott eine eigene Wahrheit und Berechtigung im Leben zuzutrauen.

4. Die Schizoidie

Als eine letzte Neurose- und Verzweiflungsform gilt es, das klassische Gegenbild der Depression in Gestalt der Schizoidie zu besprechen. Mit

Schizoidie ist eine Lebenseinstellung gemeint, die, ganz im Gegensatz zur Depression, gerade nicht in den anderen hinein, sondern von ihm weg flieht. Als ihr Hauptkennzeichen darf man die außerordentliche Gefühlskälte und Verhaltenheit, die übergroße affektive Distanziertheit zu Menschen und Sachen sowie die scheinbare Unverbundenheit[60] der jeweiligen Äußerungen oder Gesprächsmitteilungen betrachten.

4.1. Charakterisierung

Bereits prima vista fällt der Schizoide dadurch auf, daß er die schmerzhaftesten und folgenschwersten Erlebnisse seines Lebens wie beiläufige Fakten ohne jede innere Beteiligung erwähnen kann, so daß man ständig rätseln muß, was eine bestimmte Begebenheit wirklich für ihn bedeutet. Auch bei einem Depressiven kommt es vor, daß er gerade etwas besonders Trauriges mit lachendem Gesicht erzählt; aber ganz im Gegensatz zum Schizoiden empfindet der Depressive sehr deutlich den Schmerz und überspielt ihn nur aus der geschilderten Angst, lästig zu werden. Der Schizoide hingegen empfindet subjektiv wirklich nichts; für ihn macht es emotional keinen ersichtlichen Unterschied, ob er vom Tod seiner Mutter oder vom Frühlingswetter draußen spricht. Ein Depressiver kann, in schweren Stadien seiner Krankheit, darüber klagen, daß er sich innerlich wie tot, wie versteinert vorkommt und schon gar keiner Gefühlsregung, nicht einmal mehr des Schmerzes fähig ist; der Schizoide aber lebt ständig in einer wie versteinerten Welt. Alles, was er sagt, wirkt daher wie unpersönlich nebeneinandergesetzt, beliebig und irgendwie sinnlos. Tatsächlich ist denn dies auch die häufigste und oft genug einzige Klage des Schizoiden, daß ihm alles kalt, fremd, unpersönlich, grau und sinnlos erscheine, daß die ganze Welt ihm keinen Spaß bereite, daß ihm alles egal sei, daß er sich für nichts ereifern könne, daß er überhaupt nicht wisse, was das alles solle und wozu er da sei. Während der Depressive unter der übergroßen Nähe der anderen leidet, lebt der Schizoide in einer Landschaft, die dem Kafkaschen »Schloß« ähnlich sieht:[61] winterhaft verschneit in einer unbekannten und fremden Gegend der Welt, herbeigerufen durch eine unklare Beauftragung, inmitten eines absurden Durcheinanders von Menschen, die eine fremde Sprache reden, und von Dingen, die sich jeder Ordnung widersetzen. Selbst seinem eigenen Körper, seinen eigenen Möbeln, seinem eigenen Zimmer gegenüber ist der Schizoide ein »Fremder«. »Ich sehe«, so kann er das

[60] J. H. Schultz, Grundfragen der Neurosenlehre (s. Anm. 12), S. 293–294.
[61] F. Kafka, Das Schloß, Berlin 1935; Neudruck: Frankfurt 1968 (Fischer Tb. 900); s. bes. die Einleitung des 1. Kap's: S. 7–18.

entsprechende Empfinden schildern, »meine Hand beim Schreiben auf dem Tisch liegen oder über über das Papier gleiten, ich sehe, wie sie Buchstaben bildet und Sätze schreibt, ich sehe die Pfütze des Lichts, die von der Tischlampe her auf sie herunterfällt – aber ich muß mich in den Arm kneifen, um zu merken, daß ich das selber bin.«

Dem Schizoiden isolieren sich die einzelnen Wahrnehmungen, das Zusammengehörige verwandelt sich für ihn in ein Nebeneinander, Details werden riesenhaft groß, andere Teile entschwimmen ganz. Am quälendsten stellt sich dem Schizoiden wohl die Beliebigkeit von allem dar, obwohl er gerade in ihr seine Sicherheit, ja sogar ein Stück Erträglichkeit des Daseins sucht. Es martert und schützt ihn zugleich, wenn er prinzipiell allem gegenüber sagen kann, daß es ihn nichts angehe, denn es entlastet ihn im Augenblick und kerkert ihn doch aufs ganze ein.

Vor allem die Leere und Hohlheit aller Dinge wird dem Schizoiden zu einem drückenden Problem, das er als Langeweile, hohle Unattraktivität und als innere Gleichgültigkeit erlebt. Ähnlich dem Hysteriker, mit dem er manches gemein hat, kann auch der Schizoide mancherlei Rollen übernehmen und Virtuosität im Ausfüllen ganz verschiedener Verhaltensweisen an den Tag legen; aber genauso wie der Hysteriker, bleibt er innerlich unbefriedigt und vermag, im Gegensatz zum hysterischen Erleben, auch den Applaus der anderen nur in einer höhnischen oder abwertenden Nonchalance hinzunehmen; denn während der Hysteriker mit seinem Rollenspiel die Menge sucht, ist der Schizoide im Grunde mit den Rollen, die er übernimmt, auf der Flucht vor den anderen und vervielfacht sich eigentlich nur, um die Möglichkeit zu verringern, wirklich irgendwo getroffen werden zu können. Ähnlich einem James Bond, ist er stets in eine Welt fremder Feindseligkeit versetzt, in der er nur überleben kann, wenn er in ständigem Mißtrauen, sogar gegenüber seinen »Freunden«, auf der Hut ist. Mit geflissentlichem Charme kann er es dahin bringen, sog. Kellnerberufe auszuüben, in denen es genügt, mit einer gewissen Distanz den anderen zu Gefallen zu sein – vorausgesetzt, daß sie nicht auf innere Beteiligung und wirkliches Engagement erpicht sind. Die gefühlskalte Rationalität kann dem Schizoiden dabei naturgemäß von großem Vorteil sein.

A. Camus[62] hat in seinem Erstlingsroman »Der Fremde« wohl das treffendste Portrait einer derartigen schizoiden Persönlichkeit gezeichnet. Der Roman beginnt mit der absoluten Teilnahmslosigkeit des Helden bei der Beerdigung seiner Mutter und setzt sich in der Schilderung unpersönlicher Flirts und gänzlich oberflächlicher Kontaktaufnahmen fort; aus Gefälligkeit oder, bes-

[62] A. Camus, L'Étranger, Paris 1942; dt.: Der Fremde; übers. v. G. Goyert u. H. G. Brenner, Boppard 1948; Neudruck: Reinbek 1961 (rororo 432).

ser, um Ärger zu vermeiden, wird der Held schließlich in einen Mord verwickelt, der sicher nicht geschehen wäre, wenn – buchstäblich – die Sonne nicht so heiß geschienen hätte. Er wird hingerichtet, und die Frage bleibt, ob zu Recht oder zu Unrecht. – Auch dieses Problem ist typisch für das schizoide Erleben, daß es – wieder ähnlich wie für den Hysteriker, der seine Schuldgefühle ständig bagatellisiert – im Grunde zu einem wirklichen Schuldgefühl außerstande ist und dennoch in seinem ganzen Dasein den anderen und sich selber letztlich alles schuldig bleibt, indem es nie zu einem wirklichen Leben kommt.

4.2. Genese

Die psychogenetischen Faktoren der Schizoidie sind nach psychoanalytischer Auffassung bereits in den ersten Lebenstagen und -wochen wirksam und bestehen entsprechend dem späteren Selbstgefühl des Schizoiden in schweren affektiven Mängeln.[63] Die Kindheit des Schizoiden ist emotional kalt und beziehungslos. In der Lieblosigkeit und persönlichen Unansprechbarkeit der unmittelbaren Kontaktpersonen wächst der Schizoide nach Art eines Hospitalisierten auf. Indem ihm die Menschen unendlich weit entfernt erscheinen, rücken auch die Gegenstände für ihn in eine grenzenlose Ferne. Um so lebhafter wird seine Gedanken- und Phantasietätigkeit. Die reale Unkenntnis der anderen Menschen eröffnet dabei einen idealen Freiraum zu allen möglichen Projektionen[64] und Einbildungen, mit denen der Schizoide seine Umgebung überziehen kann. Die objektive Beziehungslosigkeit erlaubt es seiner Vorstellung nicht selten, den anderen in die Rolle eines geheimen Lauschers, Mitwissers, Attentäters u. dgl. hineinzuhalluzinieren. In der psychotischen Aufgipfelung derartiger Projektionen geraten solche Phantasien zu echten paranoischen Verfolgungsideen und, in der Kette scheinbar rationaler Begründungen, um die ein intelligenter Schizoider nie verlegen ist, zum vollendeten Wahn. Der Schizoide sieht sich dann selbst oft als den geheimen Mittelpunkt einer chaotischen Welt, die er, äußerlich verfolgt, doch mit Hilfe von Strahlen oder unsichtbaren Medien lenkt und leitet. Deutlich wiederholen solche Wahnideen dann zumeist die reale Situation der Kinderzeit mit ihrer kindli-

[63] R. A. Spitz, The First Year of Life. A Psychoanalytic Study of Normal and Deviant Development of Object Relations, New York 1965; dt.: Vom Säugling zum Kleinkind. Naturgeschichte der Mutter-Kind-Beziehungen im ersten Lebensjahr; übers. v. G. Theusner-Stampa, mit einem Vorw. v. W. Godfrey Cobliner; Stuttgart 1967; S. 279–195.

[64] M. Klein, Bemerkungen über einige schizoide Mechanismen (1946), in: Das Seelenleben des Kleinkindes (s. Anm. 53), S. 101–126.

chen Ohnmacht in der Realität und den kindlichen Allmachtsansprüchen in der Phantasie.

4.3. Heilung im Glauben als Ende der Selbstmythologisierung

An dieser Stelle ergibt sich zugleich der Brückenschlag zu dem theologischen Hintergrund auch der Schizoidie. Auch der Schizoide unterliegt zutiefst dem verzweifelten Willen, wie Gott sein zu wollen. Nur bei Gott ist das reine Denken in sich schöpferisch; nur in Gott ist Denken und Realisieren ein und dasselbe. Der Schizoide aber, der die Realität weitgehend im Bewußtsein ausblendet, wird immer mehr dahingedrängt, sein Bewußtsein, sein Denken an die Stelle der Realität zu setzen; jedenfalls wird er zunehmend dazu verleitet, seine Umgebung von einem ganz und gar egozentrischen Standpunkt aus zu betrachten und sich dabei, wie das absolute Ich Fichtes[65], zum Herrn und Schöpfer aller Dinge aufzuschwingen. Das hindert nicht, sondern bedingt sogar, daß der Schizoide in all seiner Ichhaftigkeit eigentlich gar kein Ich hat[66], sondern immer mehr in einem Spiel inhaltsloser Rollen und Schablonen zerfließt oder sich in bloßen Phantasieorgien verströmt. Im Grunde glaubt der Schizoide rundum an nichts, was er nicht selbst ist; gerade deshalb bleibt er sich selbst und bleibt ihm alles andere vollkommen fremd; und er, der selbst sein eigener Gott sein muß und sein Leben wie zur Selbstanbetung völlig narzißtisch vertut, ist zugleich dem umlagernden Seienden vollständig ausgesetzt und wird davon in immer mehr dissoziierte Parzellen zersetzt.

In der Bibel gibt es eine Szene, die wohl am besten beschreibt, wie das Fehlen Gottes und die Erkrankung der Schizoidie innerlich zusammenhängen. Gleich am Anfang erzählt die Bibel, wie die Menschen, nachdem sie von Gott abgefallen sind, die Welt, die ihnen vormals ein Paradies war, als Vertriebene und Verbannte erleben müssen, wie die Tiere ihnen feindlich werden und wie die Erde sich widerspenstig ihrer Arbeit widersetzt (Gen 3)[67]. Tatsächlich muß in einem absoluten Sinne die Welt dem Menschen »fremd« vorkommen, wenn sie nicht von einem Gott, der auch den Menschen meint und selbst in sich als Person ist, für ihn erschaffen wurde; wirklich ist der Mensch solange radikal heimatlos auf dieser Erde, als ihm nicht hinter der grenzenlosen Gleichgültigkeit der Natur Gott zurückgegeben wird als sein Vater und Schöpfer. Erst auf dem Hintergrund einer absoluten Güte hinter und in allen Dingen kann der Mensch aufhören, in schizoider Angst der Welt gegenüber zu verharren.

[65] J. G. Fichte, Grundlage der gesamten Wissenschaftslehre (1794); hrsg. v. F. Medicus (1922); Hamburg 1961 (Philos. Bibl. 246), S. 17 (1. Teil §1)

[66] S. Kierkegaard, Die Krankheit zum Tode (s. Anm. 3), S. 33.

[67] E. Drewermann, Strukturen (s. Anm. 10), I 92–93, II 232–235; III 241–245.

Man kann diesen Tatbestand auch religionshistorisch ausdrücken. Solange die Menschen den Gott der Bibel nicht kannten, standen sie in der Welt der Mythen einer Welt von Göttern gegenüber, die, in sich selber uneins, die Herrschaft über den Menschen unter sich verteilten. In den Gestalten dieser Götter lebten sowohl die personifizierten Mächte der Natur wie die projizierten Mächte der menschlichen Psyche, und der Mensch war ihnen und sich selber hilflos ausgeliefert.[68]
Um die Welt der Mythen psychologisch zu verstehen, ist es in der Tat unerläßlich, die privaten Mythen des Schizophrenen zum Studium heranzuziehen. Ein Mensch, der Gott nicht kennt, steht allen Dingen letztlich wie ein Mensch der Urzeit fremd und angstvoll gegenüber, und alle Dinge und Menschen ringsum müssen ihn solange bedrohen und beherrschen, bis er sich selbst zu dem Bewußtsein seiner eigenen ewigen Bedeutung und Berufung erhebt. »Wovor fürchten Sie sich eigentlich?«, fragt in einer Kurzgeschichte von A. Tschechow jemand und erhält zur Antwort: »Vor allem. Ich bin von Natur ein nicht sehr tief veranlagter Mensch und interessiere mich wenig für solche Fragen wie das Jenseits oder das Schicksal der Menschheit und bewege mich überhaupt selten in höheren Sphären. Ich fürchte in erster Linie das Alltägliche.« Gerade so aber hängt es zusammen: Man muß das Alltägliche fürchten, eben aufgrund des völligen Fehlens einer höheren Perspektive des Lebens. Angst ist die letzte Grundbestimmung eines Lebens, das in der Schizoidie sich selber fremd ist und sich selbst nicht mehr versteht. »Ich sehe«, fährt Tschechow daher fort, »daß wir wenig wissen und daher jeden Tag irren, wir sind ungerecht, verzehren uns vor Sehnsucht nach einem anderen Leben, wir vergeuden all unsere Kräfte für dummes Zeug, das wir nicht brauchen und das uns nur hindert, richtig zu leben, und das fürchte ich, weil ich nicht begreife, wozu und für wen das alles nötig ist.«[69]

4.4. Vergleich von Depression und Schizoidie

Somit schließt sich der Kreis, indem der Schizoide zu seiner Heilung vom Depressiven lernen muß, und umgekehrt. Der Depressive kann ein Stück von der Distanz und scheinbaren Abgeklärtheit, der »Endlichkeit« des Schizoiden übernehmen, dieser aber von der Wärme und »Unendlichkeit« des Depressiven. Beide finden indes nur zueinander in der Gewißheit eines Gottes, der sie über das Endliche unendlich erhebt und zur Begrenzung in den Pflichten des

[68] E. Drewermann, Strukturen (s. Anm. 10), III, S. XXXIII–XXXVI.
[69] A. Tschechow, Angst (1892), in: Die Steppe. Erzählungen aus den mittleren Jahren 1887–1892; Übers. v. A. Knipper u. G. Dick; München (Winkler) o. J.; S. 785–786.

Alltäglichen kraft des Unendlichen zurückführt. Erst im Glauben an Gott gelingt die Synthese der Existenz und wird es möglich, die aus Angst entwickelten und doch selbst wieder unendliche Angst erzeugenden Einseitigkeiten des Daseins zu vermeiden.

III. Neurosenlehre als theologische Phänomenologie der Sünde

So erscheinen die vier Neuroseformen der Psychoanalyse nicht länger als bloße Produkte gewisser frühkindlicher Schäden und die seelischen Erkrankungen nicht mehr als abseitige Zerrbilder des Menschlichen; es wird vielmehr deutlich, daß die seelischen Erkrankungen Konflikte widerspiegeln, die dem menschlichen Dasein, der menschlichen Freiheit insgesamt zukommen, ja sogar deren Grundlage bilden. Zugleich zeigt sich, daß diese Grundkonflikte des menschlichen Daseins um die eine zentrale Frage kreisen, wie der Mensch zu Gott steht. Auf diese innere Zentrierung kommt es hier vor allem an. Denn damit erweisen sich die Neuroseformen der Psychoanalyse als notwendige Daseinsvereinseitigungen eines Lebens ohne Gott. Die Kluft, die bis dahin Theologie und Psychotherapie voneinander trennt, läßt sich mithin überbrükken, indem die Neurosenlehre der Psychoanalyse selbst als eine theologische Phänomenologie der »Sünde« verstanden werden muß,[70] die zeigt, was es bedeutet, in radikaler Gnadenlosigkeit im Feld der Gottesferne an sich selber in Verzweiflung zu verkommen. Entgegen den moralisierenden Oberflächenbeschreibungen der »Sünde« führt die Psychoanalyse die Theologie in existentielle Zusammenhänge ein, an denen sie die heilende Kraft des Glaubens an Gott wiederfinden und zurückgewinnen kann. Denn wenn Christus seine ersten Jünger aussandte, um »Kranke zu heilen, Tote aufzuwecken, Aussätzige zu heilen und Dämonen auszutreiben« (Mt 10), so kann dies doch nur sein, weil Jesus offensichtlich in Krankheit, Tod, Aussatz und Dämonie selber Formen der Gottesferne und Verlorenheit des Menschen sah. Gerade so muß sich die Theologie im Sprechen von Sünde und Gnade selber wiedergewinnen, muß sie verstehen, daß der Glaube selber eins ist mit der Heilung des Menschen und das Unheil des menschlichen Lebens sich an der Frage nach der Stellung des Menschen zu Gott entscheidet.

Es bleibt noch nachzutragen, daß zur Erfüllung dieser Aufgabe auf der Basis der allgemeinen Neurosenlehre nunmehr die speziellen Formen neurotischer Symptomatik erörtert werden müßten. Dabei würde das vorgestellte Bild von vier gewissermaßen chemisch reinen Formen von Neurose der komplexeren

[70] E. Drewermann, Strukturen (s. Anm. 10), III, S. XIX–XXXI; 414; 419.

Vorstellung bestimmter Mischstrukturen weichen müssen. Zwar kommen die genannten Neuroseformen oft genug »reinrassig« vor, aber meist treten sie gemischt auf, wobei besonders die Gegensatzpaare selbst mit Vorliebe Kreuzungen eingehen, so daß man von schizoid-depressiven oder zwangsneurotisch-hysterischen, aber auch depressiv-zwangsneurotischen oder schizoid-zwangsneurotischen Mischstrukturen sprechen muß. So gut wie ausgeschlossen ist nur die Kombination der Depression mit der Hysterie, wie sich wohl überhaupt nur schwerlich Menschen weniger verstehen werden als Depressive und Hysteriker; desgleichen ist die Kombination der Schizoidie mit der Hysterie selten, indem zur Hysterie bereits ein schizoider Vorbau gehört, der bei Ausprägung einer echten Hysterie überlagert bzw. einfach ausgeweitet wird, oder die Schizoidie so intensiv grundgelegt ist, daß starke Objektbeziehungen, wie sie zur Hysterie gehören, gar nicht erst zustande kommen. Völlig vernachlässigt werden mußte in dem vorliegenden Referat naturgemäß das Gegenbild der Neurose insgesamt: die Perversion. Es ist aber wohl deutlich, daß die Methode der Integration von Theologie und Psychoanalyse durch diese Erweiterungen der Themenstellung in sich selbst nicht geändert zu werden brauchte.

Zum Verhältnis von Psychotherapie und Seelsorge

Tiefenpsychologie und Theologie stehen nicht in dem Verhältnis zueinander, in dem sie zueinander stehen sollten. Denn indem ich aufzeige, wie sehr das seelische und das geistliche Bemühen um den Menschen vom Ursprung her eine Einheit bildet, wird zugleich augenfällig werden, wie wenig Psychotherapie und Seelsorge heute, weder in Theorie noch Praxis, eine Einheit sind. Der Zwiespalt zwischen beiden ist in sich selbst der Grund für viele Leiden, und er macht viele Leiden unheilbar.

I. Die wesenhafte Einheit von Psychotherapie und Seelsorge

Als Jesus seine Jünger aussandte, gab er ihnen den Auftrag, sie sollten den Kranken die Hände auflegen, Dämonen vertreiben und verkünden, das Gottesreich sei nahe (Lk 9, 2; Mt 10, 7.8; Mk 16, 17.18). Verstehe ich diesen Befehl richtig, so ist damit gemeint, was Seelsorge und Psychotherapie gemeinsam tun möchten.

Es gilt, einen Raum der Geborgenheit, des Schutzes und der vorbehaltlosen Annahme zu eröffnen. Vielleicht nicht, als könne man sagen: Man lege dem anderen die Hände *auf*, als wäre dies etwas zusätzlich Belastendes; aber man halte seine Hände *über ihn*, er dürfe sich ein Stück behütet fühlen, und die »Behandlung« wäre nur dieses Wissen um die schützende Hand eines anderen, der aufnimmt, was ihm übergeben wird. Die Wirkung und das Ziel einer solchen »Handauflegung« besteht dem Worte Jesu nach im Ende der »Besessenheit« – daß es im anderen aufhört, in vielen Richtungen auseinanderzudenken, – das Ende der Automatismen, andressierten Zwänge, verselbständigten Komplexe, fertig installierten Apparaturen, die dem Ich vollkommen fremd sind, ihm störend bereits im Ansatz das eigene Wünschen und Denken untersagen oder verbieten und dabei doch erlebt werden wie fremde Personen, die hinter der Wand lauern und kritisch, höhnisch, zensurierend jeden Schritt mit ihrem unerwünschten Kommentar verwirren. Das Ich erlebt in solchen Augenblicken seiner Ausgeliefertheit weder Angst noch Schuldgefühl; es fühlt sich nur vollkommen preisgegeben, als wenn es nach außen scheunentorweit offenstünde – alle Geräusche, Gerüche, Lichter sind ungemein viel stärker und aufdringlicher als sonst, und in jeder Wahrnehmung scheint eine verborgene Bedeutung mitzuschwingen; das eigene Innere erscheint wie nach außen verlagert, wie etwas Objektives, Physikalisches, Elektrisches, als wenn man an ein bestimmtes Strom- oder Computernetz angeschlossen wäre und einem die eigenen Gedanken immer wieder entzogen und durch andere, fremde Aufträge ersetzt würden; die Personen ringsum spalten sich auf, als spräche etwas Fremdes durch sie hindurch und als wären sie gar nicht sie selber, vielmehr als wären sie austauschbar gegen andere, bekannte oder unbekannte. Man kann in all dem nur sagen wie der Besessene von Gadara (Mk 5, 1–20) auf die Frage: »Was ist dein Name?« – »Legion sind wir«: eine Ansammlung fremder Besatzungsmächte, die gleichwohl nach einem bestimmten System, nach einem vorgegebenen Programm in dem Terrain der eigenen Psyche herummarschieren und einem unbekannten übergeordneten Befehl folgen. Wenn ein solcher Zustand »Dämonie« heißt, dann gibt es dagegen in der Tat nur dieses eine Mittel der »Handauflegung«: daß das eigene Ich sich soweit gestärkt, gesichert und für wichtig genommen fühlt, daß es selber sich wieder abzugrenzen bzw. durchzusetzen lernt und das bislang scheinbar Fremde und Äußere als etwas Eigenes innerlich integrieren kann.

Wenn dieser Weg gelingt, dann erst, trägt Jesus auf, kann man zur Deutung solcher Heilung sagen: »Das Gottesreich ist nahe.« Wenn jemand sich selbst wieder zurückgegeben wird und sich selbst wiederfindet, dann wird er selber spüren, welche Macht Gott in ihm haben kann. Bis dahin war von »Gott« womöglich nur als einem Inbegriff von all den lebensfeindlichen, verbietenden und unterdrückenden Impulsen väterlicher- oder mütterlicherseits die Rede, die im Namen der bürgerlichen und kirchlichen Ordnung die Selbstentfremdung zu verewigen drohten. Aber jetzt kann man durch die »Handauflegung« und »Behandlung« eines anderen Menschen spüren, daß man selbst ein eigenes Leben hat; man kann sich selber mit der eigenen Existenz in Unterschiedenheit und Abgrenzung von allen anderen sagen, daß man selbst berechtigt ist zu leben, und an der Stelle stimmt dann das zuvor psychotische Gefühl tatsächlich, daß durch die menschliche Person des andern in Wirklichkeit zugleich eine fremde, übergeordnete Person hindurchspricht. Das, was uns leben läßt, bejaht und will, mag in dem anderen im Verlaufe der Behandlung wohl ein Stück weit sichtbar werden – es ist im Hintergrund von allem aber zugleich selbst der Ursprung, der auch den Therapeuten oder Seelsorger selbst wesentlich trägt. Der andere ist in Beratung oder Seelsorge nur Medium und Mittler einer Botschaft, das Instrument einer Gnade, die hinter allem absolut ist, wirkt und gilt. Ihr fühlt ein Mensch sich nahe, wenn er sich selber nahekommt. Bis dahin mag er »Gott« gedient haben, indem er sich nach den Anweisungen seines Überichs zu richten suchte; aber die mitleidlose Starre im Umgang mit sich selbst und anderen, die ständige Bereitschaft, zu verurteilen, herabzusetzen und eigenes und fremdes als schlicht »unmöglich« abzulehnen, der

unentwegte angstgetriebene Narzißmus, der nur dem Einverständnis des »Gewissens«, aber eigentlich sonst keinem Menschen dient – sie alle zeigen überdeutlich durch ihre Unfreiheit und Mitleidlosigkeit und durch ein ständig überkompensiertes Minderwertigkeitsgefühl, daß hier von Gott bislang gar keine Rede sein konnte.
Aber wer wäre denn in diesem Sinne etwa kein »Besessener«? Wer würde sich denn soweit selbst gehören, daß er seine Gefühle und Triebregungen von dem Zentrum seiner Persönlichkeit in vollkommener Freiheit zu gestalten wüßte, oder wer könnte die Zwangsbefehle seines Überichs jeweils an die gegenwärtigen Umstände hinlänglich anpassen und durch eigenes Urteil notfalls korrigieren? Wer also bedürfte nicht einer solchen »Handauflegung« zur Austreibung der »Dämonen«, in welcher die Begegnung mit sich selbst *identisch* ist mit der Begegnung Gottes – sie selber nur die wesenhafte Wirkung der größeren Nähe zu Gott oder umgekehrt: die Begegnung mit sich selbst nur die Erfahrungsvoraussetzung, wahrhaftiger von Gott zu sprechen?

1. Das Unheil der Angst und das Heil des Vertrauens im Zentrum der Welt

Nur weil auf solch untrennbare Weise die Einheit mit sich selbst und die Einheit mit Gott zusammengehören, kann im Neuen Testament die Verkündigung von der Gottesherrschaft unmittelbar und wesensnotwendig mit »Wundern« der Heilung verknüpft werden.
Die ältere Dogmatik war der Auffassung, daß der Mensch im Paradies, am Anfang der Schöpfung, aufgrund bestimmter außernatürlicher Gnadengaben von jeder Krankheit befreit gewesen und erst durch die Sünde den körperlichen Schmerz und den Tod als Strafe auf sich geladen habe. Man hat diese Lehre, obwohl sie einst als sententia communis, ja als definiertes Dogma galt[1], unter dem Eindruck der Paläontologie und Prähistorie verschämt und stillschweigend fallen gelassen: unvorstellbar, daß die Dinosaurier nur deshalb sollten unter Karies gelitten haben, weil 300 Millionen Jahre später irgendein Adam von einem verbotenen Baum im Garten dieser Welt gegessen haben könnte. Aber wenn man die alten *Bilder der jahwistischen Urgeschichte*, vor allem der Paradiesgeschichte, statt grob äußerlich, einmal – wie man sollte – symbolisch und innerlich versteht, so hätte man jene alte Urstandslehre niemals lächerlich machen dürfen. In der Tat zeigt uns die Psychoanalyse sowie die psychosomatische Medizin, daß nicht nur die neurotischen und sogar ein Großteil der psychiatrischen »Fälle«, sondern selbst viele organische

[1] J. Brinktrine, Die Lehre von der Schöpfung, Paderborn 1956, 292; 294.

Erkrankungen nur einer einzigen Ursache entstammen: der menschlichen Angst und den verzweifelten Versuchen, sich ihrer zu erwehren.

Der Jahwist schildert das Erleben der fundamentalen Angst des Daseins in dem archetypischen Symbol der Schlange, des geöffneten Chaosrachens unterhalb der geschaffenen Wirklichkeit. Es gäbe zufolge seiner Darstellung gegen die Angst nur ein einziges Mittel: das Vertrauen in die Macht dessen zu bewahren, der selbst noch unterhalb des Nichts, noch tiefer als der Abgrund aller Nichtigkeit der Kreatur, der Grund und Halt von allem ist. Im Bannkreis der Angst erscheint die Welt den Menschen fremd und feindlich; sie selber fangen an, sich voreinander für sich selbst zu schämen; und fortan müssen sie als ausgestoßene, verbannte Kinder Evas gegen den Tod als letzte Wirklichkeit ihres vertanen Daseins zwischen Staub und Staub bis zur Erschöpfung anarbeiten – ein gottverfluchtes Leben, das man selber nur verfluchen kann.[2]

Doch so von Angst verzerrt, derart sich selbst entfremdet, so durchaus neurotisch-krank muß unser Leben nicht erscheinen. Um das zu sagen, hat der Autor, den wir den Jahwisten nennen, in Übereinstimmung mit den Urzeiterzählungen der Völker die Geschichte vom Paradies an den Anfang seiner Schilderung der condition humaine gestellt. Von ihrem eigentlichen Ursprung her, wenn die Menschen aus Vertrauen leben könnten, würden sie gegen die Egozentrik der Angst zuinnerst fühlen, daß es, symbolisch gesprochen, einen »Baum« gibt »in der Mitte des Gartens«, daß m. a. W. die Welt ein vorgegebenes Zentrum hat, das die Erde mit dem Himmel verbindet und von dem her sich die Welt in die vier Himmelsrichtungen ordnet. Aus diesem Zentrum heraus zu leben, schließt durch sich selber all das aus, was wir mit Tod und Krankheit sonst verbinden.

Wenn hingegen der Tod am Ende eines Lebens nur offenbart, wie nichtig und unwert das ganze Dasein war, wenn seine Vorbotin, die Krankheit, nur beweist, wie nutzlos, hinfällig und lästig man insgesamt schon durch die bloße Tatsache des eigenen Daseins ist, dann freilich ist der Tod ein Gottesfluch; dann ist die Krankheit eine Strafe für ein Leben, das, fernab vom Zentrum dieser Welt, buchstäblich »exzentrisch« vor Angst, dabei ist, an sich selber zu verkommen. Aber am »Baum in der Mitte des Gartens« zu leben, bedeutet, ohne Angst sich inmitten der Welt geborgen zu fühlen und die Erde zu erleben wie einen Garten, in den hinein Gott selber den Menschen gesetzt hat. Der

[2] Zur Interpretation der jahwistischen Paradies- und Sündenfallerzählung vgl. E. Drewermann, Strukturen des Bösen. Die jahwistische Urgeschichte in exegetischer, psychoanalytischer und philosophischer Sicht, 3 Bde., Paderborn 3. (erw.) Auflage 1981, Bd. 1, S. 53–106; 356–413: Von dem Geschenk des Lebens oder: das Welt- und Menschenbild der Paradieserzählung des Jahwisten.

Tod ist dann ein zugehöriger Teil des Lebens, und das Leben ist nicht mehr ein ständiger Kampf gegen ein absurdes Abgeschnittenwerden aus dem Kreis der Lebenden.
Nur weil die Angst der Ursprung aller Seelenkrankheit ist, kann im Neuen Testament der Glaube als die Kraft der Heilung verstanden werden.

2. *Von göttlichen Ärzten*

Oft genug hat man in der Exegese des Neuen Testamentes gerade die Wunderheilungen als etwas Heidnisches, Unchristliches, ja Magisches verdächtigt, weil hier von einem Glauben die Rede sei, der durchaus kein spezifisches Bekenntnis zu Christus erkennen lasse.[3] Aber wie nun, wenn gerade darin der heilende Glaube des Christlichen läge, daß er, hervorgepreßt aus der Angst und artikuliert im Bannkreis der Not, nur gegen die Angst der Kreatur beschwört, was jeder Mensch zum Leben braucht? Wie, wenn die Göttlichkeit Christi und aller göttlichen Heilande sich eben nur darin zeigte, daß sich an ihrer Person ein Vertrauen entzündet, das die Angst an der Wurzel des menschlichen Bewußtseins beruhigt und dem Gefühl weicht, endlich so akzeptiert zu sein und selber ein solches Vertrauen geschenkt zu bekommen, daß die Verwerfungen der Seele in ihr Maß und Ziel zurückkehren? Der Glaube, der heilt, ist so universell wie die menschliche Not, und ein jeder Mensch ist berufen, das Paradies seines Lebens wiederzufinden. Insofern kann der Glaube gerade der Heilungswunder nur ein Glaube sein, der allen Menschen zukommt und den alle Menschen brauchen.
Alle Sakramente der Kirche versuchen denn auch, den Weg an dem Seraph mit dem Flammenschwert vorbei ins Paradies zurückzufinden; sie alle sind Symbole eines verlorenen und wiedergeschenkten Lebens des Vertrauens gegen die Angst, und nur die Menschen, die in sich selber die Überwindung des Kränkenden und Krankhaften aus der Vision eines größeren Glaubens erfahren haben, werden als heilende Priester, als göttliche Ärzte wirken können. Ihr Glaube entstammt der Überwindung der eigenen Angst, ihre Heilkraft dem Verständnis und der Integration der eigenen Zerstörungskraft, ihre Wahrheit der Läuterung der eigenen Lüge, und weiter wird niemals ein Mensch einem anderen helfen können, als bis wohin er selbst gegen die Angst Vertrauen gelernt hat. – Eine alte Legende erzählt, daß der griechische

[3] M. Dibelius, Die Formgeschichte des Evangeliums (1919), 4. Aufl. der dritten durchges. Aufl. mit einem Nachtr. v. G. Iber, hrsg. von G. Bornkamm, Tübingen 1961, 93–94.

Heilgott und Religionsgründer Pythagoras von einer Schlange gebissen wurde, aber überlebte, indem er mit dem Gift der Schlange durch eigenen Biß das Untier tötete.[4] Was für ein unauslotbares Symbol für das, was wir »Psychotherapie« oder »Seelsorge« nennen! Tödlich getroffen von Angst – so wird man diese Legende deuten müssen, selber also vergiftet von der Injektion des Todes, gewinnt Pythagoras die Kraft, das Tödliche zu überwinden. Nur wer gelernt hat, vor dem scheinbar Verderblichen und Giftigen im Menschen keine Scheu mehr zu empfinden, wer es am eigenen Leib erfahren hat, ohne es abzuweisen und zu verdrängen, kann später andere befähigen, aus sich hervorzubrechen, was sie an tödlichen Vergiftungen im Herzen tragen. – Um den Sinn dieser Erfahrungen noch zu verdeutlichen: der Pythagoras-Schüler Empedokles, der als göttlicher Arzt Tausende von Kranken heilte, soll von sich gesagt haben, er sei in diese Welt gekommen zur Strafe für Mord und Meineid in einem früheren Leben.[5] Er, der als göttlicher Arzt andere zur Wahrheit brachte, büßte in sich selber seine eigene Unwahrhaftigkeit; er, der andere heilte, stellte die eigene Kraft, zu töten, in den Dienst des Lebens. – Oder ein drittes Beispiel: von dem Kentauren Chiron wird berichtet, er sei selber tödlich von einem Pfeil des Apoll verwundet worden; so trug er, ein griechisches Lamm Gottes, seine eigene Verletzung zum Hades, aber er heilte andere im Wissen um die eigene Verletzung.[6]

Jede Heilung ist ein solcher Sieg über die eigene Krankheit und den eigenen Tod, und man kann nur soviel wirken, wie man selber gegen die Angst im eigenen Leben an Gnade erfahren hat.

3. Die heilende Macht der Träume vom Mittelpunkt der Welt

Einem großen Wunderheiler, dem letzten Schamanen der Ogalalla-Sioux mit dem Namen Schwarzer Hirsch, verdanken wir eine autobiographische Schilderung, wie er dazu bestimmt wurde, ineins als Priester und Arzt, als Seelsorger und Psychotherapeut in seinem Stamm zu wirken, beides in ungetrennter Ursprungseinheit; und diese Darstellung ist etwas ausführlicher

[4] W. Schadewaldt, Die Anfänge der Philosophie bei den Griechen. Die Vorsokratiker und ihre Voraussetzungen. Tübinger Vorlesungen Bd. 1, unter Mitw. v. M. Schadewaldt hrsg. v. I. Schudoma, Frankfurt 1978 (stw 218), 273.

[5] H. Diels, Die Fragmente der Vorsokratiker, nach der v. W. Kranz hrsg. 8. Aufl., eingel. v. G. Plamböck, Hamburg (rk 10) 1957, 69, Fr. 115.

[6] K. Kerényi, Der göttliche Arzt. Studien über Asklepios und seine Kultstätten, Darmstadt 1975, 96–100.

wiederzugeben, weil sie ein ergreifendes Dokument der Menschlichkeit ebenso wie der Frömmigkeit darstellt.
Schwarzer Hirsch hatte als Kind mit neun Jahren einen Traum, in dem er die ganze Welt, seinen Stamm und die gesamte Menschheit in der Mitte der Erde um einen blühenden Baum versammelt fand, dessen Pflege ihm, dem Seher, als Kraft, zu heilen und Weisheit zu lehren, anvertraut wurde. So faßte ich, erzählt Schwarzer Hirsch von seinem Kindertraum, »den glänzenden roten Stab, und in der Mitte des Stammeskreises stieß ich ihn in die Erde. Als er den Boden berührte, bewegte er sich mächtig in meiner Hand und war ein Uagatschun, der raschelnde Baum (sc. der Baumwollstrauch, d. V.), sehr hoch und voll blättriger Äste und singender Vögel. Unter ihm waren alle Tiere mit den Menschen versammelt wie mit Verwandten und stießen Freudenschreie aus. Die Frauen stimmten ihr Freudengetriller an und die Männer riefen: ›Hier werden wir unsere Kinder aufziehen und sein wie Kücken unter Mutter Scheos (sc. des Präriehuhns, d. V.) Flügel‹.« Im Traum sieht Schwarzer Hirsch die ganze Erde unter sich liegen und erfährt die Zusammengehörigkeit und Einheit aller Dinge. Denn, sagt er, »während ich dort stand, sah ich mehr, als ich sagen kann, und ich verstand mehr, als ich sah; denn ich schaute auf heilige Weise die Gestalten aller Dinge im Geiste, und die Gestalt aller Gestalten, wie sie zusammen leben müssen, gleich wie *ein* Wesen. Da sah ich, daß der heilige Ring meines Volkes einer von vielen Ringen war, die einen Kreis bildeten, weit wie Tageslicht und wie Sternenlicht. In der Mitte aber wuchs der üppig blühende Baum zum Schutze all der Kinder einer Mutter und eines Vaters. Und ich erkannte all dies als heilig.«[7]
Das also heißt es, in der Mitte der Welt, am Baum des Lebens in der Mitte des Gartens zu leben. Es heißt, einer Vision zu folgen, die lehrt, die Welt aus ihrer Mitte und in der Einheit der gesamten Wirklichkeit zu sehen. Und eben dies ist die Berufungsvision eines göttlichen Heilers. Schwarzer Hirsch hütet seinen Traum lange Zeit als sein persönliches Geheimnis; aber dann, mit siebzehn Jahren, überfällt ihn bleierne Angst, und er liegt tagelang in todähnlichem Schlaf. In neuen Träumen erfährt er, daß er den Zeitpunkt seines öffentlichen Wirkens nicht mehr hinauszögern darf; und aus dem Erleben der eigenen Angst und der eigenen Vision formt er jetzt ein Ritual der Heilung, seine Traumdarstellung, die ihn zum Priester und Arzt, zum Schamanen seines Stammes macht. Immer, wenn Schwarzer Hirsch später Heilungen vollbringt, wird er den Kranken in das Ritual seines eigenen Kindertraumes einbeziehen

[7] Schwarzer Hirsch (Black Elk), Black Elk speaks, ed. by J. Neihardt, New York 1932; dt.: Ich rufe mein Volk. Leben, Visionen und Vermächtnis des letzten großen Sehers der Ogalalla-Sioux; übers. v. S. Lang; Olten-Freiburg 1965, 50–51.

und ihn den Weg lehren, der ihn selber zum heiligen Baum in der Mitte der Welt geführt hat. Schwarzer Hirsch hat zum Heilen, wie jeder göttliche Arzt, mithin nur seine eigene Person und die gläubige Erfahrung seines eigenen Traumes. »Mein Großvater, Großer Geist,« so betet er, als man ihn zum ersten Mal zu einem kranken Kind bestellt, »du bist der einzige, und zu keinem anderen kann eine Stimme dringen. Du hast alles geschaffen, so sagen sie, und du hast es gut und schön gemacht. Die vier Viertel und die zwei Wege, die sich kreuzen, hast du gemacht. Du hast auch eine Kraft erweckt, dort, wo die Sonne niedergeht. Die Zweibeiner auf Erden sind in Verzweiflung. Für sie, Großvater, schicke ich eine Stimme zu dir. Du hast zu mir so gesprochen: Die Schwachen werden gehen. Im Gesicht hast du mich zur Mitte der Welt geführt, und dort hast du mir die Kraft der Hingabe gezeigt. Du gabst mir das Wasser in der Schale; durch seine Kraft wird der Sterbende wieder leben. Das Kraut, das du mir gezeigt hast – durch seine Kraft wird der Schwache aufrecht gehen. Von dort, wo wir immer hinblicken (dem Süden), siehe, wird eine Jungfrau erscheinen, und den guten roten Weg wandern, die Pfeife auf ihrem Wege darbietend; und ihr ist auch die Kraft des blühenden Stabes. Von dort, wo der Riese wohnt (dem Norden), hast du mir den reinigenden heiligen Wind geschickt, und wo dieser Wind vorüberzieht, da werden die Schwachen Kraft erlangen. Solches hast du zu mir gesprochen. Zu dir und zu allen deinen Mächten und zur Mutter Erde schicke ich eine Stimme um Hilfe.«[8]
Nach diesem Gebet wendet sich Schwarzer Hirsch in linker Richtung den drei anderen Himmelsrichtungen zu und hält im Süden, »wo die Quelle allen Lebens ist, und wo der gute rote Weg beginnt«[9]. Dort singt er ein Lied, das wiederum seine Traumvision mit dem zu heilenden Einzelfall verbindet: »Auf heilige Weise machte ich sie gehen. / Ein heilig Volk liegt darnieder. / Auf heilige Weise machte ich sie gehen. / Ein heiliger Zweibeiner liegt darnieder. / Auf heilige Weise wird er gehen.« »Während ich dieses sang«, erzählt Schwarzer Hirsch in seiner Erinnerung, »empfand ich in meinem ganzen Leibe etwas Seltsames, etwas, das in mir das Verlangen weckte, über alle unglücklichen Geschöpfe zu weinen, und Tränen rannen über mein Gesicht.«[10] Es ist eine Empfindung universellen Mitleids, die auch z. B. das Neue Testament bei den Heilungen Jesu überliefert, etwa wenn es sagt, daß Jesus beim Anblick eines Aussätzigen, der vor ihm auf die Knie fällt, von Mitlied ergriffen worden sei (Mk 1,41).

In solcher Weise ist die Heilung vom Ursprung her nichts anderes als eine Rückkehr ins Zentrum, eine Versammlung des Herzens an den Ort, da die

[8] A. a. O., 190.
[9] A. a. O., 190.
[10] A. a. O., 190–191.

Welt zusammenwächst und der Himmel der Erde nahe ist, ein Akt, durch den der Heilende den Kranken in eine Schau der Dinge einbezieht, die ihn selbst aus Angst und Krankheit gerettet hat; sie ist ein gemeinsames Träumen aus einem gemeinsamen Grund des Vertrauens.

II. Der faktische Dualismus von Theologie und Tiefenpsychologie

Stünde es so, wäre der Priester durch sein Tun ein Heilender und jeder Heilende ein Priester. Und so müßte es stehen. So waren die Jünger von Jesus berufen zu tun. Auf dies Vermächtnis gründet sich die Kirche.
Doch so steht es ganz und gar nicht, und so kann es auch nicht stehen.

1. Der Kampf der Kirche gegen das Unbewußte

Die gesamte Denktradition des Abendlandes, wesentlich mit vorangetrieben von der Geistesart des Christentums, scheint vielmehr einem grandiosen Versuch gleichzukommen, das innerlich Zusammengehörende, je länger, je mehr, so scharf wie möglich auseinanderzureißen und zu trennen: Bewußtsein und Unbewußtes, Vernunft und Gefühl, Kultur und Natur, Sittlichkeit und Sinnlichkeit, Kopf und Herz, Göttliches und Menschliches, Priestertum und Medizin, Heiligkeit und Heilung, Seelsorge und Psychotherapie, kurz: den Menschen selbst hat man zerspalten, und zwar so sehr, daß kaum noch eine Heilungsmöglichkeit vorhanden scheint.
Warum das so ist, läßt sich schwer begründen.
Eine Hauptursache liegt gewiß in den Anfängen des Christentums. Von den ersten Tagen seines Auftretens an hat das Christentum sich bemüht, den heidnischen Mythos im Namen seiner eigenen Botschaft zu unterdrücken und zu verteufeln, nicht gänzlich unwissend darüber, daß es mit der Abwertung des Mythos zugleich die mythenbildenden Kräfte im Menschen selbst verteufeln mußte.[11] Was zunächst als Kampf gegen das Heidentum begann, erwies sich mehr und mehr als ein Kampf gegen den Menschen, gegen die archetypischen Bilder des Unbewußten, und man glaubte in der Tat schon bald, geistigen Säulenheiligen ähnlich, Gott am besten dienen zu können, wenn man sich turmhoch mit der Kraft der erwachenden Persönlichkeit über die

[11] Vgl. zum Folgenden den Exkurs: Die Mythenfeindlichkeit des Christentums, der Widerstreit der Konfessionen und die innere Zerrissenheit des Menschen, in: E. Drewermann, Strukturen des Bösen, Bd. 3, S. 514–533.

Dumpfheit der Triebe und Instinkte, über das dunkle Terrain der Mutter Erde erhöbe. Die ganzen ersten vier Jahrhunderte des Christentums dienen bezeichnenderweise der philosophischen Unterscheidung von Natur und Person. Nicht die Integration, sondern die Abgrenzung, die Bekämpfung, ja die Leugnung der Natur, mithin psychologisch des Unbewußten im Menschen, wurde zunehmend zu einer christlichen Glaubens- und Verhaltenspflicht. Man muß sich, um das volle Ausmaß der Wirkungsgeschichte dieser Grundeinstellung zu verstehen, nur vor Augen halten, wie in der Geistesgeschichte des Abendlandes das Menschenbild im Verlauf der Jahrhunderte immer mehr auf Verstand und Willen zusammenschrumpft. Der Glaube selbst, das gesamte Gottesverhältnis also, wird schon im Mittelalter bestimmt als ein Akt des Verstandes, befohlen vom Willen.[12] Man kann um 1200 noch nicht ahnen, wie später, am Beginn der Aufklärung, der Verstand gegen die »unvernünftigen«, nicht verständig begründbaren Dogmen des Christentums aufstehen und im Namen der isolierten Vernunft den Atheismus proklamieren wird; aber es scheint, als wenn die Verstandeseinseitigkeit des Christentums und die Unterdrückung des Unbewußten von sich her geradezu die Grundlagen des modernen Atheismus hätten schaffen müssen. Der naturwissenschaftliche Verstand ist es schließlich, der, noch paradoxer, gegen das Christentum die ursprünglich tief religiöse Wahrheit von der Einheit allen Lebens auf dieser Erde mit biologischen Argumenten wiederentdecken muß, und auch diese Einsicht verwandelt sich wiederum im Kampf gegen das Christentum in ein Argument des Atheismus. Während die christliche Dogmatik daran festhält, daß die Seele (metaphysisch, aber der Vorstellung nach auch naturphilosophisch) unmittelbar von Gott geschaffen sei, entdeckt die Psychoanalyse, später die Verhaltensforschung, wieviel Tierisches im Menschen lebt. Von der christlichen »Unmittelbarkeit« hingegen bleibt in säkularisierter Form auf den Kathedern der Psychologie gegenwärtig offenbar nur noch eine Art tabula-rasa-Lehre übrig, wonach der Mensch nichts ist, als was ihm durch die Gesellschaft und ihren Vermittlern auf dem Wege des sozialen Lernens eingeprägt wird.

Man weiß in der Psychologie schließlich von Gott und Göttlichem gar nichts mehr, und so seelenlos wie die Psychologie, so seelenlos wird die Gotteslehre, die Theologie. Hier, in dieser geistesgeschichtlich nur anzudeutenden Schizophrenie, in der Verleugnung des Unbewußten im Menschen seit den Anfangstagen des Christentums, haben die Mißverständnisse, die wechselseitigen

[12] Noch das 1. Vaticanum definierte den Glauben als »plenum revelanti Deo intellectus et voluntatis obsequium«, als »vollständigen Gehorsam des Verstandes und des Willens gegenüber dem sich offenbarenden Gott«; D 3008.

Ängste, die Sprachbarrieren, ja die gegenseitigen Verketzerungen zwischen Psychologie und Theologie, Psychotherapie und Seelsorge ihren Grund. Die Folgen dieser bizarren Aufspaltungen und falschen Frontstellungen lassen sich in drei Punkten aufzählen.

2. *Drei Symptome einer Krankheit*

Die Ohnmacht des Träumens sei als erstes Symptom dieses Zustandes aufgeführt.

Die Psychotherapie lebt davon, den Traum als via regia zum Unbewußten aufzusuchen, und sie weiß, wie wichtig die spontanen Bilder aus den Tiefenschichten der Seele zur Diagnose und Prognose, zur Deutung der Übertragungen und zur Aufarbeitung des verdrängten, unbewußten Materials sind. Aber obwohl die Bibel selber noch die Träume als göttliche Befehle zu schätzen weiß und selber voll traumnaher Bilder und Symbole ist, herrscht theologisch von seiten der Exegese heute geradezu ein Verbot, die Bibel und das religiöse Erleben von der Tiefenpsychologie her zu verstehen. Statt die Visionen der Bibel aus den uralten und ewigen Bildern im Unbewußten der menschlichen Psyche zu verstehen und mithin als jedermanns Bilder einfühlbar zu machen, forscht sie rein äußerlich in äußeren historischen Fakten und Details, dabei selber immer bildärmer, immer gefühlskälter, immer wortreicher und herzensleerer werdend. Wer denn im Raum der Theologie vermag noch einen Mythos, ein Märchen, einen Traum zu verstehen? Aber das Wort Gottes in der Bibel glaubt man verstehen und auslegen zu können. Es ist, äußerlich gesehen, auch wohl möglich, daß man die Bibel historisch – kritisch »auslegen kann«, so nämlich wie in H. Ibsens Drama »Peer Gynt« der Held dieses tragischen Schauspiels an der ägyptischen Sphinx nur sein eigenes Echo vernimmt und dadurch sogar zum »Exegetenkönig« avanciert, daß er feststellt: »Die Sphinx redet deutsch, Berliner Dialekt.«[13] Man hört in dieser Art der Auslegung nur noch sich selber in der Wüste rufen, keinen Gott. Wenn man die Menschen lehrt, im Namen der Religion die Träume zu verraten, so zerstört man auf die Dauer die Quelle, aus der das Religiöse stammt. Die Seelenärzte können Gott in einer so erzogenen Seele, gerade wenn sie gut christlich erzogen ist, dann wohl beim besten Willen nicht mehr finden, und die Theologen können nur noch mißtrauisch verfolgen, was sich da als Psychotherapie zu ihrer eigenen Konkurrenz, vorbei an ihrer traumlos verwalteten Kirchenfrömmigkeit, neben und gegen sie ansiedelt und breitmacht.

[13] H. Ibsen, Peer Gynt, 4. Akt; Stuttgart (Reclam 2309) 1953, 98.

Ein zweites Symptom für die Seelenlosigkeit des gegenwärtigen Christentums ist *das Übergewicht des Ethischen vor dem Religiösen.*

Die Religion sollte und dürfte in nichts anderem bestehen, als den Menschen gegen seine Angst zum Ursprungsort seines Vertrauens hinzuführen. Dazu gehört, daß die Frage des Ethischen: Was muß ich tun, vollkommen zurückzutreten hat hinter der Frage: Wer bist du; was ist deine Geschichte; wessen bedarfst du; wohin willst du? Und dies, was der andere ist, gilt es *vorbehaltlos* zu akzeptieren, so gütig und mit so weitem Herzen, wie in dem Wort der Bergpredigt Gott seine Sonne unterschiedslos aufgehen läßt über Gute und Böse.

Der eigenen Dogmatik nach müßte gerade dem Christentum eine solche Einstellung sogar unbedingte Pflicht sein. In einer ihrer großartigsten Lehren hat die Kirche, in der Theologie des Hl. Paulus und Augustinus, gegen den Mönch Pelagius ausdrücklich gelehrt, daß der Mensch nicht gut sein kann, wenn er nicht zuvor durch Gnade erlöst ist. Aber weil die offizielle Theologie durch die Verleugnung des Unbewußten die Angst in den Tiefenschichten der menschlichen Psyche nicht zur Kenntnis nimmt, versteht sie ihre eigene Lehre von der »Erbsünde« nur äußerlich und oberflächlich.[14] Man wird erlöst durch die Taufe, gewiß. Aber wer weiß schon, was es heißt, in das Wasser des Unbewußten hinabzusteigen, das Unbegehbare gegen die Angst zu betreten und als ein neuer Mensch, verjüngt, aus den Tiefenschichten der Psyche gnädiger, weitherziger, freier und menschlicher zurückzukehren? Weil man die Psychologie des Unbewußten von der theologischen Betrachtung ausschließt, begibt man sich selber nolens volens in den ärgsten Pelagianismus, und der Ausfall an gläubiger Erfahrung wird immer mehr kompensiert durch ein starres moralisches Reglement. Das geht bis hin zu den vielfach geübten Verzerrungen, es sei Selbstfindung und Selbstverwirklichung kein christliches Anliegen, ja, das Kreuz Christi verlange ganz im Gegenteil eben die Selbstaufopferung, die Selbstverleugnung.

Ist man so weit gekommen, muß die kirchliche Institution hart werden gegen die Freiheit, die in der Psychotherapie erwachsen kann. Die tragischen Seiten des menschlichen Lebens, seine notwendigen Verstrickungen können moraltheologisch nicht mehr verstanden werden, wenn vom Menschen allein der Verstand und der freie Wille gelten gelassen werden. Man begreift vor allem nicht mehr, wie recht Paulus hatte, als er im Römerbrief die Gefangenschaft und Ohnmacht des menschlichen Willens beschrieb. Im Kessel der Angst ist es

[14] Vgl. E. Drewermann, Das Tragische und das Christliche. Von der Anerkennung des Tragischen – oder: gegen eine gewisse Art von Pelagianismus im Christentum, Schwerte 1981 (Kath. Akademie-Vorträge, 5, hrsg. v. G. Krems), 43–54; s. o. S. 52–63.

dem Menschen nicht möglich, gut zu sein, und gerade das Studium der Neurosen mit ihren immer neuen Umkehrungen von Ziel und Ergebnis könnte der Theologie als Instrumentarium für ihre eigene Lehre von Heil und Unheil des menschlichen Lebens und von der absoluten Notwendigkeit der Gnade dienen. So aber verurteilt man nur sich selbst dazu, aus der Theologie eine Art moralischen Tribunals zu machen, bei dem das eigene Unvermögen, den Menschen tiefer zu verstehen, bereits schon mit der Anklage und dem Schuldspruch über den »Sünder« zusammenfällt. Aus der Botschaft der Erlösung macht man damit selber eine Doktrin der Selbstentfremdung und der Unfreiheit, die der Verankerung des Gottesbildes in einem drakonischen Überich geradewegs bedarf, um sich durch Angst und Schuldgefühle noch am Leben zu erhalten.

Das Beispiel der Ehemoral

Speziell in der Frage der Ehe, aber insgesamt in der kirchlichen Sexualmoral sind dabei, wohl aufgrund der Verknüpfung der klerikalen Führungsschicht der Kirche mit der Zölibatsforderung, die Konflikte zwischen kirchlicher Moraltheologie und den Einsichten der Tiefenpsychologie besonders krass. Als z. B. vor ein paar Jahren in Würzburg auf der Synode über die Wiederverheiratung von Geschiedenen diskutiert wurde, verteidigten die Eheberater und »Praktiker« den Standpunkt der »Barmherzigkeit«, die Bischöfe aber glaubten, die »Wahrheit« des Gotteswortes von der Unauflöslichkeit der Ehe durchsetzen zu müssen. Als ob es eine Barmherzigkeit ohne Wahrheit und eine Wahrheit ohne Barmherzigkeit geben könnte! In Wirklichkeit reflektiert eine solche Polarität der Standpunkte in sich selbst nur die Zerrissenheit der Theologie, die die menschliche Psyche nicht mehr zu integrieren vermag und selber viel zu abstrakt ist, um die anstehenden psychischen Probleme theologisch zu durchdringen, und sie spiegelt zugleich eine Praxis wider, der die Begriffe fehlen, um ihre Erfahrungen angemessen zu beschreiben und zu verstehen.

Bei den Brüdern Grimm gibt es ein Märchen, das sehr schön darstellt, woran eine Ehe scheitern muß und in welcher Weise sie zusammenkommen kann. Das Märchen unter dem Titel »Das Mädchen ohne Hände« erzählt von einem Mädchen, das von seinem Vater dazu gebracht wird, alles eigene Wünschen und Zugreifen in sich zu unterdrücken.[15] Damit der Vater nicht vom Teufel

[15] E. Drewermann – I. Neuhaus, Das Mädchen ohne Hände. Grimms Märchen tiefenpsychologisch gedeutet, Olten-Freiburg 1981, 32–41.

besessen wird, muß es sich, im Bild des Märchens gesprochen, die Hände abschlagen lassen. Nach Jahren lernt es einen Mann kennen, den es, in symbolischer Deutung, wie einen König sieht und der ihm alles gibt, was es zum Leben braucht. Aber gerade in dem Moment, wo man denken könnte, das Mädchen sei innerlich am Hofe dieses »Königs« völlig glücklich, brechen schwere Schuldgefühle aus, so sehr, daß alles, was König und Königin einander sagen, vom »Teufel« verfälscht wird. In unzähligen Eheberatungen wird man es mit gerade diesem Fall zu tun haben: daß jemand in dem anderen zunächst das Gegenbild, das kompensatorische Kontrastbild seiner negativen Elternimago zu lieben beginnt und innerhalb dieser Übertragungen notwendig auch die alten Ängste und Schuldgefühle auf den anderen projiziert. Jeder, der diese Verstrickungen kennt, weiß, wie schwierig es ist, hier einen Ausweg zu finden. Das Märchen erzählt, das Mädchen ohne Hände habe sieben Jahre lang fernab vom Königsschloß in einem Haus gelebt mit der Aufschrift: Hier lebt jeder frei, – ein Haus der Gnade, in dem ihm seine Hände wiedergewachsen seien, und da erst habe der Königsgemahl es wiedergefunden. Zweifellos ist es für jeden in der Beratung Tätigen etwas Wunderbares, ein solches Wunder der Gnade mitzuerleben oder womöglich daran mitwirken zu können. Aber wer will denn im Ernst zur Pflicht erheben und unter Androhung von Schuld und Strafe verlangen, daß es in einer Ehe stets nur diesen einen Ausgang in ein verlorenes und wiedergefundenes Paradies der Liebe geben könne? Eine theologische Durchdringung der unbewußten Ursprünge von Angst und Liebe, von Schuldgefühl und Reifung würden hier Räume der Gnade und Bilder eines göttlichen Wirkens freisetzen, die dem Moralismus und Rigorismus einer anthropologischen Reduktionstheologie auf ewig verschlossen bleiben müssen. Psychotherapie und Seelsorge, Selbstfindung und Gotteserfahrung könnten eins sein, wenn man gemeinsam sich tief genug auf den Menschen bzw. auf die Tiefenschichten im Menschen einlassen würde. Tut man das nicht, so tut man notgedrungen dem Menschen unrecht, aber auch dem Christus, der verlangte, daß die Gottesbotschaft *heilend* sei und nicht zerstörerisch.

Ein drittes Symptom ist *der Umgang mit dem körperlichen Leid.* Wer das Unbewußte, die Welt der Träume, nicht zur Kenntnis nimmt, so sagte ich bisher, wird weder den Menschen vor Gott noch Gott im Menschen verstehen. Er wird, statt die Wahrheit Gottes von innen her aus dem Menschen sich entwickeln und reifen zu lassen, ein doktrinäres System von fremden und entfremdenden Vorstellungen und Forderungen auf den Menschen loslassen und, statt Verständnis und Güte, Verurteilung und Zwang um sich verbreiten; er wird damit der *Seele* des Menschen unrecht tun. Nicht zuletzt aber wird er *auch dem Körper des Menschen Leid zufügen.* Denn das Unverständnis der

Seele hat durch sich selbst, ob man es will oder nicht, den blanken Materialismus im Umgang mit dem Menschen zur Folge. Dementsprechend kann es nicht erstaunen, daß unser größtes Wissen vom Menschen heute dem menschlichen Körper gilt, und zwar ganz so, als wenn wir nach über zwei Jahrhunderten J. O. de Lamettrie mit seinem Buch rechtgeben wollten, das schon den Titel trägt: »Der Mensch als Maschine«[16] Wie anders man hingegen auch gerade im Umgang mit dem körperlichen Leid des Menschen denken kann und denken müßte, läßt sich, der Kürze halber und um die Selbstkarikatur der Medizin nicht zu ausführlich zu behandeln, an einem alten Beispiel erörtern.– Die Unsicherheit bezüglich der Frage, was eigentlich die Zerspaltenheit des abendländischen Menschenbildes hervorgebracht hat, liegt darin, daß das Christentum mit seinem Kampf gegen den Mythos in der beschriebenen Weise zwar eine Hauptschuld an den bestehenden Übeln trägt, aber damit selber nur die bereits ausgetretenen Pfade des Griechentums beschritten hat. Schon die Griechen nämlich erinnerten sich über mehr als 600 Jahre rückwärts an die verlorenen Einheitslehren von Völkern, die sie zu ihrer Zeit nur noch als Barbaren sehen konnten. In einem seiner Dialoge z. B. erzählt der griechische Philosoph Platon einmal, wie Sokrates einem Jüngling gegenüber saß, dessen Kopfschmerz er heilen sollte. Statt indessen, wie erwartet, einfachhin nach der üblichen Art griechischer Ärzte ein bestimmtes Medikament zu verordnen oder eine heilsame Maßnahme anzuordnen, erzählt Sokrates, daß er auf einem Feldzug einen thrakischen Arzt kennengelernt habe, der ihm wohl ein Medikament gegen den Kopfschmerz anvertraut, zugleich aber auch den Eid abgenommen habe, es niemals anzuwenden ohne einen bestimmten Spruch. Die Kraft dieses Spruches, erläutert Sokrates dem kranken Jüngling Charmides, ist »von der Art, daß sie nicht nur den Kopf gesund machen kann, sondern, wie auch du vielleicht schon von guten Ärzten gehört hast, wenn etwa einer, der an den Augen leidet, zu ihnen kommt, daß sie sagen, es wäre unmöglich, die Heilung der Augen für sich allein zu unternehmen, sondern sie müßten zugleich auch den Kopf behandeln, wenn die Augen sollten hergestellt werden; und wiederum zu glauben, man könnte den Kopf allein für sich behandeln ohne den ganzen Leib, wäre großer Unverstand. Dieser Rede zufolge richten sie nun ihre Verordnung auf den ganzen Leib und versuchen, mit dem Ganzen auch den Teil zu behandeln und es zu heilen.«[17] Ebenso, fährt

[16] J. O. de Lamettrie, L'homme machine, Leiden 1748; dt.: Der Mensch als Maschine; hrsg. v. M. Brahn, Leipzig (Philos. Bibl.) 1919.
[17] Platon, Charmides, in: Werke, 1. Bd., in der Übersetzung von F. Schleiermacher mit der Stephanus-Numerierung hrsg. v. W. F. Otto, E. Grassi, G. Plamböck, Hamburg (rk 1, 1 a) 1957, S. 131; Nr. 156 b, c

Sokrates fort, verhalte es sich auch mit jenem Spruch, den er von einem der thrakischen Ärzte gelernt habe, die in dem Ruf stünden, unsterblich zu machen. »Dieser Thrakier nun sagte, in jenem, was ich eben gesagt habe, hätten die hellenischen Ärzte ganz recht; aber Zamolxis, unser König, sprach er, der ein Gott ist, sagt, so wie man nicht unternehmen dürfe, die Augen zu heilen ohne den Kopf, noch den Kopf ohne den ganzen Leib, so auch nicht den Leib ohne die Seele; sondern dieses eben wäre auch die Ursache, weshalb bei den Hellenen die Ärzte den meisten Krankheiten noch nicht gewachsen wären, weil sie nämlich das Ganze verkennten, auf welches man seine Sorgfalt richten müßte, und bei dessen Übelfinden sich unmöglich irgendein Teil wohlbefinden könnte. Denn alles, sagte er, entspränge aus der Seele, das Böse und das Gute dem Leibe und dem ganzen Menschen, und ströme ihm von dorther zu, wie aus dem Kopfe den Augen. Jenes also müsse man zuerst und am sorgfältigsten behandeln, wenn es um den Kopf und auch um den ganzen Leib gut solle stehen. Die Seele aber, mein Guter, sagte er, werde behandelt durch gewisse Besprechungen, und diese Besprechungen wären die schönen Reden. Denn durch solche Reden entstehe in der Seele Besonnenheit, und wenn diese entstanden und da wäre, würde es leicht, Gesundheit auch dem Kopf und dem übrigen Körper zu verschaffen. Als er mich daher das Mittel und die Besprechungen lehrte, sprach er: daß dich ja nicht jemand überrede, mit dieser Arznei seinen Kopf zu behandeln, der dir nicht zuvor auch seine Seele darbietet, um sie mit den Besprechungen von dir behandeln zu lassen. Denn auch jetzt, sagte er, ist eben dieses der Fehler bei den Menschen, daß welche es unternehmen, abgesondert für eins von beiden Ärzte zu sein. Und gar sehr befahl er mir an, daß ich mich ja von niemand, wäre er auch noch so reich und vornehm und schön, sollte überreden lassen, anders zu tun. Ich nun habe ihm geschworen und muß notwendig gehorchen, werde es also auch. Und du, wenn du nach des Fremdlings Vorschrift zuerst die Seele hergeben willst, um sie zu besprechen mit des Thrakiers Besprechungen, so werde ich auch deinem Kopf das Mittel auflegen; wenn aber nicht, so weiß ich nichts, was ich für dich tun kann, lieber Charmides.«[18] Daß man den Körper nie als Körper, sondern nur den Menschen als Einheit von Leib und Seele sehen darf, und daß man einen Arzt, der ohne die Kunst schöner Gespräche für die Seele nur den Körper und an ihm wiederum nur bestimmte isolierte Details zu sehen vermag, nach Kräften fliehen soll *wie*, ja *als* die Krankheit selber – mit dieser Weisheit eines barbarischen Thrakers möchte ich schließen.

[18] A. a. O., S. 131–132; Nr. 156 d–157 c.

Heil und Heilung

Eine Meditation über das Verhältnis von Psychotherapie und Seelsorge

In einer seiner schönsten Dichtungen, im *Glasperlenspiel*[1], erzählt *H. Hesse* einmal von dem Einsiedler Josephus, in dem nicht, wie bei anderen, die Gaben des Heilens durch Handauflegung, der Prophetie, des Teufelsbannens, des Richtens und Strafens wirksam waren, sondern in dem eine andere Befähigung schlummerte, die erst langsam, mit den Jahren, als sein Haar fahl zu werden begann, zu ihrer Blüte kam.

»Es war die Gabe des Zuhörens. Wenn ein Bruder aus einer der Siedlungen oder ein vom Gewissen beunruhigtes und getriebenes Weltkind sich bei Josef einfand und ihm von seinen Taten, Leiden, Anfechtungen und Verfehlungen berichtete, sein Leben erzählte, seinen Kampf um das Gute und sein Erliegen im Kampf, oder einen Verlust und Schmerz, eine Trauer, so verstand Josef ihn anzuhören, ihm sein Ohr und Herz zu öffnen und hinzugeben, sein Leid und seine Sorge in sich aufzunehmen und zu bergen und ihn entleert und beruhigt zu entlassen. Langsam, in langen Jahren, hatte dieses Amt sich seiner bemächtigt und ihn zum Werkzeug gemacht, zu einem Ohr, dem man Vertrauen schenkte. Eine gewisse Geduld, eine gewisse einsaugende Passivität und eine große Verschwiegenheit waren seine Tugenden. Immer häufiger kamen Leute zu ihm, um sich auszusprechen, um sich angestauter Begierden zu entledigen, und manche von ihnen brachten, auch wenn sie einen weiten Weg bis zu seiner Rohrhütte hatten zurücklegen müssen, nach der Ankunft und Begrüßung doch nicht die Freiheit und Tapferkeit zum Bekennen auf, sondern wanden und schämten sich, taten mit ihren Sünden kostbar, seufzten und schwiegen lang, stundenlang, und er verhielt sich gegen einen jeden gleich, ob er nun gern oder widerwillig, ob er geläufig oder stockend redete, ob er seine Geheimnisse wütend von sich warf oder sich mit ihnen wichtig machte. Es war ihm einer wie der andere, er mochte Gott anklagen oder sich selbst, er mochte seine Sünden und Leiden vergrößern und verkleinern, er mochte einen Totschlag oder nur eine Unkeuschheit beichten, eine untreue Geliebte oder ein verspieltes Seelenheil beklagen. Es schreckte ihn nicht, wenn einer von vertrautem Umgang mit Dämonen erzählte und mit dem Teufel auf du zu stehen schien, noch verdroß es ihn, wenn einer lang und vielerlei erzählte und dabei sichtlich die Hauptsache verschwieg, noch machte es ihn ungeduldig,

[1] 1943; Neudruck Frankfurt 1972 (st 79), 535–537.

wenn einer sich wahnhafter Sünden bezichtigte. Es schien alles, was ihm an Klagen, Geständnissen, Anklagen und Gewissensängsten zugetragen wurde, in sein Gehör einzugehen wie Wasser in Wüstensand, er schien kein Urteil darüber zu haben und weder Mitleid noch Verachtung für den Beichtenden zu fühlen, und dennoch, oder vielleicht eben darum, schien das, was ihm gebeichtet wurde, nicht ins Leere gesagt, sondern im Sagen und Gehörtwerden verwandelt, erleichtert und gelöst zu werden. Selten nur sprach er eine Mahnung oder Warnung aus, noch seltener gab er einen Rat oder gar Befehl; es schien dies nicht seines Amtes zu sein, und die Sprechenden schienen es auch zu fühlen, daß dies nicht seines Amtes sei. Sein Amt war, Vertrauen zu erwecken und zu empfangen, geduldig und liebevoll zuzuhören, dadurch der noch nicht fertig gestalteten Beichte vollends zur Gestalt zu verhelfen, das in den Seelen Gestaute oder Verkrustete zum Fluß und Abströmen einzuladen, es aufzunehmen und in Schweigen einzuhüllen. Nur daß er am Ende einer jeden Beichte, der schrecklichen wie der harmlosen, der zerknirschten wie der eitlen, den Beichtenden neben sich knien ließ und das Vaterunser betete und ihn, ehe er ihn entließ, auf die Stirn küßte. Bußen und Strafen zu verhängen, war nicht seines Amtes, auch zum Aussprechen einer eigentlichen priesterlichen Absolution fühlte er sich nicht ermächtigt, es war weder das Richten noch das Vergeben der Schuld seine Sache. Indem er zuhörte und verstand, schien er Mitschuld auf sich zu nehmen, schien tragen zu helfen. Indem er schwieg, schien er das Gehörte versenkt und der Vergangenheit übergeben zu haben. Indem er mit dem Beichtkind nach der Beichte betete, schien er es als Bruder und seinesgleichen aufzunehmen und anzuerkennen. Indem er ihn küßte, schien er ihn auf eine mehr brüderliche als priesterliche, auf eine mehr zärtliche als feierliche Art zu segnen.«

Man braucht Hermann Hesses Darstellung des Einsiedlers Josephus Famulus nur zu hören, um den Eindruck zu bekommen, daß hier ein Idealbild gezeichnet wird von – ja, wovon: von einem psychotherapeutischen oder seelsorglichen Verhalten, was soll man sagen?

Wofür soll man sich entscheiden: Josephus Famulus als Seelsorger oder als Therapeut? Oder ist er beides in einem? Will Hermann Hesse vielleicht gerade das sagen: man könne nicht trennen zwischen Heil und Heilung? Es sei ein und dasselbe, einen Menschen zu sich selbst zu führen und zu Gott zu führen? Es sei die gleiche Einstellung, die Menschen heilt und heilig macht? Auf jeden Fall ist das die Frage: was für eine Einstellung denn dieser phantastische Josephus Famulus besitzt.

Kein Zweifel: er selbst versteht sich als Seelsorger. Etwas anderes möchte er nicht sein. Aber wie sieht seine Seelsorge aus? Zunächst: er verhält sich in seiner Ruhe und *aktiven Passivität* zu den Ratsuchenden und Belasteten nicht

um eines Tricks und einer Methode willen, sondern einzig und allein deshalb, weil es ihm so entspricht und weil dies so seine Art ist, weil er deutlich spürt, daß er gerade zu diesem Verhalten berufen ist und daß, je mehr an Unwesentlichem von ihm abfällt, gerade diese besondere Eigenart sich am profiliertesten herauskristallisiert.
Das ist das eine: Josephus »macht« nichts, er tut nichts Künstliches, er ist nur, wie er ist; er ist mit sich selber ganz und gar kongruent, und der Grund dafür ist, daß er so ähnlich denken kann, wie Paulus in 1 Kor 12: daß Gott einem jeden seine besondere Fähigkeit und Anlage gegeben hat und daß es nur darauf ankommt, diese zu entfalten, daß er also nicht mehr zu tun braucht und zu sein braucht, als was zu ihm gehört und in ihm angelegt ist. Es mag ja sein, daß manchen Menschen nur durch Prophetie oder Handauflegung zu helfen ist – er, Josephus Famulus, aber besitzt diese Gaben nicht; er kann und darf also auch nicht so tun, wie wenn er sie besäße. Er weiß, daß sein Verhalten, wie jedes menschliche Tun, nur tauglich ist, etwas Bestimmtes zu erreichen, und nicht zu allem passend sein kann; aber dieses Wissen beruhigt ihn eher, als daß es ihn stört; er braucht nicht alles zu sein, zu tun und zu können, er braucht sich nicht ständig zu überfordern, weil, so kann er glauben, Gott seine Gaben unterschiedlich verteilt hat und nicht von einem einzigen alles verlangt, weil Gott, so denkt Josephus, die Vielfalt liebt und die gegenseitige Ergänzung möchte. Wenn es in ihm liegen würde, mit dem Bösen zu kämpfen und zu rechten, so würde es an ihm liegen, gerade dies zu tun; aber es ist nicht seine Gabe und seine Bestimmung, so zu verfahren, und so versucht er, nur durch Hören und Verstehen, wie es ihm gemäß ist, sein Ziel zu erreichen.
Das heißt, es ist eben die Frage, ob der Einsiedler Josephus überhaupt etwas erreichen will. Besteht nicht das ganze Geheimnis seines »Erfolges« – wenn davon die Rede sein kann – denn Josephus selber denkt nicht an Erfolg –, besteht nicht das Rätsel seines Rufes darin, daß er überhaupt nichts erreichen will?
An dieser Stelle haben wir gewiß die größten Schwierigkeiten, Josephus Famulus zu folgen. Kennt man nicht längst die Grenzen der nichtdirektiven Gesprächsmethode? Weiß man nicht aus eigener Erfahrung, daß man oft Leute, die ihr ganzes Leben lang vor sich nur weggelaufen sind, erst einmal, wie der Engel Gottes, als er Bileam den Weg versperrte (Num 22, 22–35), gewissermaßen zu ihrem Glück zwingen muß, indem man ihnen mit Gewalt die Fluchtwege verstopft, den Leidensdruck bis zur Unerträglichkeit steigert, die Fassaden der Selbsttäuschung einreißt, die Forderungen der Realität gegenüber allen möglichen Verleugnungen und Verdrängungen geltend macht und sie allererst dazu hindrängen muß, ernsthaft an sich selbst zu arbeiten?

Aber selbst wenn dem so ist, selbst wenn manche Gesprächsreihen beginnen wie bei einem Angler, der den lichtscheuen Fisch, wenn er an seinem Köder angebissen hat, vorsichtig einzuholen versucht, ständig besorgt, daß ihm die Leine nicht bricht, und doch energisch genug, um den Abstand ständig zu verringern – ein Menschenfischer im wortwörtlichen Sinne –, selbst also, wenn wir oft stundenlang alles anders machen als Hermann Hesses Einsiedler, wenn wir uns sehr anstrengen und ins Zeug legen, wissen wir dann nicht trotz allem ganz genau, daß wir – hoffentlich – irgendwann einmal an jene Stelle kommen, wo es nichts mehr zu raten, vorzuschlagen, zu korrigieren, zu konfrontieren gibt und wo es nur noch darauf ankommt, in Ruhe und Geduld zu begleiten und mitzugehen? An diesem Meilenstein, das wissen wir, beginnt der eigentliche Weg, fängt unser härtestes Stück Arbeit an, da teilen wir die Strohmatte in der Hütte des Josephus Famulus, und alles wird darauf ankommen, *dieses Unbegreifliche, das sich dann begibt, wenigstens in seiner Unbegreiflichkeit zu würdigen und zu beschreiben, damit es nicht am Ende gar als etwas Einfaches und Nebensächliches beiseite getan* und damit den Psychokraten das Feld überlassen *wird,* deren Techniken doch nur bis zu diesem Punkte taugen, wo das Eigentliche beginnt, die aber jenseits davon versagen müssen.
Wie wird das, was in den Gesprächen des Einsiedlers Josephus sich begab, wohl auf die Menschen gewirkt haben, die zu dem Heiligen kamen und von ihm erleichtert und getröstet fortgingen? Vielleicht werden sie ihrem Erstaunen und ihrer Verwunderung Ausdruck verliehen haben, daß hier einmal nur gehört wurde, nicht beurteilt, nicht verurteilt, nur aufgenommen und verstanden. Menschen werden darunter gewesen sein, die sich zeit ihres Lebens von den abweisenden Augen der anderen verfolgt und bespitzelt fühlten und die sogar nicht umhin konnten, ein gewisses Recht in den verurteilenden Äußerungen anzuerkennen; und doch gab es keinen Weg als den der Annahme, um aus dem Getto herauszuführen. Denn man kann nicht offen sprechen, wenn man sofort Kritik und Ablehnung befürchten muß. Solche Menschen werden erlebt haben, daß sie hier endlich einmal offen alles durchgehen konnten und, was wichtiger ist, daß sie die Frage völlig verlieren durften, wie andere mein Leben sehen, daß vielmehr jetzt allein die Frage in den Mittelpunkt rückte, wie es mit meinem Leben in Wahrheit vor Gott steht. Und hier freilich wächst die Verantwortung ins Ungemessene, aber auch das Glück der Freiheit und die Erfahrung einer neuen Geborgenheit und Sicherheit. Das Schweigen und das geduldige Hören des Einsiedlers Josephus wird den Menschen, die zu ihm kamen, den Eindruck gegeben haben, daß sie hier erst einmal dasein durften, daß sie nicht von vornherein abgelehnt waren; daß deswegen nicht auch schon alles gut war, aber daß es möglich sein müsse, völlig *unabhängig von allen fremden Wertungen und äußeren Bestimmungen das innere Richtmaß kennen-*

zulernen, das es am Ende erlaubt, sein Leben eindeutig zu klären und geradezumachen. Daß Menschenurteil nicht Gottesurteil ist, werden sie gemerkt haben; daß es keinen Sinn hat, auf andere sich zu verlassen, sondern daß *das Eigene und Eigentliche* aufzusuchen ist – das werden sie in dem Schweigen des Josephus gelernt haben.

Und mit jedem Gespräch werden sie mehr von der Peripherie weg ins Zentrum gelangt sein, zu sich selbst, zu den eigentlichen Fragen. Indem Josephus sie nicht lobte für ihre sog. Tugenden, werden sie fähig geworden sein, das Krampfhafte an ihrem guten Willen abzulegen und die *Edelmütigkeit nicht zum Selbstbetrug zu gebrauchen;* da werden sie gelernt haben, daß es nicht mehr nötig sei, ins 5. Stockwerk zu fliehen aus Furcht, daß im Keller ein Ungeheuer hause. Und indem Josephus sie nicht tadelte für ihre sog. Laster, werden sie in den Stand gesetzt worden sein, das Gute zu sehen, das sie in Wahrheit wollten, als sie das Böse taten, das Berechtigte und oft Lebensnotwendige, das gerade in den leidenschaftlichsten Verbrechen am greifbarsten schien und doch in der verfehlten Tat weiter denn je entschwand. *Weil sie das Gute an ihrem Bösen und das Böse an ihrem Guten erkannten, wird alles mehr in die Mitte geraten sein, wird es einheitlicher, geschlossener, ruhiger, unzerrissener und weniger widersprüchlich geworden sein; der Spiegel setzte sich zusammen, der fähig war, das eigentlich in ihnen angelegte Bildnis aufzunehmen und zurückzugeben.*

Und Josephus selbst – was wird er gedacht haben, wenn er all das Verworrene, das zunächst Zusammenhanglose, das oft Blasphemische, Verstockte, Verzweifelte vor sich sah und selber keine Lösung wußte? Man wird ja voraussetzen können, daß er selbst von außen nicht etwa besser, sondern weniger sich zutraute zu wissen, was nun für den anderen richtig sei; jedenfalls hätte Hermann Hesse uns sonst doch irgendeine Mitteilung über seine Traumgestalt hinterlassen, daß Josephus des öfteren mit Rat und Weisung eingeschritten wäre; aber so schildert er es gerade nicht; er betont ausdrücklich, daß Josephus nur sehr selten einem seiner Bittsteller und Beichtkinder gesagt habe, er müsse jetzt so handeln oder so. Offenbar wollte Josephus das gerade nicht, eben weil es nicht seines Amtes war und weil er denken konnte, es werde bei den Leuten, die zu ihm kamen, an guten und schlechten Ratschlägen in all den Jahren zuvor wohl nicht gefehlt haben; *wenn aber alle Ratschläge bisher gleichwohl ungehört geblieben seien, so werde dies schon seine Gründe haben, die niemand werde besser wissen können als der Betreffende selber.* So scheint Josephus nicht einmal ausdrücklich von Gott gesprochen zu haben, obwohl für ihn Gott doch offenkundig in allem, was gesagt wurde, *gegenwärtig* und *wirksam war* und keinen Augenblick lang ein Zweifel darüber möglich sein konnte, daß jedes Wort, das gesagt wurde, in Gottes Ohr gesprochen war.

Überhaupt denke ich mir die Gestalt dieses Einsiedlers Josephus Famulus, wie Hesse sie uns schildert, sehr in Ähnlichkeit zu jenem biblischen Vorbild des ägyptischen Josef, der gleichfalls der Phantasie entstammte und einer Zeit zugehörte, die sich selbst und ihren Glauben an Gott von allen Seiten in Frage gestellt sah. Zerbrochen war damals der Glaube an den Gott, der sein Volk durch die Abgründe der Geschichte geleitet, geschwunden war das Vertrauen auf die Deuter der Zeitläufte und Völkerschicksale. Da ersann man diese Geschichte von Josef, dem 12. der Söhne Jakobs, der ein Träumer war und nie davon abließ, eine bestimmte Vorstellung von sich herumzutragen, was er vor Gott sein müßte, so wie das ganze auserwählte Volk dereinst. Diese Idee, daß gerade er zu etwas Besonderem bestimmt sei, machte Josef bei seinen Mitbrüdern, wie man weiß, sehr verhaßt, und statt zu den erträumten Höhen aufzusteigen, fiel er zunächst ganz in die Tiefe: verstoßen, verkauft, abhängig und sich selbst entfremdet, wieder zu Ansehen gelangt, aber durch Verleumdung mit einem Mal dem Tode nahe – ein Leben kurzum, voller Tragik und Dunkelheit, voller Glanz und Größe. Dieser Mann Joseph, mit all seinem Leid und all seinen Enttäuschungen, versichert uns die Bibel, wurde fähig, Träume, eigene wie fremde, zu verstehen und zu deuten; und diese Fähigkeit des Träumedeutens machte ihn schließlich zum Retter des *eigenen* wie des *fremden* Volkes. Die Bibel erzählt diese Geschichte, ohne irgendwelche Hinweise auf Gott zu geben, und doch spürt man an jeder Stelle die Ansicht des Erzählers heraus, daß durch das ganze Leben des Verbannten und Geretteten, des Verkauften und Verleumdeten, des Träumekundigen und Realistischen, sich ein roter Faden hindurchzieht, ein sinnvolles Konzept, innerhalb dessen sich eins zum anderen fügt und nichts fehlen darf, um als Ganzes eine Absicht zu verwirklichen, die keiner von den Menschen besser, verständiger, behutsamer und großartiger, als sie es dann tatsächlich war, hätte ersinnen können, und daß es nur darauf ankommt, *diesen roten Faden der eigenen Bestimmung* zu erkennen und aufzugreifen, nicht ihn zu machen, nur zu finden – und darin Gottes Plan zu tun. Vielleicht hat Hermann Hesse sich seinen Josephus Famulus auf diese Art gedacht: daß er fest daran glaubte, es werde im Leben eines jeden Menschen einen solchen geheimen Plan geben, den niemand von außen wissen und zurechtknüpfen könne, den aber der einzelne in sich selbst zu erfassen vermöge, und das Beste, was von außen zu machen sei, bestehe darin, nichts zu machen, es sei denn, ein Klima zu schaffen, wo alles Tun zur Ruhe kommt und sich am Grunde die Spuren des Wegs abzeichnen, den Gott mit uns hat gehen wollen; daß man kein Recht hat, diesen Weg vorweg zu planen und von außen zu dirigieren, sondern daß es nur gut ist, zuzuwarten und zu hören, was jene Stimme des unhörbaren Schweigens durch das Leben eines anderen Menschen spricht. Vielleicht hat er auch gedacht, daß man schon deshalb nicht berechtigt sei, irgend etwas für unmöglich oder ganz und gar verdammungswürdig zu erklären, weil er doch wußte, daß Gott auf krummen Wegen grade schreibt und daß es keine Schuld gibt, die nicht von Gott in etwas Gutes umgewandelt werden könnte. Wie vermöchte er da zu wissen, was Gott will und welch einen Lebensweg ein anderer gehen muß?

Nur, wieviel Mut gehört dazu und wieviel Glaube, so zu denken! Bewußt sage ich *Glaube!* Denn ohne dieses grenzenlose Vertrauen auf die geheime Fühung Gottes in einem jeden Menschenleben, das sich ernsthaft um die Wahrheit müht, ohne diese feste Zuversicht, daß in einem jeden Menschen so etwas wie eine innere Lebenslinie existiert, eine Art wesentlicher Zielgestalt, die nicht zu konstruieren, sondern nur zu finden oder zu verfehlen ist, ohne diese unerschütterliche Überzeugung davon, daß trotz aller Wechselfälle im Leben eines Menschen eine Grundrichtung vorgegeben ist, nach der alle äußeren Ereignisse begrüßt, abgelehnt, eingebaut oder ausgeschieden werden – ohne einen solchen Glauben, sage ich, würde es nicht möglich sein, dem mitleidigen Zynismus zu entgehen, der feststellt, daß jemand eben tapfer gekämpft oder Glück resp. Pech gehabt hat; nie aber würde man fähig werden, in all den turbulenten Schilderungen eines fremden Lebens auf *die Offenbarung des Sinns,* auf die Verwandlung des Durchlittenen zu warten.

Gerade darum aber wird es doch in den Gesprächen mit Josephus Famulus gegangen sein: daß ein Raum frei wurde, in dem es möglich war, sich selber wahrhaft zu begegnen und dabei eines Bildes ansichtig zu werden, das wie ein vorgegebener Entwurf, wie eine Grundformel einen Zusammenhang in alles bringen und zeigen konnte, wofür dies alles, an Mühen und an Schuld, an Glück und Opfer gut war.

Mit welchem Worte will man dieses Innerste, das man bei dem Einsiedler Josephus lernen konnte, bezeichnen? Ich weiß kein besseres als das verstaubte Wort: *Haus der Gnade.* Was man erfuhr, wenn man die Rohrhütte des Gottesmannes betrat, war ohne Zweifel, daß man leben durfte, klarer und entschiedener als jemals zuvor, daß sich hier ein Feld öffnete, wo man nicht erst eine Reihe von Bedingungen erfüllen mußte, um akzeptiert zu werden, sondern wo man einmal sein durfte, ohne wer weiß was erst machen zu müssen. Erst dieses Gefühl, vorbehaltlos gelten gelassen zu werden, Geltung und Achtung zu finden, trotz all des offenkundig Mangelhaften, ermöglichte es, die Verkrampfungen und Bemühungen um eine falsche Geltung, die zu raschen, trotzigen Identifikationen mit den negativen Seiten in sich selber aufzugeben und ihnen mutig entgegenzutreten. Diese Vorbehaltlosigkeit eines ruhigen Seindürfens muß ätzender gewirkt haben als jede noch so heftige Kritik und eine noch so ungestüme Kaskade von Vorwürfen. Denn betroffen wird man gespürt haben, was alles man an Unechtem und Gekünsteltem ablegen kann, ohne dabei auch nur das Geringste zu verlieren, was alles an Kampf und an Gelaufe auf den Zehenspitzen einfach überflüssig wird, was man letztendlich nicht mehr braucht und Gott sei Dank als Ballast abwerfen kann. Und umgekehrt wird man den Mut erlangt haben, sich zu den verborgenen und unscheinbaren Zügen seines Wesens zu bekennen, weil man doch merkte, wieviel Schönheit an den Bachufern des dahingeschmolzenen Stolzes würde blühen können.

Das wird das Eigenartigste in den Gesprächen mit Josephus Famulus gewesen sein: daß man in einem ruhigen Klima der Gnade, dieses unbedingten Ja zum eigenen Leben und zum eigenen Wesen, seine Selbstachtung nicht mehr darin zu suchen brauchte, aus Lastern Tugenden zu machen und das offensichtlich Falsche als seinen eigenen Wert zu reklamieren, nur in Verzweiflung darüber, sich dem wahren Maß nicht annähern oder daran sein Genügen finden zu können; und umgekehrt: daß man keinen Grund mehr sah, eine Schwäche zu verleugnen oder einen Fehler zu verbergen; man vermochte sich zu seiner eigenen Wirklichkeit mehr und mehr zu bekennen; und eben daran, seinem eigenen Wesen zu entsprechen, so sein zu können, als wie Gott es wollte und geschaffen hatte, fand man eine ganz neue tiefe Freude.

Sogar die Schicksalsschläge, von denen jeder doch auf seine Weise genugsam mit in die Einsiedelei des Heiligen zu tragen hatte, werden *eine andere Gestalt* gewonnen haben. Waren sie bis dahin nur als Einbrüche und Verhängnisse, als Zumutungen eines unverständlichen und grausamen Schicksals erschienen, so mochten sie nun als etwas erscheinen, das gerade so hatte kommen müssen und jetzt gar nicht mehr aus der eigenen Biographie wegzudenken war. Klebte zuvor alles Interesse rückwärts an diesem einen Punkt, wo das Furchtbare hereingestürzt war, so konnte man es nunmehr als zugehörig zum eigenen Leben anerkennen und den Blick freibekommen für die Zukunft. Hatte man sich all die Zeit für seine Vergangenheit gemeint schämen zu müssen, so trat jetzt doch immer mehr zutage, wieviel an Gutem, Wertvollem, ja Schönem gerade aus den Deformationen, Leiden und Belastungen von damals hervorgegangen war.

Für Josephus Famulus mag dies der schönste Anblick gewesen sein: zu sehen, wie unter dem ruhigen Wirken der gnädigen Hände Gottes das Verschüttete befreit, das Ausgewucherte beseitigt, vor allem aber: das bisher nur als schmerzhaft Empfundene verwandelt und verklärt, ja auferweckt wurde zu neuem Leben; zu erfahren, wie leicht das Joch des Herrn wird, wenn man gelernt hat, sein Kreuz, ein jeder das Kreuz seines Lebens, nicht mehr abzulehnen, sondern zu bejahen, und wie zugleich mit der *Verwandlung der Vergangenheit* die Angst auch vor den Schrecknissen der Zukunft dahin-

schwand: auch Krankheit, Einsamkeit und Tod, die unabwendbaren Beschwernisse des Alters, verloren ihre Dämonie und wurden etwas Relatives, wenn das Leben als ganzes bejaht und gewollt wurde. Dies muß das wunderbarste Erlebnis des Josephus gewesen sein, daß am Ende alles viel mehr im Einklang, ruhiger, angstfreier, vertrauensvoller und, was das Wichtigste war, dankbarer wurde. Die kleinen Wände werden sich geweitet haben ins Grenzenlose und Umgreifende, in ein gemeinsames Vernehmen der ewigen Gesetze des Alls und der leisen Sprache der Kreaturen, daß alles eins schien und nichts mehr ausgenommen war von Gottes Schöpfermacht und Gnade.
So wird man es wohl verstehen müssen, daß Josephus Famulus am Ende eines jeden Gesprächs mit seinem Partner das Vaterunser betete und ihn mit einem Kuß entließ. Denn gemeinsam erfuhren sie in dem Gespräch etwas davon, daß Gott das Wort in Menschengestalt sein kann. Immer mehr wird ja Josephus Famulus gespürt haben, wie er selber zurücktreten konnte, um das Terrain einem Werden zu überlassen, das wie von selbst aus dem Inneren des anderen herauszutreten schien und doch vor aller Zeit schon angefangen haben mußte, das um so reiner und unverfälschter sich realisierte, je weniger er selbst sich eindrängte und störte, und das auch ihn selber zutiefst verwandelte. Nicht nur, daß es auf ihn selbst nicht ohne Eindruck bleiben konnte, wenn er Zeuge wurde, durch welche Kämpfe der Aufrichtigkeit und der inneren Auseinandersetzung hindurch ein anderer Mensch in die Mitte seines Selbst trat, um dort seinem Gott zu begegnen; nicht nur, daß er selbst sich zutiefst geschämt haben mag, wenn er gewahr wurde, wie jemand mit den Fehlern rang und sie besiegte, denen er selbst so oft im Leben erlegen war – insbesondere wird in ihm selbst das Vertrauen in die geheime Führung Gottes immer tiefer geworden sein; immer ruhiger wird er sich selbst den unmerklich formenden Händen Gottes haben überlassen können in dem reifenden Bewußtsein, daß er, Josephus Famulus, zwar nicht auch nur die nächste Bewegung seines eigenen Lebens, geschweige die eines anderen werde voraussehen können, daß es aber auch gar nicht nötig sei, die Zukunft vorherzuwissen, daß es genüge, sie aus den Händen Gottes zu empfangen und darauf zu vertrauen, daß Gott sich selber treu sein und nichts senden werde, das seinen eigenen Plänen widerstreite.
Das gemeinsame Vaterunser am Ende eines jeden Gesprächs sollte wohl ausdrücken, daß beide, der Hilfesuchende genauso wie Josephus selbst, gemeinsam ein Stück mehr gelernt hatten von der Güte Gottes, die jedem Geschöpf zukommt, und daß es für sie beide jetzt nicht mehr so sehr etwas zu tun oder zu planen gab, sondern nur vielmehr etwas anzubeten und gemeinsam zu verehren und für alle Menschen herbeizusehnen. Für den Gesprächsuchenden wird es mehr und mehr zur Gewißheit geworden sein, daß alles, was er

erlebt hatte, nicht von Josephus Knecht, noch weniger indessen von ihm selbst bewirkt sein konnte, daß vielmehr etwas, das immer schon geschlummert habe, nun endlich zur Entfaltung gekommen sei. Und des Josephus Eindruck muß es gewesen sein, daß alles um so besser werde, je mehr er selbst zurücktrete, bis daß schließlich alles, was wahr und gut in einem Menschen bereitlag, weder von der äußeren Zustimmung des Gesprächspartners noch von der Willkür des eigenen Gutdünkens abhängig war, sondern lediglich als etwas eigentlich immer schon Vorhandenes auch für den äußeren Betrachter augenfällig wurde.

Dieses allmählich wachsende Zurücktreten, dieses Heranreifen der Gnade, dieser allmählich sich komponierende Lobgesang Gottes in einem winzigen Abriß seiner Schöpfung, auf dem doch Wichtigkeit genug ruht, daß Gott es ansieht für die Dauer eines flüchtigen Gesprächs, dieses Gefühl, wie wunderbar es sein kann, Gottes Werkzeug, Gottes Famulus zu sein, und eben *nur zu sein,* nichts mehr zu machen, sondern nur noch dazusein, das wird Josephus so von Dankbarkeit erfüllt haben, daß er am liebsten alle Welt hätte umarmen mögen, am meisten freilich denjenigen, der kam, um sich bei ihm Hilfe zu holen, der aber, ohne es zu wissen, mit seinen leeren Händen dem Josephus einen Frieden schenkte, den er selber nicht besaß und den er wiederum von Josephus Famulus zurückempfing, obwohl doch dieser seinerseits nicht hätte wissen können, wie er dazu fähig wäre.

Ich habe nur Gedanken vorgetragen, die mir beim Lesen von zwei Seiten aus Hermann Hesses »Glasperlenspiel« kamen. Ich habe mich darauf beschränkt, Ihnen eine *Phantasiegestalt* nahezubringen, weil jedes Reden von der Wirklichkeit in diesen Grenzbereichen menschlichen Tuns, jedes Sprechen von »So ist es« einen unguten Zwang auslöst und soviel sagt wie: »So soll's sein.« Ich wollte aber, daß wir einmal die *Idealität* selbst besprächen, ohne daß wir durch die Abwehr von geheimen Schuldgefühlen, Selbstvorwürfen, von jedenfalls nur neuen Forderungen daran gehindert wären, sie als im Grunde wahr anzuerkennen. *Weil Dichtung die vielleicht einzige Form ist, etwas Wahres ohne Zwang zu sagen, deshalb wollte ich es dabei belassen, ein Stück Dichtung auszulegen.* Und auch deshalb, weil in der Wirklichkeit, in der wir leben, das seelsorgliche und das psychotherapeutische Bemühen als etwas Grundverschiedenes in Erscheinung treten, wollte ich in den Worten eines Dichters der Ansicht Platz verschaffen, daß sie im Grunde ein und dasselbe sind, weil es nicht möglich ist zu heilen, ohne Sinn zu finden, weil man den Sinn nur findet im Vertrauen zu der Wirklichkeit eines schon immer Sinnenden und Planenden, weil man der Wirklichkeit des Sinns nur dann Raum geben kann, wenn man selber zurücktritt und das innere Gespräch vernimmt, das die Seele eines anderen mit ihrem Gott beginnt, wenn man die Angst des Warnens und des

Einschreitens verliert und sich von der Gewißheit tragen läßt, daß alles sich zum Guten lenken werde – und *weil es schließlich und vor allem gar nicht möglich ist, sich selbst zu finden, ohne dankbar zu werden für die Gnade, dazusein und so zu sein, die kein Mensch schenken kann, weil alles Lebende von ihr umfangen ist.*

Nachweis der Erstveröffentlichungen

Das Tragische und das Christliche. Von der Anerkennung des Tragischen – oder: gegen eine gewisse Art von Pelagianismus im Christentum, Schwerte 1981 (Kath. Akademie-Vorträge, Nr. 5; hrsg. v. G. Krems); erweitert um III.: Die Tragik der menschlichen Unzulänglichkeit oder: die Tragik Gottes.
Von der Unmoral der Psychotherapie – oder von der Notwendigkeit einer Suspension des Ethischen im Religiösen. – Unveröffentlichter Vortrag vor Sozialarbeitern auf der »Hegge«, 1978.
Schuld und Schulderfahrung in der heutigen Zeit oder: die schizoide Unfähigkeit, selber zu existieren. Meditation, in: Wohlstand – Chance und Gefahr; hrsg. v. der Bischöfl. Hauptarbeitsstelle Haus Hoheneck zur Fastenzeit, Hamm 1973, 10–13.
Von Angst und Schuld und ihrer Überwindung. Einführung in eine Theologie von Sünde und Erlösung. Vorwort zur 2. Aufl. des 3. Bandes von E. Drewermann: Strukturen des Bösen. Die jahwistische Urgeschichte in exegetischer, psychoanalytischer und philosophischer Sicht, 3 Bde., Paderborn ²1980, 3. Bd., S. LXIX–LXXXVI.
Sünde und Neurose. Versuch einer Synthese von Dogmatik und Psychoanalyse (Probevorlesung zur Habilitation in Dogmatik an der Kath. Theologischen Fakultät zu Paderborn 1978); leicht gekürzt in: Münchener Theologische Zeitschrift, 31. Jg., 1980, Heft 1, 24–48.
Zum Verhältnis von Psychotherapie und Seelsorge. Festvortrag, gehalten zum 25jährigen Jubiläum der Eheberatungsstelle in Würzburg am 29. Sept. 1981 sowie am Akademietag der Hochschulen in Linz (Österreich) am 14. Nov. 1981. Gedruckt in: Paderborner Studien, Jg. 1982, Heft 1/2, S. 81–90.
Heil und Heilung. Eine Meditation über das Verhältnis von Psychotherapie und Seelsorge nach einem Text aus H. Hesses »Glasperlenspiel«. Meditation vor Eheberatern der Diözese Essen, 1978. Erstdruck in: Paderborner Studien, Jg. 1979, S. 12–18.

Verzeichnis der zitierten Literatur

(zitiert stets nach der letztgenannten Ausgabe)

1. Philosophie, Theologie, Religionsgeschichte und Zeitgeschichtliches.

A. Augustinus: Enarrationes in Psalmos; Patrologia Latina, Bd. 36.
J. Brinktrine: Die Lehre von der Schöpfung, Paderborn 1956.
J. Brinktrine: Die Lehre von der Gnade, Paderborn 1957.
A. Camus: L'Homme révolté, Paris 1951; dt.: Der Mensch in der Revolte. Essays; übers. v. J. Streller; neubearb. v. G. Schlocker unter Mitarbeit von F. Bondy; Hamburg 1953.
M. Dibelius: Die Formgeschichte des Evangeliums (1919), 4. Aufl. der dritten durchges. Aufl. mit einem Nachtrag v. G. Iber, hrsg. v. G. Bornkamm, Tübingen 1961.
H. Diels: Die Fragmente der Vorsokratiker; nach der v. W. Kranz hrsg. 8. Aufl.; eingel. v. G. Plamböck; Hamburg (rk 10) 1957.
E. Drewermann: Strukturen des Bösen. Die jahwistische Urgeschichte in exegetischer, psychoanalytischer und philosophischer Sicht.
1. Bd.: Die jahwistische Urgeschichte in exegetischer Sicht, Paderborn ¹1977; ²1979, erw. durch ein Vorwort: Zur Ergänzungsbedürftigkeit der historisch-kritischen

Exegese; [3]1981, erg. durch ein Nachwort: Von dem Geschenk des Lebens oder: das Welt- und Menschenbild der Paradieserzählung des Jahwisten (Gn 2, 4b–25), S. 356–413.
2. Bd.: Die jahwistische Urgeschichte in psychoanalytischer Sicht, Paderborn [1]1977; [2]1980 erw. durch ein Vorw.: Tiefenpsychologie als anthropologische Wissenschaft; [3]1981: Neudruck der 2. Aufl.
3. Bd.: Die jahwistische Urgeschichte in philosophischer Sicht, Paderborn [1]1978; [2]1980, erw. durch ein Vorw.: Das Ende des ethischen Optimismus; [3]1982: Neudruck der 2. Aufl.

E. Drewermann: Die Symbolik von Baum und Kreuz in religionsgeschichtlicher und tiefenpsychologischer Betrachtung, unter besonderer Berücksichtigung der mittelamerikanischen Bilderhandschriften, Schwerte 1979 (Akademie-Vorträge, Nr. 2, hrsg. v. G. Krems).

E. Drewermann: Ehe – tiefenpsychologische Erkenntnisse für Dogmatik und Moraltheologie, in: Renovatio, 36. Jg. 1980, Heft 2, 53–68; Heft 3, 114–126.

E. Drewermann – I. Neuhaus: Das Mädchen ohne Hände (Grimms Märchen tiefenpsychologisch gedeutet, 1. Bd.); Olten-Freiburg 1981.

E. Drewermann: Der tödliche Fortschritt. Von der Zerstörung der Erde und des Menschen im Erbe des Christentums; Regensburg (Reihe: engagement) [2]1982.

F. Fanon: Les damnés de la terre, Paris 1961; dt.: Die Verdammten dieser Erde; Vorw. v. J. P. Sartre; übers. v. T. König; Hamburg (ra 1209–1210) 1969.

J. G. Fichte: Grundlage der gesamten Wissenschaftslehre (1794); hrsg. v. F. Medicus (1922); Hamburg 1961; Philos. Bibl. 246.

A. Gehlen: Mensch und Institutionen (1969), in: Anthropologische Forschung. Zur Selbstbegegnung und Selbstentdeckung des Menschen; Hamburg (rde 138) 1961, 69–77.

H. v. Glasenapp: Die Philosophie der Inder. Eine Einführung in ihre Geschichte und ihre Lehren; Stuttgart (Kröner Tb. 195) [2]1958.

H. Gunkel: Das vierte Buch Esra, in: E. Kautzsch (Hrsg. u. Übers.): Die Apokryphen und Pseudepigraphen des Alten Testamentes, 2 Bde.; 2. Bd.: Die Pseudepigraphen des Alten Testamentes, Tübingen 1900; Neudruck: Darmstadt 1962, 331–401.

G. W. F. Hegel: Phänomenologie des Geistes (1807); hrsg. v. J. Hoffmeister 1937; Philos. Bibl. 114; Hamburg [6]1952.

G. W. F. Hegel: Wissenschaft der Logik, 2 Bde.; 1. Bd.: Die objektive Logik, Nürnberg 1812; 2. Bd.: Die subjektive Logik oder Lehre vom Begriff, Nürnberg 1816; hrsg. v. G. Lasson, [2](erw.) 1934; Neudruck: Hamburg 1963; Philos. Bibl. Bd. 56–57.

G. W. F. Hegel: Grundlinien der Philosophie des Rechts, Berlin 1821; hrsg. v. J. Hoffmeister, [4]1955; Philos. Bibl. Bd. 124a; Hamburg 1962.

G. W. F. Hegel: Die Vernunft in der Geschichte (Vorlesungen von 1822, 1828, 1830, sowie Zusätze aus dem Wintersemester 1826–27), hrsg. v. J. Hoffmeister, [5]1955; Philos. Bibl. Bd. 171a; Hamburg 1963.

G. W. F. Hegel: Vorlesungen über die Philosophie der Geschichte; Text nach der Ausgabe v. F. Brunstäd; eingef. v. Th. Litt; Stuttgart (reclam 4881–85) 1961.

G. W. F. Hegel: Vorlesungen über die Philosophie der Religion (Vorlesungen von 1821, 1824, 1827 und 1831); Einf. v. Ph. Marheineke; hrsg. v. H. Glockner, in: Sämtliche Werke in zwanzig Bden.; Bd. 15–16; Stuttgart-Bad Cannstatt [4]1965.

G. W. F. Hegel: Enzyklopädie der philosophischen Wissenschaften im Grundrisse, Heidelberg [3]1830; hrsg. v. F. Nicolin u. O. Pöggeler, Hamburg [6]1959; Philos. Bibl. Bd. 33.

G. W. F. Hegel: System der Philosophie; Titel der Originalausgabe: Enzyklopädie der philosophischen Wissenschaften im Grundrisse; in: Sämtliche Werke, Jubiläumsausgabe in 20 Bänden, hrsg. v. H. Glockner; Bd. 8, 9 u. 10; Stuttgart-Bad Cannstatt ⁴1965; Bd. 8 (Teil 1): Die Logik (1839); Bd. 9 (Teil 2): Die Naturphilosophie (1841); Bd. 10 (Teil 3): Die Philosophie des Geistes (1845).

Justin: Apologien (ca. 140 n. Chr.); aus dem Griechischen übers. u. eingel. v. G. Rauschen, in: Frühchristliche Apologeten und Märtyrerakten, Bd. 1, 55–155; Kempten und München (BKV Bd. 12) 1913.

I. Kant: Mutmaßlicher Anfang der Menschengeschichte, 1786, in der Berlinischen Monatsschrift; Werke in 12 Bänden, hrsg. v. W. Weischedel; Frankfurt (Suhrkamp) 1968, Bd. XI 83–102.

I. Kant: Die Religion innerhalb der Grenzen der bloßen Vernunft, Königsberg 1793 (A); 1794 (B); Werke in 12 Bänden, hrsg. v. W. Weischedel; Frankfurt (sv) 1968, Bd. VIII, 645–879.

K. Kerényi: Die Mythologie der Griechen; 2 Bde.; 1. Bd.: Die Götter- und Menschheitsgeschichten; 2. Bd.: Die Heroen-Geschichten; München 1958; Neudruck: München (dtv 1345–1346) 1966.

K. Kerényi: Der göttliche Arzt. Studien über Asklepios und seine Kultstätten; Darmstadt 1975.

S. Kierkegaard: Furcht und Zittern. Dialektische Lyrik von Joh. de Silentio, Kopenhagen 1843; übers. ins Deutsche von L. Richter, in: Kierkegaards Werke in 5 Bänden, in neuer Übers. u. mit Kommentar vers. v. L. Richter, Hamburg (rk 71; 81; 89; 113; 147) 1960–1964; Bd. 3 (rk 89) 1961.

S. Kierkegaard: Der Begriff Angst. Eine simple psychologisch- hinweisende Erörterung in Richtung des dogmatischen Problems der Erbsünde, Kopenhagen 1844; übers. ins Deutsche von L. Richter, in: Kierkegaards Werke in 5 Bänden, in neuer Übertragung und mit Kommentar versehen von L. Richter, Hamburg (rk 71; 81; 89; 113; 147) 1960–1964; Bd. 1 (rk 71) 1960.

S. Kierkegaard: Philosophische Brocken oder Ein bißchen Philosophie von Johannes Climacus; Kopenhagen 1844; übers. ins Deutsche von L. Richter, in: Kierkegaards Werke in 5 Bänden, in neuer Übertragung und mit Kommentar vers. v. L. Richter, Hamburg (rk 71; 81; 89; 113; 147) 1960–64; Bd. 5 (rk 147) 1964.

S. Kierkegaard: Die Krankheit zum Tode. Eine christliche psychologische Entwicklung zur Erbauung und Erweckung, von Anti-Climacus; Kopenhagen 1849; übers. ins Deutsche von L. Richter, in: Kierkegaards Werke in 5 Bänden, in neuer Übertragung und mit Kommentar versehen von L. Richter, Hamburg (rk 71; 81; 89; 113; 147) 1960–64; Bd. 4 (rk 113) 1962.

S. Kierkegaard: Der Augenblick. Flugschriften zwischen 1854–1855; übers. u. erl. v. H. Gerdes; in: S. Kierkegaard: Werkausgabe, Bd. II, 309–567; Düsseldorf–Köln 1971.

J. Klepper: Unter dem Schatten deiner Flügel. Aus den Tagebüchern der Jahre 1932–1942; hrsg. v. H. Klepper; Stuttgart 1972.

F. Kluge: Etymologisches Wörterbuch der deutschen Sprache; Berlin–New York ²¹1975.

J. O. de Lamettrie: L'homme machine, Leiden 1748; dt.: Der Mensch als Maschine; hrsg. v. M. Brahn; Leipzig (Philos. Bibl.) 1919.

Laotse: Tao te king. Das Buch des Alten vom Sinn und Leben; aus dem Chines. übertragen und erl. v. R. Wilhelm (1910), Köln–Düsseldorf 1957.

G. W. Leibniz: Die Theodizee (1710); übers. v. A. Buchenau, eingef. v. M. Stockhammer; Hamburg ²1968; Philos. Bibl. Bd. 71.

Lin Yutang (Ed.): The Wisdom of Laotse, New York 1948; dt.: Laotse; übers. v. G. Coudenhove; Frankfurt (Fischer Tb 89) 1955.

G. Lukácz: Die Zerstörung der Vernunft (Budapest 1954); Berlin 1962 (Werkausgabe, Bd. 9); Neudruck: Darmstadt–Neuwied, 3 Bde. (Sammlung Luchterhand SL 133, 138, 146) 1973–1974; 1. Bd.: Irrationalismus zwischen den Revolutionen; 2. Bd.: Irrationalismus und Imperialismus; 3. Bd.: Irrationalismus und Soziologie.

L. Mader (Übers.): Griechische Sagen (Apollodoros, Parthenios, Antoninus Liberalis, Hyginus), eingel. u. neuübertr. v. L. Mader; aus dem Nachlaß hrsg. u. erg. v. L. Rüegg; Zürich–Stuttgart (Die Bibliothek der alten Welt) 1963.

J. Mausbach: Katholische Moraltheologie, 3 Bde., Münster [6]1930; 3. Bd.: Die spezielle Moral, 2. Teil: Der irdische Pflichtenkreis.

K. Müller – I. Thörner: »Mit der Straße kommt der Tod« – Woher aber kommt die Straße? Ein Lehrbeispiel für Berichterstattung über ethnische Minderheiten, in: M. Münzel (Hrsg.): Die indianische Verweigerung. Lateinamerikas Ureinwohner zwischen Ausrottung und Selbstbestimmung; Hamburg (ra 4274) 1978, 46–71.

W. Müller: Glauben und Denken der Sioux. Zur Gestalt archaischer Weltbilder, Berlin [2]1970.

F. Nietzsche: Die fröhliche Wissenschaft, Chemnitz 1882; [2]Leipzig 1887; Neudruck: München (GGTb. 569–570) o. J.

F. Nietzsche: Menschliches – Allzumenschliches, Chemnitz 1878; [2]Nachtr. 1897–1880; Neudruck: München (GGTb. 676–677; 741–742) o. J.; eingel. v. L. W. Winter.

H. Oldenberg: Buddha. Sein Leben, seine Lehre, seine Gemeinde (1881), hrsg. u. komm. v. H. v. Glasenapp; München (GGTb. 708–709) 1961.

Platon: Charmides, in: Sämtliche Werke in 6 Bänden; in der Übers. v. F. Schleiermacher mit der Stephanus-Numerierung hrsg. v. W. F. Otto, E. Grassi, G. Plamböck; Hamburg (rk 1; 14; 27; 39; 47; 54) 1957–1959; Bd. I, (rk 1,1a) 1957, 127–150.

Platon: Nomoi, in: Platon: Sämtliche Werke in 6 Bänden; in der Übers. v. H. Müller mit der Stephanus-Numerierung hrsg. v. W. F. Otto, E. Grassi, G. Plamböck; Bd. VI, Hamburg (rk 54; 54a) 1959.

R. v. Ranke-Graves: The Greek Myths, 1955; dt.: Griechische Mythologie. Quellen und Deutung; übers. v. H. Seinfeld; 2 Bde.; Hamburg (rde 113–114; 115–116) 1960.

H. Reuter: Das II. Vatikanische Konzil. Vorgeschichte – Verlauf – Ergebnisse, dargestellt nach Dokumenten und Berichten v. H. Reuter; Köln [2](verb.) 1966.

H. W. Russel: Antike Welt und Christentum; Amsterdam–Antwerpen [2]1944.

W. Schadewaldt: Die Anfänge der Philosophie bei den Griechen. Die Vorsokratiker und ihre Voraussetzungen. Tübinger Vorlesungen, 1. Bd., unter Mitw. v. M. Schadewaldt hrsg. v. I. Schudoma; Frankfurt (stw 218) 1978.

K. Schmidt (Übers. u. Komm.): Buddhas Reden. Majjhimanikaya. Die Sammlung der mittleren Texte des buddhistischen Pali-Kanons. In kritischer, kommentierter Neuübertragung v. K. Schmidt; Hamburg (rk 87–88) 1961.

R. Schneider: Der Friede der Welt; Wiesbaden 1956.

A. Schopenhauer: Parerga und Paralipomena, 2 Bde., Frankfurt 1850; in: A. Schopenhauer: Sämtliche Werke; 7 Bde.; nach der ersten v. J. Frauenstädt besorgten Gesamtausgabe bearb. u. hrsg. v. A. Hübscher, Bd. 5–6; Wiesbaden [2]1946–1947.

Schwarzer Hirsch (Black Elk): Black Elk speaks, ed. by J. Neihardt, New York 1932; dt.: Ich rufe mein Volk. Leben, Visionen und Vermächtnis des letzten großen Sehers der Ogalalla-Sioux, über. v. S. Lang; Olten–Freiburg 1965.

A. Schweitzer: Kultur und Ethik. Unter Einschluß von: Verfall und Wiederaufbau der Kultur; München 1960.

H. J. Stammel: Solange Gras wächst und Wasser fließt, Stuttgart 1976; Neudruck unter dem Titel: Die Sioux. Amerika und seine Indianerpolitik; München (dtv 1497) 1979.
H. J. Stammel: Die Indianer. Die Geschichte eines untergegangenen Volkes; Gütersloh 1977; Neudruck: München (GGTb. 11212) 1979.
D. Sturm – K. Völker (Hrsg.): Vom Erscheinen der Vampire. Dokumente und Berichte, München (dtv 945) 1973.
Thomas von Aquin: Summa theologica, Straßburg 1466 (Secunda secundae partis); Mainz 1471 (Prima secundae partis); Venedig 1473 (Pars I); Venedig 1478 (Pars III); Basel 1485 (Partes I–III); Rom 1888–1906 (in: Opera omnia, Bd. 4–5, 9–12; Editio Leonina).
M. de Unamuno: Del sentimiento trájico de la vida en los hombres y en los pueblos, Madrid o. J. (1913); dt.: Das tragische Lebensgefühl; übers. v. R. Friese; München 1925.
M. de Unamuno: La agonia del Cristianismo, Madrid 1925; dt.: Die Agonie des Christentums, übers. v. O. Buek; München 1928.
F. Vester: Des Überlebensprogramm; München 1972; erg. Neudruck: Frankfurt (Fischer Tb. 6274) 1975.
K. Vorländer: Geschichte der Philosophie. Mit Quellentexten, 5 Bände; gek. Ausg., Hamburg (rde 183; 193; 242; 261; 281) 1963–1967; bearb. v. E. Metzke u. H. Knittermeyer.
C. Westermann: Genesis 1–11. Biblischer Kommentar, AT I 1, Neukirchen 1966–1974.

2. Tiefenpsychologie und Daseinsanalyse

K. Abraham: Versuch einer Entwicklungsgeschichte der Libido aufgrund der Psychoanalyse seelischer Störungen (1924), in: Psychoanalytische Studien zur Charakterbildung und andere Schriften, hrsg. v. J. Cremerius; Frankfurt 1969, 113–183.
K. Abraham: Über Einschränkungen und Umwandlungen der Schaulust bei den Psychoneurotikern nebst Bemerkungen über analoge Erscheinungen in der Völkerpsychologie (1914), in: Psychoanalytische Studien zur Charakterbildung und andere Schriften; hrsg. v. J. Cremerius; Frankfurt a. M. 1969, 324–382.
A. Adler: Über den nervösen Charakter. Grundzüge einer vergleichenden Individual-Psychologie und Psychotherapie ([1]1912), Frankfurt (Fischer Tb. 6174) 1972; eingel. v. W. Metzger.
A. Adler: Menschenkenntnis (1926); Neudruck: Frankfurt (Fischer Tb. 6080) 1966; mit einem Vorwort v. O. Brachfeld.
E. Berne: What do you say after you say Hello? Beverly Hills 1972; dt.: Was sagen Sie, nachdem Sie »Guten Tag« gesagt haben? Psychologie des menschlichen Verhaltens; übers. v. W. Wagemuth; München (Kindler Tb. 2192) 1975.
L. Binswanger: Drei Formen mißglückten Daseins, Tübingen 1956.
M. Boss: Lebensangst, Schuldgefühle und psychotherapeutische Befreiung, Bern 1962.
M. Boss: Grundriß der Medizin und der Psychologie. Ansätze zu einer phänomenologischen Physiologie, Psychologie, Pathologie, Therapie und zu einer daseinsgemäßen Präventiv-Medizin in der modernen Industrie-Gesellschaft; Bern–Stuttgart–Wien [2]1974.
G. Condrau: Daseinsanalytische Psychotherapie, Bern 1963.

A. Dührssen: Psychogene Erkrankungen bei Kindern und Jugendlichen. Eine Einführung in die allgemeine und spezielle Neurosenlehre; Göttingen 1954.

O. Fenichel: The Psychoanalytical Theory of Neurosis, New York [1]1941; [2]1945; dt.: Psychoanalytische Neurosenlehre, 3 Bde., übers. v. K. Laermann; Olten–Freiburg 1974–1977.

A. Freud: Das Ich und die Abwehrmechanismen (1936), München (Kindler Tb. 2001) o. J.

S. Freud: Studien über Hysterie, zus. mit Josef Breuer (1895); Ges. Werke I, London 1952, 75–312.

S. Freud: Die Traumdeutung (1900–1901); Ges. Werke II/III, London 1942, 1–642.

S. Freud: Bruchstücke einer Hysterie-Analyse (»Dora«) (1905); Ges. Werke V, London 1942, 161–286.

S. Freud: Die ›kulturelle‹ Sexualmoral und die moderne Nervösität (1908), Ges. Werke VII, London 1941, 141–167.

S. Freud: Bemerkungen über einen Fall von Zwangsneurose (Der »Rattenmann«), (1909), Werke VII, London 1941, 378–463.

S. Freud: Über Psychoanalyse (1910); Ges. Werke VIII, London 1943, 1–60.

S. Freud: Die psychogene Sehstörung in psychoanalytischer Auffassung (1910); Ges. Werke VIII, London 1943, 93–102.

S. Freud: Totem und Tabu (1912); Ges. Werke IX, London 1940.

S. Freud: Trauer und Melancholie (1910), Ges. Werke X, London 1946, 427–446.

S. Freud: Vorlesungen zur Einführung in die Psychoanalyse (1917); Ges. Werke XI, London 1944.

S. Freud: Das Unheimliche (1919); Ges. Werke XII, London [1]1947, 227–268.

S. Freud: Das Ich und das Es (1923); Ges. Werke XIII, London 1940, 235–289.

S. Freud: Selbstdarstellung (1925); Ges. Werke XIV, London [1]1948, 31–96.

S. Freud: Hemmung, Symptom und Angst (1926); Ges. Werke XIV, London 1948, 111–205.

S. Freud: Das Unbehagen in der Kultur (1930); Ges. Werke XIV, London 1948, 419–506.

S. Freud: Neue Folge der Vorlesungen zur Einführung in die Psychoanalyse (1932); Ges. Werke XV, London 1944.

S. Freud: Die endliche und die unendliche Analyse (1937); Ges. Werke XVI, London 1950, 57–99.

S. Freud: Abriß der Psychoanalyse (1938); Ges. Werke XVII, London 1941, 63–138.

V. E. v. Gebsattel: Die anankastische Fehlhaltung, in: Handbuch der Neurosenlehre und Psychotherapie, hrsg. v. V. E. Frankl, V. E. v. Gebsattel, J. H. Schultz; Bd. II, München–Berlin 1959, 125–142.

V. E. v. Gebsattel: Die depressive Fehlhaltung, in: Handbuch der Neurosenlehre und Psychotherapie, hrsg. v. V. E. Frankl, V. E. v. Gebsattel, J. H. Schultz; Bd. II, München–Berlin 1959, 143–156.

J. Hirschmann: Primitivreaktionen, in: Handbuch der Neurosenlehre und Psychotherapie, hrsg. v. V. E. Frankl, V. E. v. Gebsattel, J. H. Schultz; Bd. II, München–Berlin 1959, 92–101.

C. G. Jung: Die Bedeutung des Vaters für das Schicksal des Einzelnen (1909); Werke IV: Freud und die Psychoanalyse, Olten–Freiburg 1969, 345–370.

C. G. Jung: Psychologische Typen (1921); Werke Bd. VI: Pychologische Typen; Olten–Freiburg 1960.

C. G. Jung: Über die Psychologie des Unbewußten (1943); in: Werke Bd. VII: Zwei Schriften über Analytische Psychologie, Olten–Freiburg 1964, 1–130.

C. G. Jung: Die Beziehungen zwischen dem Ich und dem Unbewußten (1928); Werke Bd. VII: Zwei Schriften über Analytische Psychologie; Olten–Freiburg 1964; 131–264.

C. G. Jung: Über den Archetypus mit besonderer Berücksichtigung des Animabegriffes (1939); Werke IX, 1. Teil: Die Archetypen und das kollektive Unbewußte; Olten–Freiburg 1976, 67–87.

C. G. Jung: Die psychologischen Aspekte des Mutterarchetypus (1939); Werke IX, 1. Teil: Die Archetypen und das kollektive Unbewußte; Olten–Freiburg 1976, 89–123.

C. G. Jung: Der Schatten (1948); Werke IX, 2. Teil: Aion; Olten–Freiburg 1976, 17–19.

C. G. Jung: Versuch einer psychologischen Deutung des Trinitätsdogmas (1942); Werke Bd. XI: Zur Psychologie westlicher und östlicher Religion; Olten–Freiburg 1963, 119–218.

C. G. Jung: Die Psychologie der Übertragung. Erläutert anhand einer alchemistischen Bilderserie (1946); Werke XVI: Praxis der Psychotherapie, Olten–Freiburg 1958, 173–345.

C. G. Jung: Vom Werden der Persönlichkeit (1934), Werke XVII: Über die Entwicklung der Persönlichkeit; Olten–Freiburg 1972, 11–47.

M. Klein: Zur Psychogenese der manisch-depressiven Zustände (1935), in: Das Seelenleben des Kleinkindes und andere Beiträge zur Psychoanalyse; hrsg. v. A. Thorner; Stuttgart 1962, 44–71.

M. Klein: Bermerkungen über einige schizoide Mechanismen (1946), in: Das Seelenleben des Kleinkindes und andere Beiträge zur Psychoanalyse; hrsg. v. A. Thorner; Stuttgart 1962, 101–126.

H. Nunberg: Allgemeine Neurosenlehre auf psychoanalytischer Grundlage; Berlin–Stuttgart ²(verb.) 1959, mit einem Vorw. v. S. Freud zur 1. Aufl.

W. Reich: Character Analysis (¹1933; ³1949); dt.: Charakteranalyse (1933; Neudruck 1961); Köln-Berlin 1970; Frankfurt (Fischer Tb. 6191) 1973; das letzte Kapitel aus dem Amerik. übers. v. K. H. Bömer.

F. Riemann: Grundformen der Angst und die Antinomien des Lebens. Eine tiefenpsychologische Studie über die Ängste des Menschen und ihre Überwindung; München 1961.

K. Schneider: Klinische Psychopathologie; Stuttgart ⁸(erg.) 1967.

J. H. Schultz: Grundfragen der Neurosenlehre. Propädeutik einer medizinischen Psychologie; Stuttgart 1955; München (Kindler, Geist und Psyche, 2074–2075) o. J.

H. Schultz-Hencke: Der gehemmte Mensch. Entwurf eines Lehrbuches der Neo-Psychoanalyse, ¹1940; Stuttgart ²1947; Neudruck: Stuttgart 1967.

H. Schultz-Hencke: Lehrbuch der analytischen Psychotherapie (1951), Stuttgart 1965.

W. Schwidder: Hemmung, Haltung und Symptom, in: Fortschritte der Psychoanalyse. Internationales Jahrbuch zur Weiterentwicklung der Psychoanalyse, Bd. I, Göttingen 1964, 115–128.

R. A. Spitz: The First Year of Life. A Psychoanalytic Study of Normal and Deviant Development of Object Relations, New York 1965; dt.: Vom Säugling zum Kleinkind. Naturgeschichte der Mutter-Kind-Beziehung im ersten Lebensjahr; übers. v. G. Theusner-Stampa, mit einem Vorw. v. W. Godfrey Cobliner; Stuttgart 1967.

L. Szondi: Schicksalsanalyse. Wahl in Liebe, Freundschaft, Beruf, Krankheit und Tod; Basel–Stuttgart, 3. neubearb. u. stark erw. Aufl. 1965.

L. Szondi: Triebpathologie, 1. Bd.: Elemente der exakten Triebpsychologie und Triebpsychiatrie, Bern 1952.
L. Szondi: Lehrbuch der experimentellen Triebdiagnostik, Bd. 1: Textband; Bern–Stuttgart, 2. völlig umgearb. Aufl. 1960.
H. Thomä: Anorexia nervosa. Geschichte, Klinik und Theorien der Pubertätsmagersucht; Bern–Stuttgart 1961.
A. J. Westerman-Holstijn: Verschiedene Definitionen und Auffassungen von »Angst« (1962), in: Fortschritte der Psychoanalyse. Internationales Jahrbuch zur Weiterentwicklung der Psychoanalyse, Bd. 2, Göttingen 1966, 173–188.
W. T. Winkler: Die hysterische Fehlhaltung, in: Handbuch der Neurosenlehre und Psychotherapie, hrsg. v. V. E. Frankl, V. E. v. Gebsattel, J. H. Schultz; Bd. II, München–Berlin 1959, 157–187.

3. Belletristik

J. Bédier: Der Roman von Tristan und Isolde; übers. v. R. G. Binding; Frankfurt (it 387) 1979.
Ch. Baudelaire: Le Spleen de Paris, 1857–1867; dt.: Gedichte in Prosa; übertr. v. E. E. Schwabach, in: F. Blei (Hrsg.): Baudelaire: Ausgewählte Werke, München (G. Müller-V.) o. J., 159–274.
P. S. Buck: Bright Procession; dt.: Der Weg ins Licht; übers. v. N. O. Scarpi; Zürich 1956; Neudruck: Frankfurt–Berlin–Wien (Ullstein Tb. 2780) 1977.
A. Camus: L'Étranger, Paris 1942; dt.: Der Fremde; übers. v. G. Goyert u. H. G. Brenner, Boppard 1948; Neudruck: Hamburg (rororo 432) 1961.
L. Cohen: Blumen für Hitler; aus dem Amerik. übers. v. A. v. Cramer-Klett u. A. Hauptmann; Frankfurt 1971.
H. B. Constant de Rebecque: Adolphe. Anecdote trouvée dans les papiers d'un inconnu, Paris–London 1816; dt.: Adolph. Aus den gefundenen Papieren eines Unbekannten; übers. v. O. Flake; München 1910.
F. M. Dostojewskij: Idiot (1868); dt.: Der Idiot; übertr. v. K. Brauner; München (GGTb. 361–362) 1958.
F. M. Dostojewskij: Bratja Karamazovy (1880); dt.: Die Brüder Karamasoff; übers. v. K. Noetzel; München (GGTb. 478–479; 480–481) 1958.
K. Gibran: Sand and Foam, New York 1927; dt.: Sand und Schaum; übers. v. F.– R. Pohl, Olten-Freiburg 1976.
J. W. v. Goethe: Wilhelm Meisters Lehrjahre, Berlin 1795–96, 4 Bde.; Neudruck: Berlin–Weimar 1970, mit einem Nachw. v. H. Poschmann.
J. W. v. Goethe: Faust; Stuttgart-Tübingen 1834 (Beide Teile in einem Bd.); München 1964.
G. Greene: Brighton Rock (1938); dt.: Am Abgrund des Lebens; übers. v. M. H. Larsen; Wien–Hamburg 1938; Neudruck: Hamburg (rororo 580) 1950.
P. Handke: Die Angst des Tormanns beim Elfmeter, Frankfurt (stb. 27) 1970.
P. Hebbel: Mein Wort über das Drama, 1843, in: T. Poppe (Hrsg.): Hebbels Werke in 10 Teilen; 8. Teil: Ästhetische und kritische Schriften; Berlin-Leipzig-Wien-Stuttgart (Deutsches Verlagshaus Bong und Co.) o. J., 35–62 (Eine Erwiderung an Professor Heiberg in Kopenhagen).
H. Hesse: Klein und Wagner (in: Weg nach Innen, 4 Erzählungen, 1931); Frankfurt (sv 43) 1972.

H. Hesse: Das Glasperlenspiel. Versuch einer Lebensbeschreibung des Magister Ludi Josef Knecht samt Knechts hinterlassenen Schriften, herausgegeben von Hermann Hesse, Zürich 1943; Neudruck: Frankfurt (st 79) 1972.

P. Highsmith: The Terrapin, in: Eleven Stories; dt.: Die Schildkröte, in: Gesammelte Geschichten; mit einem Vorw. v. G. Greene; übers. v. A. Uhde; Zürich (Diogenes) 1973.

E. T. A. Hoffmann: Der Sandmann (1815), in: Nachtstücke; in: E. T. A. Hoffmann. Werke in fünf Bänden. Auf Grund der von G. Ellinger besorgten Ausgabe neu bearb. v. G. Spiekerkötter; 1. Bd.: Phantasiestücke in Callots Manier. Nachtstücke; Zürich 1965, 295–324.

Homer: Odyssee; übers. in Prosa von W. Schadewaldt; Hamburg (rk 29–30) 1958.

Homer: Ilias; übers. v. R. Hampe; Stuttgart 1979.

H. Ibsen: Peer Gynt. Ein dramatisches Gedicht, Christiania 1867; aus dem Norweg. übertr. u. mit Nachw. vers. v. H. Stock; Stuttgart (reclam 2309) 1953.

F. Kafka: Das Schloß, Berlin 1935; Neudruck: Frankfurt (Fischer Tb. 900) 1968.

H. v. Kleist: Amphitryon. Ein Lustspiel nach Molière (1807); in: H. Sembdner (Hrsg.): Gesamtausgabe in 8 Bänden, München [2]1961; Bd. 2: Dramen II, 91–159.

H. v. Kleist: Die Markise von O, in: H. Sembdner (Hrsg.): Gesamtausgabe in 8 Bänden, München [2]1961; Bd. 4: Erzählungen, 94–130.

E. Littman (Übers.): Die Erzählungen aus den 1001 Nächten, übers. nach dem arabischen Urtext der Calcuttaer Ausgabe aus dem Jahre 1839; Frankfurt (it 224) 1976, 12 Bände.

H. Miller: Plexus, Paris 1953; dt.: Plexus; übers. v. K. Wagenseil; Hamburg 1955; Neudruck: Hamburg (rororo 1285–1288) 1970.

Ovid: Metamorphosen; übers. v. R. Suchier; bearb. v. M. Vosseler; München (GGTb. 583–584) o. J.

Phädrus: Äsopische Fabeln (ca. 40 n. Chr.), übers. v. J. Siebelis, in: Fabeln von Äsop und Äsopische Fabeln des Phädrus; übers. v. W. Binder u. J. Siebelis; München (GGTb. 591) o. J.

E. M. Remarque: Im Westen nichts Neues, Berlin 1929; Neudruck: Köln-Marienburg 1979; Taschenbuchausgabe: Frankfurt-Berlin-Wien (Ullstein Tb. 56) o. J.

R. M. Rilke: Das Stundenbuch (1905), in: Sämtliche Werke, hrsg. v. Rilke-Archiv; in Verbindung mit R. Sieber-Rilke besorgt durch E. Zinn, 6 Bde., Frankfurt 1955–1966; 1. Bd.: Gedichte. 1. Teil, 1955, 249–366; enthaltend die drei Bücher: Vom mönchischen Leben (1899); Von der Pilgerschaft (1901); Von der Armut und vom Tode (1903).

R. M. Rilke: Das Buch der Bilder (1902; 1906), in : Sämtliche Werke, hrsg. v. Rilke-Archiv; in Verbindung mit R. Sieber-Rilke besorgt durch E. Zinn, 6 Bde., Frankfurt 1955–1966; 1. Bd.: Gedichte. 1. Teil, 1955, 367–477.

J. Roth: Der Vorzugsschüler, in: Die Erzählungen. Mit einem Nachw. v. H. Kesten, Amsterdam-Köln 1973, 7–24.

J. P. Sartre: Les séquestrés d'Altona, Paris 1960; dt.: Die Eingeschlossenen; übers. v. H. Liebmann u. R. Gerhardt; in: Ges. Dramen, Hamburg 1969, 593–713.

J. P. Sartre: Les mots, Paris 1964; dt.: Die Wörter; übers. u. m. Nachw. vers. v. H. Mayer; Hamburg 1965; Neuausgabe: Hamburg (rororo 1000) 1968.

Scheich Saadi (ca. 1250 n. Chr.): Hundertundeine Geschichte aus dem Rosengarten. Ein Brevier orientalischer Lebenskunst; aus dem Persischen übers. u. ausgew. v. R. Gelpke; Zürich 1967.

F. Schiller: Über die tragische Kunst (1792); in: P. Stapf (Hrsg.): F. Schiller: Werke in 2 Bänden, Wiesbaden (Tempel-Klassiker) o. J., Bd. 2. 482–501.

R. Schirmer: Lancelot und Ginevra. Ein Liebesroman am Artushof. Den Dichtern des Mittelalters nacherzählt von R. Schirmer; Zürich 1961.

R. Schneider: Verhüllter Tag. Bekenntnis eines Lebens; Köln 1959; Neudruck: Basel-Freiburg-Wien (Herder Tb. 42) 1961.

W. Shakespeare: Othello, der Mohr von Venedig (Othello. The Moor of Venice, 1622); übers. v. W. Graf Baudissin; in: W. Shakespeare. Sämtliche Werke in einem Band; Wiesbaden (Löwit Verl.) o. J., 830–857.

W. Shakespeare: Der Kaufmann von Venedig (The Merchant of Venice, 1600); übers. v. A. .W. Schlegel, in: W. Shakespeare. Sämtliche Werke in einem Band; Wiesbaden (Löwit V.) o. J., 165–187.

Sophokles: König Ödipus; in: Tragödien; übers. v. J. J. C. Donner; München (GGTb. 390) o. J.

B. Stoker: Dracula, New York 1897; dt.: Dracula; aus dem Engl. von H. W. Bergner; München (Heyne Tb. 526–527) [7]1970.

A. Tschechow: Angst. Erzählung meines Freundes. (1892), in: Die Steppe. Erzählungen aus den mittleren Jahren 1887–1892; übers. v. A. Knipper u. G. Dick; München (Winkler) o. J., 781–793.

St. Zweig: Marie Antoinette. Bildnis eines mittleren Charakters, Leipzig 1932; [2]erw. Wien 1938; Neudruck: Frankfurt (Fischer Tb. 2220) 1980.

4. Film und Musik

M. Antonioni (Regisseur): II deserto rosso, Italien 1963; dt.: Die rote Wüste.

M. Antonioni (Regisseur): Zabriskie Point, USA 1969.

F. F. Coppola (Regisseur): Apocalypse now, USA 1978.

G. Donizetti: Don Pasquale, Opera buffa, uraufgeführt 1843, Paris.

J. P. Melville (Regisseur): Le Samurai, Frankreich–Italien 1967; dt.: Der eiskalte Engel.

Register

Eine der Seitenzahl zugefügte Hochzahl deutet die Nummer der Anmerkung an.

Autoren

Namen aus Mythologie, Dichtung und Geschichte

Sachen und Sachverhalte

Bibelstellen

AT

NT